中国统计摘要

2010

国家统计局　编

(京)新登字041号

图书在版编目(CIP)数据

中国统计摘要. 2010 / 国家统计局编. - 北京 :
中国统计出版社, 2010.5
ISBN 978-7-5037-5937-6

Ⅰ. ①中… Ⅱ. ①国… Ⅲ. ①国民经济-经济统计-统计资料-中国-2010-年刊 Ⅳ. ①C832-54

中国版本图书馆CIP数据核字(2010)第070201号

中国统计摘要—2010

作　　者/国家统计局 编
责任编辑/郭　栋
封面设计/艺编广告
出版发行/中国统计出版社
通信地址/北京市西城区月坛南街57号　邮政编码/100826
办公地址/北京市丰台区西三环南路甲6号
E-mail/yearbook@gj.stats.cn
电　　话/邮购(010)63376907　书店(010)68783172
印　　刷/河北天普润印刷厂
经　　销/新华书店
开　　本/787×1092mm　1/16
字　　数/192千字
印　　张/14
印　　数/1—6000册
版　　别/2010年5月第1版
版　　次/2010年5月第1次印刷
书　　号/ISBN 978-7-5037-5937-6/C·2328
定　　价/38.00元

《中国统计摘要—2010》编辑人员

总　编　辑: 盛来运　钟守洋

副总编辑: 郝胜龙　叶礼奇

编辑部主任: 卞丽华　石毅华

编辑部成员:（以姓氏笔画为序）

万忠兵　方　健　毛小美　王　萍
王　萍　邓卫平　叶　盛　帅　蓉
刘晓燕　朱　虹　江永宏　许福建
严先溥　吴　优　张会英　张延华
李　皎　李俊波　李锁强　杨家亮
汪传敬　陈　星　武　洁　范小玉
施发启　赵利婧　唐　平　栾尽晖
郭　徽　常文莉　梁尔卫　阚小清
翟善清　谭晓梅　鞠传玲

责任编辑: 郭　栋

编 者 说 明

一、《中国统计摘要》是为及时反映我国国民经济与社会发展情况而编辑的一本综合性简明统计资料年刊。《中国统计摘要-2010》收录了2009年社会经济主要指标数据，同时简要列示了1978年以来的历史资料。正文内容具体分为综合，国民经济核算，人口、就业和职工工资，固定资产投资，对外贸易和利用外资，财政和金融，物价指数，人民生活，农业，工业和能源，建筑业，运输和邮电，国内贸易和旅游，教育、科技、文化、体育、卫生、社会服务和环境保护，香港和澳门特别行政区主要社会经济指标，台湾省主要社会经济指标及国际比较共17个部分。正文之后还附有主要统计指标解释。

二、为确保本书的出版时效，书中2009年部分数据为初步统计数，正式数据以日后出版的《中国统计年鉴-2010》为准。

三、书中所涉及的全国性统计指标，除行政区划、国土面积、森林资源和降水量外，均未包括香港、澳门特别行政区和台湾省数据。

四、香港特别行政区和澳门特别行政区的统计是构成国家统计总体的一部分。但根据中华人民共和国"香港特别行政区基本法"和"澳门特别行政区基本法"的有关原则，香港、澳门与内地是相对独立的统计区域，根据各自不同的统计制度和法律规定，独立进行统计工作。本书中香港和澳门特别行政区统计资料分别由香港特别行政区政府统计处、澳门特别行政区政府统计暨普查局提供，国家统计局进行编辑。

五、本书中部分数据合计数或相对数由于单位取舍不同而产生的计算误差，均未作机械调整。

六、本书有关符号使用说明：摘要各表中的"空格"表示该项统计指标数据不足本表最小单位数、不详或无该项数据；"#"表示其中的主要项；"＊"或"①"表示本表下有注解。

目　录

一、综合

二、国民经济核算

三、人口、就业和职工工资

四、固定资产投资

五、对外贸易和利用外资

六、财政和金融

七、物价指数

八、人民生活

九、农业

十、工业和能源

十一、建筑业

十二、运输和邮电

十三、国内贸易和旅游

十四、教育、科技、文化、体育、卫生、社会服务和环境保护

十五、香港和澳门特别行政区主要社会经济指标

十六、台湾省主要社会经济指标

十七、国际比较

全国行政区划（一）

（年底数） 单位：个

年 份	省级区划数	地级区划数	#地级市	县级区划数	市辖区	县级市	县及其它
1978	30	310	98	2653	408	92	2153
1979	30	315	104	2690	428	109	2153
1980	30	318	107	2775	511	113	2151
1981	30	316	108	2780	514	122	2144
1982	30	322	112	2797	527	130	2140
1983	30	322	144	2785	552	142	2091
1984	30	322	147	2814	595	150	2069
1985	30	327	162	2826	621	159	2046
1986	30	325	166	2830	629	184	2017
1987	30	326	170	2826	632	208	1986
1988	31	334	183	2831	647	248	1936
1989	31	336	185	2829	648	262	1919
1990	31	336	185	2833	651	279	1903
1991	31	338	187	2833	650	289	1894
1992	31	339	191	2833	662	323	1848
1993	31	335	196	2835	669	371	1795
1994	31	333	206	2845	697	413	1735
1995	31	334	210	2849	706	427	1716
1996	31	335	218	2858	717	445	1696
1997	33	332	222	2862	727	442	1693
1998	33	331	227	2863	737	437	1689
1999	34	331	236	2858	749	427	1682
2000	34	333	259	2861	787	400	1674
2001	34	332	265	2861	808	393	1660
2002	34	332	275	2860	830	381	1649
2003	34	333	282	2861	845	374	1642
2004	34	333	283	2862	852	374	1636
2005	34	333	283	2862	852	374	1636
2006	34	333	283	2860	856	369	1635
2007	34	333	283	2859	856	368	1635
2008	34	333	283	2859	856	368	1635
2009	34	333	283	2858	855	367	1636

注：1.本表资料由民政部提供。

2.县及其它包括：县、自治县、旗、自治旗、特区和林区。

全国行政区划（二）

（年底数）

年份	乡镇级区划数	镇数	乡数	#民族乡	街道办事处	区公所
1978	6198	2176				4022
1979	10424	2361			4444	3619
1980						
1981	11434	2678			4965	3791
1982						
1983	49695	2968	35514		5304	5909
1984	106439	7186	85290		5844	8119
1985	104900	9140	82450	3144	5402	7908
1986	84018	10718	61417	2936	5718	6165
1987	81025	11103	58739	3020	5680	5503
1988	65345	11481	45195	1571	5099	3570
1989	65419	11873	44624	1755	5420	3502
1990	65188	12084	44397	1980	5269	3438
1991	63391	12455	42654	1403	5186	3096
1992	54830	14539	33827	1348	5233	1231
1993	54863	15805	32445	1351	5470	1143
1994	54605	16702	31463	1322	5372	1068
1995	53360	17532	29502	1330	5596	730
1996	51336	18171	27056	1383	5565	544
1997	50967	18925	25966	1545	5678	398
1998	50999	19216	25712	1517	5732	339
1999	50750	19756	24745	1222	5904	345
2000	49668	20312	23199	1356	5902	255
2001	45303	20374	19341	1188	5510	78
2002	44850	20601	18639	1167	5576	34
2003	44067	20226	18064	1149	5751	26
2004	43258	19883	17451	1124	5904	20
2005	41636	19522	15951	1093	6152	11
2006	41040	19369	15306	1089	6355	10
2007	40813	19249	15120	1093	6434	10
2008	40828	19234	15067	1097	6524	3
2009	40858	19322	14848	1099	6686	2

各地区行政区划（一）

(2009年底)　　单位：个

区划名称	地级区划数	#地级市	县级区划数	#市辖区	#县级市	#县	#自治县
全国	**333**	**283**	**2858**	**855**	**367**	**1464**	**117**
北京市			18	16		2	
天津市			16	13		3	
河北省	11	11	172	36	22	108	6
山西省	11	11	119	23	11	85	
内蒙古自治区	12	9	101	21	11	17	
辽宁省	14	14	100	56	17	19	8
吉林省	9	8	60	20	20	17	3
黑龙江省	13	12	128	64	18	45	1
上海市			18	17		1	
江苏省	13	13	106	55	26	25	
浙江省	11	11	90	32	22	35	1
安徽省	17	17	105	44	5	56	
福建省	9	9	85	26	14	45	
江西省	11	11	99	19	10	70	
山东省	17	17	140	49	31	60	
河南省	17	17	159	50	21	88	
湖北省	13	12	103	38	24	38	2
湖南省	14	13	122	34	16	65	7
广东省	21	21	121	54	23	41	3
广西壮族自治区	14	14	109	34	7	56	12
海南省	2	2	20	4	6	4	6
重庆市			40	19		17	4
四川省	21	18	181	43	14	120	4
贵州省	9	4	88	10	9	56	11
云南省	16	8	129	12	9	79	29
西藏自治区	7	1	73	1	1	71	
陕西省	10	10	107	24	3	80	
甘肃省	14	12	86	17	4	58	7
青海省	8	1	43	4	2	30	7
宁夏回族自治区	5	5	22	9	2	11	
新疆维吾尔自治区	14	2	98	11	19	62	6
香港特别行政区							
澳门特别行政区							
台湾省							

注：本表资料由民政部提供。

各地区行政区划（二）

(2009年底)　　　　单位：个

区划名称	乡镇级区划数	镇数	乡数	#民族乡	街道办事处	区公所
全　　国	**40858**	**19322**	**14848**	**1099**	**6686**	**2**
北京市	322	142	40	5	140	
天津市	243	116	20	2	107	
河北省	2228	992	968	52	267	1
山西省	1397	563	633		201	
内蒙古自治区	863	463	179	18	221	
辽宁省	1504	577	357	75	570	
吉林省	897	425	196	28	276	
黑龙江省	1272	467	429	58	376	
上海市	210	109	2		99	
江苏省	1334	911	107	1	316	
浙江省	1513	735	445	14	333	
安徽省	1520	905	357	9	258	
福建省	1102	591	338	19	173	
江西省	1535	778	620	8	137	
山东省	1872	1096	269	1	507	
河南省	2361	904	978	12	479	
湖北省	1227	740	204	10	283	
湖南省	2409	1106	1056	97	247	
广东省	1584	1137	11	7	436	
广西壮族自治区	1232	702	424	58	106	
海南省	222	183	21		18	
重庆市	1009	578	267	14	164	
四川省	4660	1821	2586	98	253	
贵州省	1555	689	757	252	109	
云南省	1366	597	689	148	80	
西藏自治区	692	140	542	8	10	
陕西省	1745	921	649		175	
甘肃省	1350	464	762	34	124	
青海省	396	137	229	28	30	
宁夏回族自治区	233	99	93		41	
新疆维吾尔自治区	1005	234	620	43	150	1
香港特别行政区						
澳门特别行政区						
台湾省						

自 然 资 源 状 况

项　　　目	单　位	2009年
国土面积	万平方公里	960
海域面积	万平方公里	473
大陆岸线长度	万公里	1.80
岛屿面积	万平方公里	3.87
降水量		
台湾中部山区	毫米	≥4000
华南沿海	毫米	1600-2000
长江流域	毫米	1000-1500
华北、东北	毫米	400-800
西北内陆	毫米	100-200
塔里木盆地、吐鲁番盆地和柴达木盆地	毫米	≤25
耕地面积	万公顷	12172
林地面积	万公顷	30378
草地面积	万公顷	40000
森林面积	万公顷	19545
森林覆盖率	%	20.36
活立木总蓄积量	亿立方米	149.1
水资源总量	亿立方米	23763
水力资源蕴藏量	亿千瓦	6.76
#可开发量	亿千瓦	3.79
内陆水域总面积	万公顷	1747
#可养殖面积	万公顷	675
#已养殖面积	万公顷	467
大陆架渔场面积	万公顷	28000
海水可养殖面积	万公顷	260
#已养殖面积	万公顷	109

注：1.耕地面积为2008年数据，来源于国土资源部。

2.林地面积、森林面积和森林覆盖率为第七次全国森林资源清查(2004-2009)资料。

3.草地面积为1991年调查数；除水资源总量外，其他水利资源为1985年评价数。

按行业分法人单位数

单位：个

行 业 门 类	2004年	2005年	2006年	2007年	2008年
全国总计	**5323235**	**5647823**	**6068912**	**6495064**	**7195210**
农、林、牧、渔业	156033	68800	78205	98546	98546
采矿业	82357	89430	93967	97678	97314
制造业	1328971	1451556	1579406	1702455	1818380
电力、燃气及水的生产和供应业	39832	43148	45922	49052	57923
建筑业	128196	149471	170180	190517	226787
交通运输、仓储和邮政业	80570	91565	104635	117228	157737
信息传输、计算机服务和软件业	72917	85499	100614	115101	153289
批发和零售业	883654	994953	1122489	1246042	1403143
住宿和餐饮业	92874	101853	109892	118173	145302
金融业	23793	26828	29201	31815	28133
房地产业	129198	148059	165865	187444	214405
租赁和商务服务业	249196	291498	331904	368763	427005
科学研究、技术服务和地质勘查业	136569	153076	166240	176677	201696
水利、环境和公共设施管理业	44352	46847	48811	50953	57553
居民服务和其他服务业	83607	93947	102228	110525	120466
教育	299584	305446	308760	312339	335065
卫生、社会保障和社会福利业	181989	183760	185014	187376	206517
文化、体育和娱乐业	64750	69490	72873	76430	81882
公共管理和社会组织	1244793	1252597	1252706	1257950	1364067

注：1.农、林、牧、渔业2004年数据为2003年基本单位年报数据,2008年数据为2007年基本单位年报数据。

2.统计范围不包括国际组织(下表同)。

各地区按三次产业分法人单位数

(2008年)　　单位：个

地　区	法人单位数	第一产业	第二产业	#工　业	第三产业
全国总计	**7195210**	**98546**	**2200404**	**1973617**	**4896260**
北　京	271800	3485	38483	29301	229832
天　津	146175	764	47226	41760	98185
河　北	281329	2758	92175	87011	186396
山　西	166938	6205	35352	31149	125381
内蒙古	115288	1784	23545	20439	89959
辽　宁	318936	3571	104572	89613	210793
吉　林	126098	1695	31928	27836	92475
黑龙江	151788	1723	38108	32287	111957
上　海	361828	1913	100311	80999	259604
江　苏	635411	4594	294670	269624	336147
浙　江	568636	8544	261241	248305	298851
安　徽	206990	1767	67180	57983	138043
福　建	237115	4543	76258	70275	156314
江　西	148337	556	44817	41790	102964
山　东	609297	5451	205876	182136	397970
河　南	360592	9570	123219	114136	227803
湖　北	294735	1407	74465	62012	218863
湖　南	265196	6765	73437	67878	184994
广　东	622083	4476	215779	201322	401828
广　西	158844	4306	26541	24212	127997
海　南	31248	1941	4529	2811	24778
重　庆	142743	3723	39045	33480	99975
四　川	315390	5148	67846	59982	242396
贵　州	95622	1434	15886	14295	78302
云　南	126255	3715	23998	20273	98542
西　藏	15344	21	741	490	14582
陕　西	182179	3222	37908	32378	141049
甘　肃	94739	643	15041	12983	79055
青　海	24660	424	3550	2829	20686
宁　夏	29987	683	5401	4515	23903
新　疆	89627	1715	11276	9513	76636

各地区按行业分法人单位数（一）

(2008年)　　　　单位：个

地　区	法　人单位数	#农、林、牧、渔业	#采矿业	#制造业	#电力、煤气及水的生产和供应业	#建筑业	#交通运输、仓储及邮政业
全国总计	**7195210**	**98546**	**97314**	**1818380**	**57923**	**226787**	**157737**
北　京	271800	3485	143	28799	359	9182	6152
天　津	146175	764	99	41354	307	5466	7416
河　北	281329	2758	7794	78240	977	5164	4967
山　西	166938	6205	7969	22410	770	4203	2964
内蒙古	115288	1784	4174	15279	986	3106	3212
辽　宁	318936	3571	5522	82603	1488	14959	8958
吉　林	126098	1695	1877	24865	1094	4092	2901
黑龙江	151788	1723	2287	29131	869	5821	3124
上　海	361828	1913	1	80736	262	19312	13330
江　苏	635411	4594	1145	265261	3218	25046	13813
浙　江	568636	8544	1529	242892	3884	12936	10251
安　徽	206990	1767	3162	52886	1935	9197	5015
福　建	237115	4543	2466	61938	5871	5983	5763
江　西	148337	556	3703	34665	3422	3027	3344
山　东	609297	5451	4581	175986	1569	23740	13025
河　南	360592	9570	7454	105315	1367	9083	4885
湖　北	294735	1407	4862	54633	2517	12453	6009
湖　南	265196	6765	7919	55536	4423	5559	3664
广　东	622083	4476	2330	191810	7182	14457	14804
广　西	158844	4306	2258	19683	2271	2329	3178
海　南	31248	1941	223	2325	263	1718	632
重　庆	142743	3723	3389	28221	1870	5565	3691
四　川	315390	5148	5436	49258	5288	7864	5835
贵　州	95622	1434	4283	8889	1123	1591	1208
云　南	126255	3715	4681	13922	1670	3725	2206
西　藏	15344	21	101	309	80	251	161
陕　西	182179	3222	3643	27644	1091	5530	2930
甘　肃	94739	643	1570	10550	863	2058	1323
青　海	24660	424	521	2077	231	721	409
宁　夏	29987	683	567	3810	138	886	444
新　疆	89627	1715	1625	7353	535	1763	2123

各地区按行业分法人单位数（二）

(2008年)　　单位：个

地　区	#信息传输、计算机服务和软件业	#批发和零售业	#住宿和餐饮业	#金融业	#房地产业	#租赁和商务服务业
全国总计	**153289**	**1403143**	**145302**	**28133**	**214405**	**427005**
北　京	15776	85052	10672	1025	10969	45005
天　津	1843	44056	3844	580	3825	9546
河　北	3993	46879	3947	880	5523	7816
山　西	2603	28977	2866	731	3886	6615
内蒙古	1630	23379	3047	983	3905	5776
辽　宁	6330	72700	5658	1410	11379	20085
吉　林	1668	29534	2467	671	3361	6260
黑龙江	2214	33775	2330	938	4426	8342
上　海	10745	118526	9281	175	11850	43380
江　苏	11692	134732	8366	2310	16970	33041
浙　江	11514	97126	6426	1961	13267	37945
安　徽	4880	31128	4025	1151	7130	8806
福　建	4949	42037	3695	1164	7725	13888
江　西	1310	15765	2955	556	4170	4568
山　东	11451	129114	13190	1795	14013	26729
河　南	4631	47473	8809	1076	6765	9821
湖　北	6024	58526	7877	1074	10122	13630
湖　南	7213	27809	6547	848	6004	8165
广　东	14467	141359	13309	1969	28526	55996
广　西	5040	21560	2152	636	5628	10535
海　南	715	5630	1033	200	2763	2698
重　庆	3269	27425	4142	909	5363	8942
四　川	8384	39561	5696	1503	8426	13675
贵　州	1697	11236	1251	518	3722	3648
云　南	2526	20283	2531	772	4298	6397
西　藏	141	668	281	105	94	192
陕　西	2822	27687	4964	698	4111	5938
甘　肃	804	14040	1884	525	2062	2911
青　海	358	2878	517	175	713	924
宁　夏	621	5682	493	190	778	1238
新　疆	1979	18546	1047	605	2631	4493

各地区按行业分法人单位数（三）

(2008年)　　单位：个

地　区	#科学研究、技术服务和地质勘查业	#水利、环境和公共设施管理业	#居民服务和其他服务业	#教　育	#卫生、社会保障和社会福利业	#文化、体育和娱乐业	#公共管理和社会组织
全国总计	**201696**	**57553**	**120466**	**335065**	**206517**	**81882**	**1364067**
北　京	20460	1719	10239	6245	2307	7374	6837
天　津	4971	987	5566	3130	1505	1181	9735
河　北	4140	1514	2814	18885	7105	1982	75951
山　西	3957	1720	2685	9003	5292	2299	51783
内蒙古	3588	1584	1601	5296	4379	1602	29977
辽　宁	10705	2642	5711	11564	10138	3477	40036
吉　林	4160	1276	2140	5638	3610	1758	27031
黑龙江	5236	1516	3233	7445	4743	1754	32881
上　海	14823	1906	12409	5186	2412	3692	11889
江　苏	13009	4935	8560	14470	9660	5187	59402
浙　江	12396	3580	5589	15711	7104	4703	71278
安　徽	4341	1654	2647	13152	7048	2177	44889
福　建	6279	1953	3433	11401	5970	3128	44929
江　西	3294	1404	1929	9826	7448	1939	44456
山　东	11477	3169	9351	20484	15637	4213	124322
河　南	5266	2206	3700	22536	26057	3492	81086
湖　北	9841	3760	6022	16788	12213	4191	62786
湖　南	6378	2684	4445	14497	8136	3687	84917
广　东	16717	3979	12140	29205	8323	5764	55270
广　西	7141	2081	1607	16435	6207	2600	43197
海　南	957	286	499	2092	749	547	5977
重　庆	3502	1203	2499	7393	5793	1904	23940
四　川	10348	3021	3394	19476	14255	4342	104480
贵　州	2900	1004	1144	9398	3852	1368	35356
云　南	4911	1764	1566	7271	4226	2139	37652
西　藏	145	34	93	1035	506	160	10967
陕　西	4287	1788	2465	14779	14223	2328	52029
甘　肃	1963	821	1158	8974	3461	1121	38008
青　海	848	282	215	1185	757	373	11052
宁　夏	617	224	366	1344	791	298	10817
新　疆	3039	857	1246	5221	2610	1102	31137

国民经济与社会发展总量指标（一）

指　　标	单　位	1978年	1990年	2000年	2008年	2009年
人口						
总人口(年末)	万人	96259	114333	126743	132802	133474
城镇人口	万人	17245	30195	45906	60667	62186
乡村人口	万人	79014	84138	80837	72135	71288
就业和失业						
就业人员数	万人	40152	64749	72085	77480	77995
城镇登记失业人员	万人	530	383	595	886	921
国民经济核算						
国内生产总值	亿元	3645.2	18667.8	99214.6	314045.4	335352.9
第一产业	亿元	1027.5	5062.0	14944.7	33702.0	35477.0
第二产业	亿元	1745.2	7717.4	45555.9	149003.4	156957.9
第三产业	亿元	872.5	5888.4	38714.0	131340.0	142918.0
支出法国内生产总值	亿元	3605.6	19347.8	98749.0	314901.3	341515.0
最终消费支出	亿元	2239.1	12090.5	61516.0	152346.6	166126.2
资本形成总额	亿元	1377.9	6747.0	34842.8	138325.3	162297.1
货物和服务净出口	亿元	-11.4	510.3	2390.2	24229.4	13092.0
固定资产投资						
全社会固定资产投资总额	亿元		4517.0	32917.7	172828.4	224845.6
城　镇	亿元		3274.4	26221.8	148738.3	194138.6
#房地产开发	亿元		253.3	4984.1	31203.2	36231.7
农　村	亿元		1242.6	6695.9	24090.1	30707.0
对外贸易和实际利用外资						
货物进出口总额	亿美元	206.4	1154.4	4742.9	25632.6	22072.2
出口额	亿美元	97.5	620.9	2492.0	14306.9	12016.6
进口额	亿美元	108.9	533.5	2250.9	11325.6	10055.6
外商直接投资	亿美元		34.9	407.2	924.0	900.3
外商其他投资	亿美元		2.7	86.4	28.6	17.7
财政和金融						
国家财政收入	亿元	1132.3	2937.1	13395.2	61330.4	68476.9
国家财政支出	亿元	1122.1	3083.6	15886.5	62592.7	75873.6
金融机构人民币各项存款余额	亿元	1155	13943	123804	466203	597741
金融机构人民币各项贷款余额	亿元	1890	17511	99371	303395	399685
主要农业、工业产品产量						
粮食	万吨	30476.5	44624.3	46217.5	52870.9	53082.1
棉花	万吨	216.7	450.8	441.7	749.2	637.7
油料	万吨	521.8	1613.2	2954.8	2952.8	3154.3
肉类	万吨			6013.9	7278.7	7649.9
原煤	亿吨	6.18	10.80	13.84	28.02	29.73
原油	万吨	10405	13831	16300	19505	18949
发电量	亿千瓦小时	2566	6212	13556	34958	37147
粗钢	万吨	3178	6635	12850	50306	56803
水泥	万吨	6524	20971	59700	142356	165000

国民经济与社会发展总量指标（二）

指　标	单　位	1978年	1990年	2000年	2008年	2009年
建筑业						
建筑业企业从业人员	万人		1011	1994	3315	3597
建筑业总产值	亿元		1345	12498	62037	75864
交通和邮电						
客运量	万人	253993	772682	1478573	2867892	2976898
货运量	万吨	248946	970602	1358682	2585937	2780628
沿海主要港口货物吞吐量	万吨	19834	48321	125603	429599	475481
邮电业务总量	亿元	34.1	155.5	4792.7	23649.5	27312.7
移动电话年末用户	万户		1.8	8453.3	64124.5	74738.4
固定电话年末用户	万户	192.5	685.0	14482.9	34035.9	31368.8
国内贸易和旅游						
社会消费品零售总额	亿元	1559	8300	39106	114830	132678
入境过夜旅游者人数	万人次	71.6	1048.4	3122.9	5304.9	5087.5
国际旅游外汇收入	亿美元	2.6	22.2	162.2	408.4	396.8
教育、科技、文化、卫生						
在校学生数						
#普通高等学校	万人	85.6	206.3	556.1	2021.0	2144.7
普通中学	万人	6548.3	4586.0	7368.9	8050.4	7867.9
普通小学	万人	14624.0	12241.4	13013.3	10331.5	10071.5
研究与试验发展经费支出	亿元			895.7	4616.0	5433.0
技术市场成交额	亿元		75	651	2665	3039
图书总印数	亿册(张)	37.7	56.4	62.7	70.6	70.3
期刊总印数	亿册	7.6	17.9	29.4	31.0	31.1
报纸总印数	亿份	127.8	211.3	329.3	442.9	437.0
医院、卫生院数	个	64311	62126	66095	59572	59918
执业(助理)医师	万人	97.8	176.3	207.6	208.2	220.5
医院、卫生院床位数	万张	184.7	259.2	290.8	374.8	408.1

注：1.由于计算误差的影响，按支出法计算的国内生产总值不等于按生产法计算的国内生产总值。

2.本表价值量指标中,邮电业务总量2000年及以前按1990年不变价格计算，2001年起按2000年不变价格计算，其余按当年价格计算。

国民经济与社会发展速度指标（一）

指　　标	2009年为下列各年%				平均每年增长%		
	1978年	1990年	2000年	2008年	1979－2009年	1991－2009年	2001－2009年
人口							
总人口(年末)	138.7	116.7	105.3	100.5	1.1	0.8	0.6
城镇人口	360.6	205.9	135.5	102.5	4.2	3.9	3.4
乡村人口	90.2	84.7	88.2	98.8	-0.3	-0.9	-1.4
就业和失业							
就业人员数	194.2	120.5	108.2	100.7	2.2	1.0	0.9
城镇登记失业人员	173.8	240.3	154.8	104.0	1.8	4.7	5.0
国民经济核算							
国内生产总值	1855.7	658.8	244.2	108.7	9.9	10.4	10.4
第一产业	401.8	210.7	145.1	104.2	4.6	4.0	4.2
第二产业	2837.7	933.1	262.3	109.5	11.4	12.5	11.3
第三产业	2505.7	692.0	262.1	108.9	10.9	10.7	11.3
固定资产投资							
全社会固定资产投资总额		4977.8	683.1	130.1		22.5	22.6
城　镇		5929.0	740.4	130.5		23.7	23.9
#房地产开发		14306.7	726.9	116.1		31.6	25.6
农　村		2471.2	458.6	127.5		18.2	16.7
对外贸易和实际利用外资							
货物进出口总额	10693.9	1912.0	465.4	86.1	16.3	16.8	18.6
出口额	12324.7	1935.4	482.2	84.0	16.8	16.9	19.1
进口额	9233.7	1884.8	446.7	88.8	15.7	16.7	18.1
外商直接投资		2582.0	221.1	97.4		18.7	9.2
外商其他投资		660.8	20.5	62.0		10.4	-16.1
财政和金融							
国家财政收入	6047.8	2331.4	511.2	111.7	14.1	18.0	19.9
国家财政支出	6761.8	2460.6	477.6	121.2	14.6	18.4	19.0
金融机构人民币各项存款余额	51752.5	4287.1	482.8	128.2	22.3	21.9	19.1
金融机构人民币各项贷款余额	21142.9	2282.5	402.2	131.7	18.9	17.9	16.7
主要农业、工业产品产量							
粮食	174.2	119.0	114.9	100.4	1.8	0.9	1.6
棉花	294.3	141.5	144.4	85.1	3.5	1.8	4.2
油料	604.5	195.5	106.8	106.8	6.0	3.6	0.7
肉类			127.1	105.0			2.7
原煤	481.1	275.3	214.8	106.1	5.2	5.5	8.9
原油	182.1	137.0	116.3	97.1	2.0	1.7	1.7
发电量	1447.6	598.0	274.0	106.3	9.0	9.9	11.9
粗钢	1787.4	856.1	442.0	112.9	9.7	12.0	18.0
水泥	2529.1	786.8	276.4	115.9	11.0	11.5	12.0

国民经济与社会发展速度指标（二）

指　　标	2009年为下列各年%				平均每年增长%		
	1978年	1990年	2000年	2008年	1979–2009年	1991–2009年	2001–2009年
建筑业							
建筑业企业从业人员		355.9	180.4	108.5		6.9	6.8
建筑业总产值		5640.4	607.0	122.3		23.6	22.2
交通和邮电							
客运量	1172.0	385.3	201.3	103.8	8.3	7.4	8.1
货运量	1117.0	286.5	204.7	107.5	8.1	5.7	8.3
沿海主要港口货物吞吐量	2397.3	984.0	378.6	110.7	10.8	12.8	15.9
邮电业务总量	107532.7	23566.9	764.8	115.5	25.3	33.3	25.4
移动电话年末用户		4084066	884.1	116.6		74.9	27.4
固定电话年末用户	16291.8	4579.2	216.6	92.2	17.9	22.3	9.0
国内贸易和旅游							
社会消费品零售总额	8512.7	1598.5	339.3	115.5	15.4	15.7	14.5
入境过夜旅游者人数	7105.5	485.3	162.9	95.9	14.7	8.7	5.6
国际旅游外汇收入	15085.6	1788.8	244.6	97.1	17.6	16.4	10.4
教育、科技、文化、卫生							
在校学生数							
#普通高等学校	2505.4	1039.6	385.7	106.1	10.9	13.1	16.2
普通中学	120.2	171.6	106.8	97.7	0.6	2.9	0.7
普通小学	68.9	82.3	77.4	97.5	-1.2	-1.0	-2.8
研究与试验发展经费支出			606.6	117.7			22.2
技术市场成交额		4046.6	467.0	114.0		21.5	18.7
图书总印数	186.4	124.6	112.1	99.6	2.0	1.2	1.3
期刊总印数	409.2	173.7	105.8	100.3	4.7	3.0	0.6
报纸总印数	341.9	206.8	132.7	98.7	4.0	3.9	3.2
医院、卫生院数	93.2	96.4	90.7	100.6	-0.2	-0.2	-1.1
执业(助理)医师	225.5	125.1	106.2	105.9	2.7	1.2	0.7
医院、卫生院床位数	220.9	157.5	140.3	108.9	2.6	2.4	3.8

注：本表价值量指标中，除国内生产总值和邮电业务总量按可比价格计算，其他按当年价格计算；平均每年增长速度除固定资产投资额按累计法计算外，其他按水平法计算。

国民经济与社会发展结构指标

单位：%

指　　标	1978年	1990年	2000年	2008年	2009年
人口					
城镇	17.9	26.4	36.2	45.7	46.6
乡村	82.1	73.6	63.8	54.3	53.4
就业人员					
第一产业	70.5	60.1	50.0	39.6	38.1
第二产业	17.3	21.4	22.5	27.2	27.8
第三产业	12.2	18.5	27.5	33.2	34.1
国内生产总值					
第一产业	28.2	27.1	15.1	10.7	10.6
第二产业	47.9	41.3	45.9	47.4	46.8
第三产业	23.9	31.6	39.0	41.8	42.6
全社会固定资产投资总额					
城镇		72.5	79.7	86.1	86.3
农村		27.5	20.3	13.9	13.7
货物进出口总额					
出口总额	47.2	53.8	52.5	55.8	54.4
进口总额	52.8	46.2	47.5	44.2	45.6
财政收入					
中央	15.5	33.8	52.2	53.3	52.4
地方	84.5	66.2	47.8	46.7	47.6
财政支出					
中央	47.4	32.6	34.7	21.3	20.1
地方	52.6	67.4	65.3	78.7	79.9
农林牧渔业产值					
#农业	80.0	64.7	55.7	48.4	50.7
林业	3.4	4.3	3.8	3.7	3.9
牧业	15.0	25.7	29.7	35.5	32.3
渔业	1.6	5.4	10.9	9.0	9.3
规模以上工业企业总资产					
大型企业			56.3	39.1	38.8
中型企业			12.9	31.6	31.2
小型企业			30.8	29.4	30.1
在校学生数					
大学生	0.4	1.2	2.7	9.9	10.7
中学生	30.8	26.9	35.2	39.5	39.2
小学生	68.8	71.9	62.2	50.6	50.1
卫生技术人员数					
#执业(助理)医师	39.7	45.2	46.2	41.4	40.9
注册护士	16.5	25.0	28.2	32.9	34.1

东、中、西、东北地区主要经济指标(一)

(2009年)

指标	单位	东部10省市合计或平均	东部10省市合计占全国的比重(%)	中部6省合计或平均	中部6省合计占全国的比重(%)
国民核算					
国内(地区)生产总值	亿元	194670.9	53.7	70137.3	19.4
第一产业	亿元	12822.7	36.5	9606.0	27.3
第二产业	亿元	96489.3	53.9	35374.5	19.8
第三产业	亿元	85358.9	57.6	25156.8	17.0
固定资产投资					
全社会固定资产投资额	亿元	95653.1	43.7	49846.3	22.8
对外贸易					
货物进出口总额	亿美元	19471.4	88.2	776.7	3.5
出口总额	亿美元	10612.0	88.3	419.1	3.5
进口总额	亿美元	8859.4	88.1	357.7	3.6
农业					
主要农产品产量					
粮食	万吨	13817.4	26.0	16615.2	31.3
棉花	万吨	188.4	29.5	176.5	27.7
油料	万吨	809.0	25.6	1385.7	43.9
工业					
主要工业产品产量					
原煤	万吨	28390.3	9.6	105834.4	35.9
原油	万吨	7280.9	38.4	555.4	2.9
发电量	亿千瓦小时	15269.6	41.1	8628.4	23.2
粗钢	万吨	31465.2	55.4	11779.9	20.7
钢材	万吨	41876.4	60.5	12606.1	18.2
建筑业					
建筑业总产值	亿元	42267.5	55.7	14802.4	19.5
国内贸易					
社会消费品零售总额	亿元	71058.5	53.6	26409.7	19.9
物价总水平					
居民消费价格指数	上年=100	99.0		99.4	

注：东部10省市和中部6省合计占全国的比重以全国各地区合计数为100计算。

东、中、西、东北地区主要经济指标(二)

(2009年)

指　　标	单位	西部12省区市合计或平均	西部12省区市合计占全国的比重(%)	东北3省合计或平均	东北3省合计占全国的比重(%)
国民核算					
国内(地区)生产总值	亿元	66867.7	18.5	30556.8	8.4
第一产业	亿元	9198.5	26.1	3549.7	10.1
第二产业	亿元	31860.8	17.8	15234.0	8.5
第三产业	亿元	25808.3	17.4	11773.0	7.9
固定资产投资					
全社会固定资产投资额	亿元	49662.3	22.7	23733.0	10.8
对外贸易					
货物进出口总额	亿美元	915.1	4.1	908.9	4.1
出口总额	亿美元	519.1	4.3	466.5	3.9
进口总额	亿美元	396.0	3.9	442.4	4.4
农业					
主要农产品产量					
粮食	万吨	14245.4	26.8	8404.0	15.8
棉花	万吨	272.5	42.7	0.3	0.05
油料	万吨	825.7	26.2	133.9	4.2
工业					
主要工业产品产量					
原煤	万吨	141054.2	47.8	19774.4	6.7
原油	万吨	5472.1	28.9	5640.6	29.8
发电量	亿千瓦小时	10821.3	29.1	2427.3	6.5
粗钢	万吨	7397.6	13.0	6141.5	10.8
钢材	万吨	8469.5	12.2	6298.3	9.1
建筑业					
建筑业总产值	亿元	12941.3	17.1	5852.7	7.7
国内贸易					
社会消费品零售总额	亿元	23038.7	17.4	12171.7	9.2
物价总水平					
居民消费价格指数	上年=100	100.3		100.1	

注：西部12省区市和东北3省合计占全国的比重以全国各地区合计数为100计算。

人均主要农业产品产量

单位：公斤

年 份	粮食	棉花	油料	糖料	水果	水产品
1978	318.7	2.3	5.5	24.9	6.9	4.9
1980	326.7	2.8	7.8	29.7	6.9	4.6
1985	360.7	3.9	15.0	57.5	11.1	6.7
1990	393.1	4.0	14.2	63.6	16.5	10.9
1991	378.3	4.9	14.2	73.2	18.9	11.7
1992	380.0	3.9	14.1	75.6	20.9	13.4
1993	387.4	3.2	15.3	64.7	25.6	15.5
1994	373.5	3.6	16.7	61.6	29.4	18.0
1995	387.3	4.0	18.7	65.9	35.0	20.9
1996	414.4	3.5	18.2	68.7	38.2	27.0
1997	401.7	3.7	17.5	76.3	41.4	25.4
1998	412.5	3.6	18.6	78.8	43.9	27.2
1999	405.8	3.1	20.8	66.5	49.8	28.5
2000	366.0	3.5	23.4	60.5	49.3	29.4
2001	355.9	4.2	22.5	68.1	52.3	29.9
2002	357.0	3.8	22.6	80.4	54.3	30.9
2003	334.3	3.8	21.8	74.8	112.7	31.6
2004	362.2	4.9	23.7	73.8	118.4	32.8
2005	371.3	4.4	23.6	72.5	123.6	33.9
2006	379.9	5.7	20.1	76.4	130.4	35.0
2007	380.6	5.8	19.5	92.5	137.6	36.0
2008	399.1	5.7	22.3	101.3	145.1	37.0
2009	398.7	4.8	23.7	92.2	153.2	38.5

注：本表计算中所使用的人口数为年平均人口数(下表同)。2003年起水果产量含果用瓜。

人均主要工业产品产量

年 份	布 (米)	原煤 (吨)	原油 (公斤)	发电量 (千瓦小时)	粗钢 (公斤)	水泥 (公斤)
1978	11.5	0.7	108.8	268.4	33.2	68.2
1980	13.7	0.6	108.0	306.4	37.8	81.4
1985	14.0	0.8	118.8	390.8	44.5	138.9
1990	16.6	1.0	121.8	547.2	58.5	184.7
1991	15.8	0.9	122.5	588.8	61.7	219.5
1992	16.4	1.0	122.0	647.2	69.5	264.6
1993	17.2	1.0	123.3	712.3	76.0	312.2
1994	17.7	1.0	122.6	778.7	77.7	353.4
1995	21.6	1.1	124.5	835.8	79.2	394.7
1996	17.2	1.1	129.2	888.1	83.2	403.4
1997	20.2	1.1	130.7	923.2	88.6	416.0
1998	19.4	1.1	129.6	939.7	93.1	431.6
1999	20.0	1.1	127.7	989.3	99.2	457.4
2000	21.9	1.1	129.1	1073.6	101.8	472.8
2001	22.8	1.2	128.9	1164.3	119.2	519.7
2002	25.2	1.2	130.4	1291.8	142.4	566.2
2003	27.4	1.4	131.6	1482.9	172.6	669.1
2004	37.2	1.6	135.7	1700.0	218.3	746.0
2005	37.2	1.8	139.1	1917.8	270.9	819.8
2006	45.7	1.9	140.9	2185.9	319.7	943.4
2007	51.2	2.0	141.4	2490.0	371.3	1032.8
2008	54.6	2.1	147.2	2639.0	379.8	1074.7
2009	55.6	2.2	142.3	2790.1	426.6	1239.3

国民经济核算指标

指　　标	单位	1978年	1990年	2000年	2008年	2009年
绝对数						
国民总收入	亿元	3645.2	18718.3	98000.5	316228.8	337313.4
国内生产总值	亿元	3645.2	18667.8	99214.6	314045.4	335352.9
第一产业	亿元	1027.5	5062.0	14944.7	33702.0	35477.0
第二产业	亿元	1745.2	7717.4	45555.9	149003.4	156957.9
第三产业	亿元	872.5	5888.4	38714.0	131340.0	142918.0
人均国内生产总值	元	381	1645	7858	23708	25188
支出法国内生产总值	亿元	3605.6	19347.8	98749.0	314901.3	341515.0
最终消费支出	亿元	2239.1	12090.5	61516.0	152346.6	166126.2
居民消费支出	亿元	1759.1	9450.9	45854.6	110594.5	121712.8
政府消费支出	亿元	480.0	2639.6	15661.4	41752.1	44413.4
资本形成总额	亿元	1377.9	6747.0	34842.8	138325.3	162297.1
固定资本形成	亿元	1073.9	4827.8	33844.4	128084.4	155333.3
存货增加	亿元	304.0	1919.2	998.4	10240.9	6963.8
货物和服务净出口	亿元	-11.4	510.3	2390.2	24229.4	13092.0
指数(1978年=100)						
国民总收入指数		100.0	282.5	750.6	1718.8	1866.5
国内生产总值指数		100.0	281.7	759.9	1707.0	1855.7
第一产业		100.0	190.7	277.0	385.6	401.8
第二产业		100.0	304.1	1081.8	2591.8	2837.7
第三产业		100.0	362.1	956.1	2301.4	2505.7
人均国内生产总值指数		100.0	237.3	575.5	1232.1	1332.7
构成						
支出法国内生产总值=100						
最终消费支出	%	62.1	62.5	62.3	48.4	48.6
资本形成总额	%	38.2	34.9	35.3	43.9	47.5
最终消费支出=100						
居民消费支出	%	78.6	78.2	74.5	72.6	73.3
政府消费支出	%	21.4	21.8	25.5	27.4	26.7
资本形成总额=100						
固定资本形成总额	%	77.9	71.6	97.1	92.6	95.7
存货增加	%	22.1	28.4	2.9	7.4	4.3

注：1.绝对数和构成按当年价格计算，指数按不变价格计算。

2.由于统计误差的影响，按支出法计算的国内生产总值不等于按生产法计算的国内生产总值。

国民总收入和国内生产总值（一）

年　　份	国民总收入（亿元）	国内生产总值（亿元）	第一产业	第二产业	工　业
1978	3645.2	3645.2	1027.5	1745.2	1607.0
1979	4062.6	4062.6	1270.2	1913.5	1769.7
1980	4545.6	4545.6	1371.6	2192.0	1996.5
“六五”时期	**32490.0**	**32401.7**	**10195.7**	**14257.0**	**12824.0**
1981	4889.5	4891.6	1559.5	2255.5	2048.4
1982	5330.5	5323.4	1777.4	2383.0	2162.3
1983	5985.6	5962.7	1978.4	2646.2	2375.6
1984	7243.8	7208.1	2316.1	3105.7	2789.0
1985	9040.7	9016.0	2564.4	3866.6	3448.7
“七五”时期	**73081.1**	**73036.8**	**19215.0**	**31326.9**	**27672.0**
1986	10274.4	10275.2	2788.7	4492.7	3967.0
1987	12050.6	12058.6	3233.0	5251.6	4585.8
1988	15036.8	15042.8	3865.4	6587.2	5777.2
1989	17000.9	16992.3	4265.9	7278.0	6484.0
1990	18718.3	18667.8	5062.0	7717.4	6858.0
“八五”时期	**191942.5**	**193030.5**	**39881.1**	**88381.0**	**76990.9**
1991	21826.2	21781.5	5342.2	9102.2	8087.1
1992	26937.3	26923.5	5866.6	11699.5	10284.5
1993	35260.0	35333.9	6963.8	16454.4	14188.0
1994	48108.5	48197.9	9572.7	22445.4	19480.7
1995	59810.5	60793.7	12135.8	28679.5	24950.6
“九五”时期	**417707.2**	**423443.5**	**72989.7**	**196971.6**	**172282.5**
1996	70142.5	71176.6	14015.4	33835.0	29447.6
1997	78060.8	78973.0	14441.9	37543.0	32921.4
1998	83024.3	84402.3	14817.6	39004.2	34018.4
1999	88479.2	89677.1	14770.0	41033.6	35861.5
2000	98000.5	99214.6	14944.7	45555.9	40033.6
“十五”时期	**707733.2**	**710626.3**	**93532.7**	**327347.8**	**288398.3**
2001	108068.2	109655.2	15781.3	49512.3	43580.6
2002	119095.7	120332.7	16537.0	53896.8	47431.3
2003	135174.0	135822.8	17381.7	62436.3	54945.5
2004	159586.7	159878.3	21412.7	73904.3	65210.0
2005	185808.6	184937.4	22420.0	87598.1	77230.8
“十一五”时期					
2006	217522.7	216314.4	24040.0	103719.5	91310.9
2007	267763.7	265810.3	28627.0	125831.4	110534.9
2008	316228.8	314045.4	33702.0	149003.4	130260.2
2009	337313.4	335352.9	35477.0	156957.9	134624.5

注：本表按当年价格计算。

国民总收入和国内生产总值（二）

年　　份	建筑业	第三产业	#交通运输、仓储和邮政业	#批发和零售业	人均国内生产总值（元）
1978	138.2	872.5	182.0	242.3	381
1979	143.8	878.9	193.7	200.9	419
1980	195.5	982.0	213.4	193.8	463
“六五”时期	**1433.0**	**7948.9**	**1502.7**	**1767.0**	**631**
1981	207.1	1076.6	220.7	231.1	492
1982	220.7	1163.0	246.9	171.4	528
1983	270.6	1338.1	274.9	198.7	583
1984	316.7	1786.3	338.5	363.5	695
1985	417.9	2585.0	421.7	802.4	858
“七五”时期	**3654.9**	**22494.8**	**3732.7**	**6200.7**	**1321**
1986	525.7	2993.8	498.8	852.6	963
1987	665.8	3574.0	568.3	1059.6	1112
1988	810.0	4590.3	685.7	1483.4	1366
1989	794.0	5448.4	812.7	1536.2	1519
1990	859.4	5888.4	1167.0	1268.9	1644
“八五”时期	**11390.1**	**64768.4**	**11315.5**	**15608.2**	**3258**
1991	1015.1	7337.1	1420.3	1834.6	1893
1992	1415.0	9357.4	1689.0	2405.0	2311
1993	2266.5	11915.7	2174.0	2816.6	2998
1994	2964.7	16179.8	2787.9	3773.4	4044
1995	3728.8	19978.5	3244.3	4778.6	5046
“九五”时期	**24689.1**	**153482.3**	**23927.7**	**34490.0**	**6816**
1996	4387.4	23326.2	3782.2	5599.7	5846
1997	4621.6	26988.1	4148.6	6327.4	6420
1998	4985.8	30580.5	4660.9	6913.2	6796
1999	5172.1	33873.4	5175.2	7491.1	7159
2000	5522.3	38714.0	6161.0	8158.6	7858
“十五”时期	**38949.5**	**289745.8**	**42246.9**	**56704.3**	**11017**
2001	5931.7	44361.6	6870.3	9119.4	8622
2002	6465.5	49898.9	7492.9	9995.4	9398
2003	7490.8	56004.7	7913.2	11169.5	10542
2004	8694.3	64561.3	9304.4	12453.8	12336
2005	10367.3	74919.3	10666.2	13966.2	14185
“十一五”时期					
2006	12408.6	88554.9	12183.0	16530.7	16500
2007	15296.5	111351.9	14601.0	20937.8	20169
2008	18743.2	131340.0	16362.5	26182.3	23708
2009	22333.4	142918.0	17057.7	29052.5	25188

注：各时期人均国内生产总值为该时期各年的平均数。

国内生产总值构成

(国内生产总值=100)

年　份	第一产业	第二产业	工　业	建筑业	第三产业	#交通运输、仓储和邮政业	#批发和零售业
1978	28.2	47.9	44.1	3.8	23.9	5.0	6.6
1979	31.3	47.1	43.6	3.5	21.6	4.8	4.9
1980	30.2	48.2	43.9	4.3	21.6	4.7	4.3
1981	31.9	46.1	41.9	4.2	22.0	4.5	4.7
1982	33.4	44.8	40.6	4.2	21.8	4.6	3.2
1983	33.2	44.4	39.9	4.5	22.4	4.6	3.3
1984	32.1	43.1	38.7	4.4	24.8	4.8	5.0
1985	28.4	42.9	38.3	4.6	28.7	4.7	8.9
1986	27.2	43.7	38.6	5.1	29.1	4.9	8.3
1987	26.8	43.6	38.0	5.5	29.6	4.7	8.8
1988	25.7	43.8	38.4	5.4	30.5	4.6	9.9
1989	25.1	42.9	38.2	4.7	32.0	4.8	9.0
1990	27.1	41.3	36.7	4.6	31.6	6.3	6.8
1991	24.5	41.8	37.1	4.7	33.7	6.5	8.4
1992	21.8	43.4	38.2	5.3	34.8	6.3	8.9
1993	19.7	46.6	40.2	6.4	33.7	6.2	8.0
1994	19.8	46.6	40.4	6.2	33.6	5.8	7.8
1995	19.9	47.2	41.1	6.1	32.9	5.3	7.9
1996	19.7	47.5	41.4	6.1	32.8	5.3	7.9
1997	18.3	47.5	41.7	5.8	34.2	5.3	8.0
1998	17.6	46.2	40.3	5.9	36.2	5.5	8.2
1999	16.5	45.8	40.0	5.8	37.7	5.8	8.4
2000	15.1	45.9	40.3	5.6	39.0	6.2	8.2
2001	14.4	45.1	39.7	5.4	40.5	6.3	8.3
2002	13.7	44.8	39.4	5.4	41.5	6.2	8.3
2003	12.8	46.0	40.5	5.5	41.2	5.8	8.2
2004	13.4	46.2	40.8	5.4	40.4	5.8	7.8
2005	12.1	47.4	41.8	5.6	40.5	5.8	7.6
2006	11.1	47.9	42.2	5.7	40.9	5.6	7.6
2007	10.8	47.3	41.6	5.8	41.9	5.5	7.9
2008	10.7	47.4	41.5	6.0	41.8	5.2	8.3
2009	10.6	46.8	40.1	6.7	42.6	5.1	8.6

注：本表按当年价格计算。

国内生产总值指数(一)

(上年=100)

年 份	国 民 总收入	国内生产总值	第一产业	第二产业	工业	建筑业	第三产业	#交通运输、仓储和邮政业	#批发和零售业	人均国内生产总值
1978	111.7	111.7	104.1	115.0	116.4	99.4	113.8	108.9	123.1	110.2
1979	107.6	107.6	106.1	108.2	108.7	102.0	107.9	108.3	108.7	106.1
1980	107.8	107.8	98.5	113.6	112.7	126.7	106.0	104.3	98.1	106.5
1981	105.2	105.2	107.0	101.9	101.7	103.2	110.4	101.9	129.5	103.9
1982	109.2	109.1	111.5	105.6	105.8	103.4	113.0	111.4	99.3	107.5
1983	111.1	110.9	108.3	110.4	109.7	117.1	115.2	109.5	121.2	109.3
1984	115.3	115.2	112.9	114.5	114.9	110.9	119.3	114.9	124.7	113.7
1985	113.2	113.5	101.8	118.6	118.2	122.2	118.2	113.8	133.5	111.9
1986	108.5	108.8	103.3	110.2	109.6	115.9	112.0	113.9	109.4	107.2
1987	111.5	111.6	104.7	113.7	113.2	117.9	114.4	109.6	114.7	109.8
1988	111.3	111.3	102.5	114.5	115.3	108.0	113.2	112.5	111.8	109.5
1989	104.2	104.1	103.1	103.8	105.1	91.6	105.4	104.2	89.3	102.5
1990	104.1	103.8	107.3	103.2	103.4	101.2	102.3	108.3	94.7	102.3
1991	109.1	109.2	102.4	113.9	114.4	109.6	108.9	110.6	105.2	107.7
1992	114.1	114.2	104.7	121.2	121.2	121.0	112.4	110.1	110.5	112.8
1993	113.7	114.0	104.7	119.9	120.1	118.0	112.2	112.5	108.6	112.7
1994	113.1	113.1	104.0	118.4	118.9	113.7	111.1	108.5	108.2	111.8
1995	109.3	110.9	105.0	113.9	114.0	112.4	109.8	111.0	108.2	109.7
1996	110.2	110.0	105.1	112.1	112.5	108.5	109.4	111.0	107.6	108.9
1997	109.6	109.3	103.5	110.5	111.3	102.6	110.7	109.2	108.8	108.2
1998	107.3	107.8	103.5	108.9	108.9	109.0	108.4	110.6	106.5	106.8
1999	107.9	107.6	102.8	108.1	108.5	104.3	109.3	112.2	108.7	106.7
2000	108.6	108.4	102.4	109.4	109.8	105.7	109.7	108.6	109.4	107.6
2001	108.1	108.3	102.8	108.4	108.7	106.8	110.3	108.8	109.1	107.5
2002	109.5	109.1	102.9	109.8	110.0	108.8	110.4	107.1	108.8	108.4
2003	110.6	110.0	102.5	112.7	112.8	112.1	109.5	106.1	109.9	109.3
2004	110.4	110.1	106.3	111.1	111.5	108.1	110.1	114.5	106.6	109.4
2005	112.0	111.3	105.2	112.1	111.6	116.0	112.2	111.2	113.0	110.7
2006	112.8	112.7	105.0	113.4	112.9	117.2	114.1	110.0	119.5	112.0
2007	114.4	114.2	103.7	115.1	114.9	116.2	116.0	111.8	120.2	113.6
2008	109.6	109.6	105.4	109.9	109.9	109.5	110.4	107.3	115.9	109.1
2009	108.6	108.7	104.2	109.5	108.3	118.2	108.9	103.7	112.3	108.2

注：本表按不变价格计算。

国内生产总值指数（二）

(1978年=100)

年份	国民总收入	国内生产总值	第一产业	第二产业	工业
1978	100.0	100.0	100.0	100.0	100.0
1979	107.6	107.6	106.1	108.2	108.7
1980	116.0	116.0	104.6	122.9	122.4
1981	122.0	122.1	111.9	125.2	124.5
1982	133.3	133.1	124.8	132.1	131.7
1983	148.2	147.6	135.1	145.8	144.5
1984	170.8	170.0	152.6	166.9	166.0
1985	193.4	192.9	155.4	197.9	196.2
1986	209.9	210.0	160.5	218.2	215.2
1987	234.1	234.3	168.1	248.1	243.6
1988	260.6	260.7	172.3	284.1	280.8
1989	271.4	271.3	177.6	294.8	295.0
1990	282.5	281.7	190.7	304.1	304.9
1991	308.2	307.6	195.2	346.3	348.8
1992	351.5	351.4	204.4	419.5	422.6
1993	399.6	400.4	214.0	502.8	507.5
1994	452.0	452.8	222.6	595.2	603.5
1995	494.2	502.3	233.7	677.7	688.2
1996	544.5	552.6	245.6	759.8	774.3
1997	596.9	603.9	254.2	839.4	861.9
1998	640.6	651.2	263.1	914.2	938.6
1999	691.5	700.9	270.5	988.6	1018.6
2000	750.6	759.9	277.0	1081.8	1118.3
2001	811.1	823.0	284.8	1173.1	1215.2
2002	888.5	897.8	293.0	1288.4	1336.4
2003	983.1	987.8	300.3	1451.7	1506.8
2004	1085.4	1087.4	319.3	1613.0	1680.2
2005	1216.1	1210.4	336.0	1807.9	1874.7
2006	1371.4	1363.8	352.8	2050.0	2116.1
2007	1568.4	1557.0	366.0	2358.8	2431.5
2008	1718.8	1707.0	385.6	2591.8	2673.0
2009	1866.5	1855.7	401.8	2837.7	2893.9
平均每年增长(%)					
1979-2009年	9.9	9.9	4.6	11.4	11.5
1991-2009年	10.4	10.4	4.0	12.5	12.6
2001-2009年	10.7	10.4	4.2	11.3	11.1

注：本表按不变价格计算。

国内生产总值指数（三）

(1978年=100)

年　份	建筑业	第三产业	#交通运输、仓储和邮政业	#批发和零售业	人均国内生产总值
1978	100.0	100.0	100.0	100.0	100.0
1979	102.0	107.9	108.3	108.7	106.1
1980	129.2	114.3	112.9	106.7	113.0
1981	133.3	126.2	115.0	138.2	117.5
1982	137.9	142.6	128.1	137.2	126.2
1983	161.4	164.3	140.2	166.3	137.9
1984	179.0	196.0	161.1	207.4	156.8
1985	218.7	231.7	183.3	277.0	175.5
1986	253.4	259.6	208.8	303.2	188.2
1987	298.7	296.8	228.9	347.8	206.6
1988	322.5	335.9	257.5	388.7	226.3
1989	295.3	353.9	268.3	347.1	231.9
1990	298.8	362.1	290.7	328.8	237.3
1991	327.4	394.3	321.4	345.8	255.6
1992	396.2	443.3	353.7	382.2	288.4
1993	467.5	497.4	398.1	414.9	324.9
1994	531.5	552.5	432.0	448.9	363.3
1995	597.4	606.9	479.4	485.9	398.6
1996	648.2	664.1	532.4	523.0	433.9
1997	665.2	735.3	581.3	568.8	469.4
1998	725.2	796.8	642.9	605.9	501.4
1999	756.2	871.2	721.2	658.6	534.9
2000	799.1	956.1	783.0	720.7	575.5
2001	853.3	1054.2	852.0	786.2	618.7
2002	928.3	1164.2	912.7	855.5	670.4
2003	1040.4	1274.9	968.6	940.5	733.1
2004	1125.0	1403.1	1108.9	1002.2	802.2
2005	1305.0	1574.7	1233.1	1132.8	887.7
2006	1529.8	1797.3	1356.0	1353.3	994.7
2007	1777.4	2084.6	1516.0	1626.9	1129.6
2008	1946.3	2301.4	1627.1	1884.7	1232.1
2009	2300.7	2505.7	1687.9	2116.7	1332.7
平均每年增长(%)					
1979-2009年	10.6	10.9	9.5	10.3	8.7
1991-2009年	11.3	10.7	9.7	10.3	9.5
2001-2009年	12.5	11.3	8.9	12.7	9.8

注：本表按不变价格计算。

三次产业贡献率

单位：%

年 份	国内生产总值	第一产业	第二产业	#工 业	第三产业
1990	100.0	41.7	41.0	39.7	17.3
1991	100.0	7.1	62.8	58.0	30.1
1992	100.0	8.4	64.5	57.6	27.1
1993	100.0	7.9	65.5	59.1	26.6
1994	100.0	6.6	67.9	62.6	25.5
1995	100.0	9.1	64.3	58.5	26.6
1996	100.0	9.6	62.9	58.5	27.5
1997	100.0	6.8	59.7	58.3	33.5
1998	100.0	7.6	60.9	55.4	31.5
1999	100.0	6.0	57.8	55.0	36.2
2000	100.0	4.4	60.8	57.6	34.8
2001	100.0	5.1	46.7	42.1	48.2
2002	100.0	4.6	49.7	44.4	45.7
2003	100.0	3.4	58.5	51.9	38.1
2004	100.0	7.8	52.2	47.7	39.9
2005	100.0	5.6	51.1	43.4	43.3
2006	100.0	4.8	50.0	42.4	45.2
2007	100.0	3.0	50.7	44.0	46.3
2008	100.0	5.7	49.3	43.4	45.0
2009	100.0	4.8	52.5	40.1	42.8

注：本表按不变价格计算。产业贡献率指各产业增加值增量与国内生产总值增量之比。

三次产业对国内生产总值增长的拉动

单位：百分点

年 份	国内生产总值	第一产业	第二产业	#工 业	第三产业
1990	3.8	1.6	1.6	1.5	0.6
1991	9.2	0.6	5.8	5.3	2.8
1992	14.2	1.2	9.2	8.2	3.8
1993	14.0	1.1	9.2	8.3	3.7
1994	13.1	0.9	8.9	8.2	3.3
1995	10.9	1.0	7.0	6.4	2.9
1996	10.0	1.0	6.3	5.9	2.7
1997	9.3	0.6	5.6	5.4	3.1
1998	7.8	0.6	4.8	4.3	2.4
1999	7.6	0.4	4.4	4.2	2.8
2000	8.4	0.4	5.1	4.9	2.9
2001	8.3	0.4	3.9	3.5	4.0
2002	9.1	0.4	4.5	4.0	4.2
2003	10.0	0.3	5.9	5.2	3.8
2004	10.1	0.8	5.3	4.8	4.0
2005	11.3	0.6	5.8	4.9	4.9
2006	12.7	0.6	6.3	5.4	5.7
2007	14.2	0.4	7.2	6.2	6.6
2008	9.6	0.6	4.7	4.2	4.3
2009	8.7	0.4	4.6	3.5	3.7

注：本表按不变价格计算。产业拉动指国内生产总值增长速度与各产业贡献率之乘积。

地区生产总值

单位：亿元

地　区	2003年	2004年	2005年	2006年	2007年	2008年	2009年
北　京	5023.8	6033.2	6969.5	8117.8	9846.8	11115.0	11865.9
天　津	2578.0	3111.0	3905.6	4462.7	5252.8	6719.0	7500.8
河　北	6921.3	8477.6	10012.1	11467.6	13607.3	16012.0	17026.6
山　西	2855.2	3571.4	4230.5	4878.6	6024.5	7315.4	7365.7
内蒙古	2388.4	3041.1	3905.0	4944.2	6423.2	8496.2	9725.8
辽　宁	6002.5	6672.0	8047.3	9304.5	11164.3	13668.6	15065.6
吉　林	2662.1	3122.0	3620.3	4275.1	5284.7	6426.1	7203.2
黑龙江	4057.4	4750.6	5513.7	6211.8	7104.0	8314.4	8288.0
上　海	6694.2	8072.8	9247.7	10572.2	12494.0	14069.9	14900.9
江　苏	12442.9	15003.6	18598.7	21742.1	26018.5	30982.0	34061.2
浙　江	9705.0	11648.7	13417.7	15718.5	18753.7	21462.7	22832.4
安　徽	3923.1	4759.3	5375.1	6112.5	7360.9	8851.7	10052.9
福　建	4983.7	5763.4	6554.7	7583.8	9248.5	10823.0	11949.5
江　西	2807.4	3456.7	4056.8	4820.5	5800.3	6971.1	7589.2
山　东	12078.1	15021.8	18366.9	21900.2	25776.9	30933.3	33805.3
河　南	6867.7	8553.8	10587.4	12362.8	15012.5	18018.5	19367.3
湖　北	4757.5	5633.2	6590.2	7617.5	9333.4	11328.9	12831.5
湖　南	4660.0	5641.9	6596.1	7688.7	9439.6	11555.0	12930.7
广　东	15844.6	18864.6	22557.4	26587.8	31777.0	36796.7	39081.6
广　西	2821.1	3433.5	3984.1	4746.2	5823.4	7021.0	7700.4
海　南	693.2	798.9	898.0	1044.9	1254.2	1503.1	1646.6
重　庆	2272.8	2692.8	3467.7	3907.2	4676.1	5793.7	6528.7
四　川	5333.1	6379.6	7385.1	8690.2	10562.4	12601.2	14151.3
贵　州	1426.3	1677.8	2005.4	2339.0	2884.1	3561.6	3893.5
云　南	2556.0	3081.9	3461.7	3988.1	4772.5	5692.1	6168.2
西　藏	185.1	220.3	248.8	290.8	341.4	394.9	441.4
陕　西	2587.7	3175.6	3933.7	4743.6	5757.3	7314.6	8186.7
甘　肃	1399.8	1688.5	1934.0	2276.7	2702.4	3166.8	3382.4
青　海	390.2	466.1	543.3	648.5	797.4	1018.6	1081.3
宁　夏	445.4	537.1	612.6	725.9	919.1	1203.9	1334.6
新　疆	1886.4	2209.1	2604.2	3045.3	3523.2	4183.2	4273.6

注：本表按当年价格计算。

地区生产总值指数

(上年=100)

地区	2003年	2004年	2005年	2006年	2007年	2008年	2009年
北京	111.0	114.1	112.1	113.0	114.5	109.1	110.1
天津	114.8	115.8	114.9	114.7	115.5	116.5	116.5
河北	111.6	112.9	113.4	113.4	112.8	110.1	110.0
山西	114.9	115.2	113.5	112.8	115.9	108.5	105.5
内蒙古	117.9	120.5	123.8	119.1	119.2	117.8	116.9
辽宁	111.5	112.8	112.7	114.2	115.0	113.4	113.1
吉林	110.2	112.2	112.1	115.0	116.1	116.0	113.3
黑龙江	110.2	111.7	111.6	112.1	112.0	111.8	111.1
上海	112.3	114.2	111.4	112.7	115.2	109.7	108.2
江苏	113.6	114.8	114.5	114.9	114.9	112.7	112.4
浙江	114.7	114.5	112.8	113.9	114.7	110.1	108.9
安徽	109.4	113.3	111.0	112.0	114.2	112.7	112.9
福建	111.5	111.8	113.7	115.7	122.0	117.0	112.0
江西	113.0	113.2	112.8	112.3	113.2	113.2	113.1
山东	113.4	115.4	115.0	114.7	114.2	112.0	111.9
河南	110.7	113.7	114.2	114.4	114.6	112.1	110.7
湖北	109.7	111.2	112.1	113.2	114.6	113.4	113.2
湖南	109.6	112.1	112.2	112.8	115.0	113.9	113.6
广东	114.8	114.8	114.1	114.8	114.9	110.4	109.5
广西	110.2	111.8	113.1	113.6	115.1	112.8	113.9
海南	110.6	110.7	110.5	113.2	115.8	110.3	111.7
重庆	111.5	112.2	111.7	112.4	115.9	114.5	114.9
四川	111.3	112.7	112.6	113.5	114.5	111.0	114.5
贵州	110.1	111.4	112.7	112.8	114.8	111.3	111.2
云南	108.8	111.3	108.9	111.6	112.2	110.6	112.1
西藏	112.0	112.1	112.1	113.3	114.0	110.1	112.4
陕西	111.8	112.9	113.7	113.9	115.8	116.4	113.6
甘肃	110.7	111.5	111.8	111.5	112.3	110.1	110.0
青海	111.9	112.3	112.2	113.3	113.5	113.5	110.1
宁夏	112.7	111.2	110.9	112.7	112.7	112.6	111.6
新疆	111.2	111.4	110.9	111.0	112.2	111.0	108.1

注：本表按不变价格计算。

人均地区生产总值

单位：元

地　区	2003年	2004年	2005年	2006年	2007年	2008年	2009年
北　京	34892	41099	45993	52054	61274	66797	68788
天　津	25544	30575	37796	42141	47970	58656	62403
河　北	10251	12487	14659	16682	19662	22986	24284
山　西	8642	10742	12647	14497	17805	21506	21544
内蒙古	10039	12767	16371	20692	26777	35263	40225
辽　宁	14270	15835	19074	21914	26054	31736	34898
吉　林	9854	11537	13348	15720	19383	23521	26319
黑龙江	10638	12449	14440	16255	18580	21740	21665
上　海	39128	46338	52535	58837	68024	75109	78225
江　苏	16830	20223	24953	28943	34294	40497	44232
浙　江	20444	24352	27661	31825	37358	42166	44335
安　徽	6375	7681	8666	9996	12039	14447	16391
福　建	14333	16469	18605	21384	25906	30122	33051
江　西	6624	8097	9440	11145	13322	15900	17185
山　东	13268	16413	19934	23603	27604	32936	35796
河　南	7376	9201	11346	13172	16012	19181	20477
湖　北	8378	9898	11554	13360	16386	19858	22450
湖　南	7589	9165	10562	12139	14869	18147	20226
广　东	17795	20870	24647	28747	33890	38748	40748
广　西	6169	7461	8590	10121	12277	14652	15923
海　南	8592	9812	11165	12810	14923	17691	19166
重　庆	8091	9624	12403	13940	16629	20490	22916
四　川	6623	7895	8721	10613	12963	15495	17339
贵　州	3701	4317	5119	5932	7273	9428	10258
云　南	5871	7012	7809	8929	10609	12570	13536
西　藏	6893	8103	9036	10422	12083	13824	15295
陕　西	7028	8587	10594	12724	15386	19480	21732
甘　肃	5429	6566	7477	8757	10346	12110	12852
青　海	7346	8693	10045	11889	14506	18421	19454
宁　夏	7734	9199	10349	12099	15142	19609	21475
新　疆	9828	11337	13108	15000	16999	19797	19926

注：本表按当年价格计算。

人均地区生产总值指数

(上年=100)

地　区	2003年	2004年	2005年	2006年	2007年	2008年	2009年
北　京	108.2	111.4	109.1	109.8	111.1	105.4	106.2
天　津	114.4	114.9	113.1	112.0	111.7	111.4	111.1
河　北	111.0	112.3	112.7	112.6	112.5	109.3	109.3
山　西	114.1	114.5	112.8	112.2	115.2	108.0	105.0
内蒙古	117.9	120.4	123.6	118.9	118.8	117.3	116.5
辽　宁	111.3	112.6	112.6	113.5	114.0	112.8	112.9
吉　林	109.9	112.0	111.9	114.7	115.8	115.7	113.1
黑龙江	110.1	111.6	111.6	112.1	111.9	111.7	111.0
上　海	106.6	112.2	109.3	110.4	112.7	107.6	106.4
江　苏	113.2	114.4	114.0	114.0	113.8	111.8	111.7
浙　江	113.9	113.6	111.2	111.8	112.8	108.5	107.7
安　徽	109.1	112.6	110.9	114.1	114.2	112.4	112.8
福　建	110.7	111.1	110.8	114.0	114.4	112.2	111.3
江　西	112.1	112.4	112.1	111.6	112.5	112.4	112.3
山　东	112.9	114.7	114.2	113.9	113.5	111.4	111.3
河　南	110.6	113.9	113.8	113.7	114.7	111.9	110.0
湖　北	109.5	111.0	113.0	113.2	114.7	113.2	113.0
湖　南	110.0	111.8	110.6	111.2	114.7	113.6	113.1
广　东	113.4	113.1	112.7	113.6	113.3	109.0	108.4
广　西	109.4	111.1	112.3	112.3	113.8	111.7	112.9
海　南	109.6	109.7	109.4	112.0	114.7	109.2	110.5
重　庆	112.0	112.6	111.8	112.2	115.5	113.9	114.1
四　川	110.9	112.3	109.7	117.4	115.1	111.2	114.0
贵　州	109.1	110.4	111.8	112.1	114.2	110.8	110.7
云　南	107.7	110.8	108.0	110.8	111.4	109.9	111.4
西　藏	110.5	110.8	110.7	111.8	112.5	109.0	111.2
陕　西	111.3	112.4	113.2	113.4	115.4	116.0	113.3
甘　肃	111.0	111.8	111.2	110.9	111.8	109.7	109.4
青　海	110.7	111.2	111.2	112.3	112.6	112.9	109.6
宁　夏	111.0	109.7	109.4	111.2	111.4	111.3	110.3
新　疆	110.5	109.7	108.8	108.7	109.9	108.8	106.5

注：本表按不变价格计算。

地区生产总值及增长速度（一）

（2009年）

地　区	地　区 生产总值 （亿元）	第一产业	第二产业		
				工　业	建筑业
北　京	11865.9	118.3	2743.2	2191.0	552.1
天　津	7500.8	131.0	4110.5	3749.8	360.7
河　北	17026.6	2218.9	8874.9	7902.1	972.8
山　西	7365.7	477.6	4021.2	3551.9	469.3
内蒙古	9725.8	929.0	5101.4	4503.3	598.1
辽　宁	15065.6	1414.9	7821.7	6841.0	980.7
吉　林	7203.2	980.5	3492.0	3004.6	487.3
黑龙江	8288.0	1154.3	3920.4	3412.9	507.5
上　海	14900.9	113.8	5940.0	5349.8	590.1
江　苏	34061.2	2201.6	18416.1	16464.7	1951.4
浙　江	22832.4	1161.7	11843.3	10457.1	1386.2
安　徽	10052.9	1495.6	4902.8	4064.2	838.5
福　建	11949.5	1182.9	5812.4	4918.1	894.3
江　西	7589.2	1098.3	3890.3	3170.1	720.2
山　东	33805.3	3226.6	19035.0	17032.7	2002.3
河　南	19367.3	2769.0	10968.6	9858.4	1110.2
湖　北	12831.5	1795.9	5909.4	5059.1	850.3
湖　南	12930.7	1969.7	5682.2	4814.4	867.8
广　东	39081.6	2006.0	19270.5	17946.3	1324.1
广　西	7700.4	1458.7	3377.7	2863.8	513.9
海　南	1646.6	461.9	443.4	300.6	142.8
重　庆	6528.7	606.8	3447.5	2917.4	530.1
四　川	14151.3	2240.6	6711.9	5678.2	1033.6
贵　州	3893.5	554.0	1474.3	1252.7	221.7
云　南	6168.2	1064.0	2580.3	2088.3	492.0
西　藏	441.4	64.0	136.2	32.7	103.5
陕　西	8186.7	789.6	4312.1	3579.0	733.1
甘　肃	3382.4	497.5	1511.0	1191.3	319.7
青　海	1081.3	107.4	576.3	471.3	105.0
宁　夏	1334.6	127.1	680.2	538.3	141.9
新　疆	4273.6	759.7	1951.9	1579.9	372.0

注：本表绝对数按当年价格计算，增长速度按不变价格计算。

地区生产总值及增长速度（二）

(2009年)

地　区	第三产业	#交通运输、仓储和邮政业	#批发和零售业	地区生产总值比上年增长(%)	人均地区生产总值(元)
北　京	9004.5	468.5	1570.9	10.1	68788
天　津	3259.3	464.4	840.2	16.5	62403
河　北	5932.8	1513.9	1124.4	10.0	24284
山　西	2867.0	513.4	557.9	5.5	21544
内蒙古	3695.4	773.3	915.8	16.9	40225
辽　宁	5829.0	789.9	1433.2	13.1	34898
吉　林	2730.7	318.3	673.8	13.3	26319
黑龙江	3213.3	430.1	713.1	11.1	21665
上　海	8847.2	642.1	2183.9	8.2	78225
江　苏	13443.4	1396.8	3530.8	12.4	44232
浙　江	9827.5	856.6	2162.5	8.9	44335
安　徽	3654.5	466.2	710.8	12.9	16391
福　建	4954.2	758.4	1020.9	12.0	33051
江　西	2600.6	389.4	541.0	13.1	17185
山　东	11543.7	1801.4	2951.2	11.9	35796
河　南	5629.7	859.6	1046.5	10.7	20477
湖　北	5126.2	642.2	911.6	13.2	22450
湖　南	5278.8	682.2	1107.5	13.6	20226
广　东	17805.1	1722.2	3903.2	9.5	40748
广　西	2863.9	356.9	546.0	13.9	15923
海　南	741.2	88.0	169.7	11.7	19166
重　庆	2474.4	348.0	524.4	14.9	22916
四　川	5198.8	520.7	869.0	14.5	17339
贵　州	1865.2	396.7	292.5	11.2	10258
云　南	2523.9	175.0	546.1	12.1	13536
西　藏	241.2	20.7	27.1	12.4	15295
陕　西	3084.9	415.2	669.2	13.6	21732
甘　肃	1373.9	213.6	231.2	10.0	12852
青　海	397.5	49.3	66.1	10.1	19454
宁　夏	527.2	98.1	79.5	11.6	21475
新　疆	1562.0	188.9	252.2	8.1	19926

地区生产总值构成

(2009年)　　(地区生产总值=100)

地　区	第一产业	第二产业	工　业	建筑业	第三产业	#交通运输、仓储和邮政业	#批发和零售业
北　京	1.0	23.1	18.5	4.7	75.9	3.9	13.2
天　津	1.7	54.8	50.0	4.8	43.5	6.2	11.2
河　北	13.0	52.1	46.4	5.7	34.8	8.9	6.6
山　西	6.5	54.6	48.2	6.4	38.9	7.0	7.6
内蒙古	9.6	52.5	46.3	6.1	38.0	8.0	9.4
辽　宁	9.4	51.9	45.4	6.5	38.7	5.2	9.5
吉　林	13.6	48.5	41.7	6.8	37.9	4.4	9.4
黑龙江	13.9	47.3	41.2	6.1	38.8	5.2	8.6
上　海	0.8	39.9	35.9	4.0	59.4	4.3	14.7
江　苏	6.5	54.1	48.3	5.7	39.5	4.1	10.4
浙　江	5.1	51.9	45.8	6.1	43.0	3.8	9.5
安　徽	14.9	48.8	40.4	8.3	36.4	4.6	7.1
福　建	9.9	48.6	41.2	7.5	41.5	6.3	8.5
江　西	14.5	51.3	41.8	9.5	34.3	5.1	7.1
山　东	9.5	56.3	50.4	5.9	34.1	5.3	8.7
河　南	14.3	56.6	50.9	5.7	29.1	4.4	5.4
湖　北	14.0	46.1	39.4	6.6	40.0	5.0	7.1
湖　南	15.2	43.9	37.2	6.7	40.8	5.3	8.6
广　东	5.1	49.3	45.9	3.4	45.6	4.4	10.0
广　西	18.9	43.9	37.2	6.7	37.2	4.6	7.1
海　南	28.1	26.9	18.3	8.7	45.0	5.3	10.3
重　庆	9.3	52.8	44.7	8.1	37.9	5.3	8.0
四　川	15.8	47.4	40.1	7.3	36.7	3.7	6.1
贵　州	14.2	37.9	32.2	5.7	47.9	10.2	7.5
云　南	17.2	41.8	33.9	8.0	40.9	2.8	8.9
西　藏	14.5	30.9	7.4	23.5	54.6	4.7	6.1
陕　西	9.6	52.7	43.7	9.0	37.7	5.1	8.2
甘　肃	14.7	44.7	35.2	9.5	40.6	6.3	6.8
青　海	9.9	53.3	43.6	9.7	36.8	4.6	6.1
宁　夏	9.5	51.0	40.3	10.6	39.5	7.3	6.0
新　疆	17.8	45.7	37.0	8.7	36.5	4.4	5.9

注：本表按当年价格计算。

支出法国内生产总值

单位：亿元

年　份	支出法国内生产总值	最终消费支出	资本形成总额	货物和服务净出口
1978	3605.6	2239.1	1377.9	-11.4
1979	4092.6	2633.7	1478.9	-20.0
1980	4592.9	3007.9	1599.7	-14.7
“六五”时期	**33254.4**	**22035.3**	**11426.0**	**-206.9**
1981	5008.8	3361.5	1630.2	17.1
1982	5590.0	3714.8	1784.2	91.0
1983	6216.2	4126.4	2039.0	50.8
1984	7362.7	4846.3	2515.1	1.3
1985	9076.7	5986.3	3457.5	-367.1
“七五”时期	**74833.6**	**47720.6**	**27183.8**	**-70.8**
1986	10508.5	6821.8	3941.9	-255.2
1987	12277.4	7804.6	4462.0	10.8
1988	15388.6	9839.5	5700.2	-151.1
1989	17311.3	11164.2	6332.7	-185.6
1990	19347.8	12090.5	6747.0	510.3
“八五”时期	**200515.0**	**119185.5**	**79483.2**	**1846.3**
1991	22577.4	14091.9	7868.0	617.5
1992	27565.2	17203.3	10086.3	275.6
1993	36938.1	21899.9	15717.7	-679.5
1994	50217.4	29242.2	20341.1	634.1
1995	63216.9	36748.2	25470.1	998.6
“九五”时期	**432066.8**	**260801.2**	**157861.4**	**13404.2**
1996	74163.6	43919.5	28784.9	1459.2
1997	81658.5	48140.6	29968.0	3549.9
1998	86531.6	51588.2	31314.2	3629.2
1999	90964.1	55636.9	32951.5	2375.7
2000	98749.0	61516.0	34842.8	2390.2
“十五”时期	**714069.7**	**403039.8**	**288322.6**	**22707.3**
2001	109028.0	66933.9	39769.4	2324.7
2002	120475.6	71816.5	45565.0	3094.1
2003	136634.8	77685.5	55963.0	2986.3
2004	160800.1	87552.6	69168.4	4079.1
2005	187131.2	99051.3	77856.8	10223.1
“十一五”时期				
2006	222240.0	112631.9	92954.1	16654.0
2007	265833.9	131510.1	110943.2	23380.6
2008	314901.3	152346.6	138325.3	24229.4
2009	341515.0	166126.2	162297.1	13092.0

注：本表按当年价格计算。

支出法国内生产总值主要构成项

单位：亿元

年　　份	最终消费支出		资本形成总额	
	居民消费支　出	政府消费支　出	固定资本形成总额	存货增加
1978	1759.1	480.0	1073.9	304.0
1979	2011.5	622.2	1153.1	325.8
1980	2331.2	676.7	1322.4	277.3
“六五”时期	**17191.3**	**4844.0**	**9384.8**	**2041.2**
1981	2627.9	733.6	1339.3	290.9
1982	2902.9	811.9	1503.2	281.0
1983	3231.1	895.3	1723.3	315.7
1984	3742.0	1104.3	2147.0	368.1
1985	4687.4	1298.9	2672.0	785.5
“七五”时期	**37559.8**	**10160.8**	**20887.5**	**6296.3**
1986	5302.1	1519.7	3139.7	802.2
1987	6126.1	1678.5	3798.7	663.3
1988	7868.1	1971.4	4701.9	998.3
1989	8812.6	2351.6	4419.4	1913.3
1990	9450.9	2639.6	4827.8	1919.2
“八五”时期	**90356.7**	**28828.8**	**66090.9**	**13392.3**
1991	10730.6	3361.3	6070.3	1797.7
1992	13000.1	4203.2	8513.7	1572.6
1993	16412.1	5487.8	13309.2	2408.5
1994	21844.2	7398.0	17312.7	3028.4
1995	28369.7	8378.5	20885.0	4585.1
“九五”时期	**197881.7**	**62919.5**	**142953.8**	**14907.6**
1996	33955.9	9963.6	24048.1	4736.8
1997	36921.5	11219.1	25965.0	4003.0
1998	39229.3	12358.9	28569.0	2745.2
1999	41920.4	13716.5	30527.3	2424.2
2000	45854.6	15661.4	33844.4	998.4
“十五”时期	**298013.3**	**105026.5**	**274227.9**	**14094.8**
2001	49435.9	17498.0	37754.5	2014.9
2002	53056.6	18759.9	43632.1	1932.9
2003	57649.8	20035.7	53490.7	2472.3
2004	65218.5	22334.1	65117.7	4050.7
2005	72652.5	26398.8	74232.9	3624.0
“十一五”时期				
2006	82103.5	30528.4	87954.1	5000.0
2007	95609.8	35900.4	103948.6	6994.6
2008	110594.5	41752.1	128084.4	10240.9
2009	121712.8	44413.4	155333.3	6963.8

注：本表按当年价格计算。

支出法国内生产总值构成

(支出法国内生产总值=100)

年份	最终消费支出	居民消费支出	政府消费支出	资本形成总额	固定资本形成总额	存货增加	货物和服务净出口
1978	62.1	48.8	13.3	38.2	29.8	8.4	-0.3
1979	64.4	49.1	15.3	36.1	28.2	7.9	-0.5
1980	65.5	50.8	14.7	34.8	28.8	6.0	-0.3
1981	67.1	52.5	14.6	32.5	26.7	5.8	0.4
1982	66.5	51.9	14.6	31.9	26.9	5.0	1.6
1983	66.4	52.0	14.4	32.8	27.7	5.1	0.8
1984	65.8	50.8	15.0	34.2	29.2	5.0	0.0
1985	66.0	51.6	14.4	38.1	29.4	8.7	-4.1
1986	64.9	50.5	14.4	37.5	29.9	7.6	-2.4
1987	63.6	49.9	13.7	36.3	30.9	5.4	0.1
1988	63.9	51.1	12.8	37.0	30.6	6.4	-0.9
1989	64.5	50.9	13.6	36.6	25.5	11.1	-1.1
1990	62.5	48.8	13.7	34.9	25.0	9.9	2.6
1991	62.4	47.5	14.9	34.8	26.9	7.9	2.8
1992	62.4	47.2	15.2	36.6	30.9	5.7	1.0
1993	59.3	44.4	14.9	42.6	36.0	6.6	-1.9
1994	58.2	43.5	14.7	40.5	34.5	6.0	1.3
1995	58.1	44.9	13.2	40.3	33.0	7.3	1.6
1996	59.2	45.8	13.4	38.8	32.4	6.4	2.0
1997	59.0	45.2	13.8	36.7	31.8	4.9	4.3
1998	59.6	45.3	14.3	36.2	33.0	3.2	4.2
1999	61.2	46.1	15.1	36.2	33.6	2.6	2.6
2000	62.3	46.4	15.9	35.3	34.3	1.0	2.4
2001	61.4	45.3	16.1	36.5	34.6	1.9	2.1
2002	59.6	44.0	15.6	37.8	36.2	1.6	2.6
2003	56.9	42.2	14.7	40.9	39.1	1.8	2.2
2004	54.4	40.6	13.8	43.0	40.5	2.5	2.6
2005	52.9	38.8	14.1	41.6	39.7	1.9	5.5
2006	50.7	36.9	13.8	41.8	39.6	2.2	7.5
2007	49.5	36.0	13.5	41.7	39.1	2.6	8.8
2008	48.4	35.1	13.3	43.9	40.7	3.2	7.7
2009	48.6	35.6	13.0	47.5	45.5	2.0	3.9

注：本表按当年价格计算。

三大需求对国内生产总值增长的贡献率和拉动

年　份	最终消费支出		资本形成总额		货物和服务净出口	
	贡献率(%)	拉　动(百分点)	贡献率(%)	拉　动(百分点)	贡献率(%)	拉　动(百分点)
1978	39.4	4.6	66.0	7.7	-5.4	-0.6
1979	87.3	6.6	15.4	1.2	-2.7	-0.2
1980	71.8	5.6	26.4	2.1	1.8	0.1
1981	93.4	4.9	-4.3	-0.2	10.9	0.5
1982	64.7	5.9	23.8	2.2	11.5	1.0
1983	74.1	8.1	40.4	4.4	-14.5	-1.6
1984	69.3	10.5	40.5	6.2	-9.8	-1.5
1985	85.5	11.5	80.9	10.9	-66.4	-8.9
1986	45.0	4.0	23.2	2.0	31.8	2.8
1987	50.3	5.8	23.5	2.7	26.2	3.1
1988	49.6	5.6	39.4	4.5	11.0	1.2
1989	39.6	1.6	16.4	0.7	44.0	1.8
1990	47.8	1.8	1.8	0.1	50.4	1.9
1991	65.1	6.0	24.3	2.2	10.6	1.0
1992	72.5	10.3	34.3	4.9	-6.8	-1.0
1993	59.5	8.3	78.6	11.0	-38.1	-5.3
1994	30.2	4.0	43.8	5.7	26.0	3.4
1995	44.7	4.9	55.0	6.0	0.3	0.0
1996	60.1	6.0	34.3	3.4	5.6	0.6
1997	37.0	3.4	18.6	1.7	44.4	4.2
1998	57.1	4.4	26.4	2.1	16.5	1.3
1999	76.8	5.8	24.7	1.9	-1.5	-0.1
2000	63.8	5.4	21.7	1.8	14.5	1.2
2001	50.2	4.2	49.9	4.1	-0.1	0.0
2002	43.9	4.0	48.5	4.4	7.6	0.7
2003	35.8	3.6	63.2	6.3	1.0	0.1
2004	39.5	4.0	54.5	5.5	6.0	0.6
2005	38.0	4.3	38.9	4.4	23.1	2.6
2006	40.0	5.1	43.9	5.6	16.1	2.0
2007	39.2	5.6	42.7	6.1	18.1	2.5
2008	43.3	4.2	47.7	4.6	9.0	0.8
2009	53.1	4.6	94.6	8.2	-47.7	-4.1

注：1.本表按不变价格计算。三大需求指支出法国内生产总值的三大构成项目,即最终消费支出、资本形成总额、货物和服务净出口。

2.贡献率指三大需求增量分别与支出法国内生产总值增量之比。

3.拉动指国内生产总值增长速度分别与三大需求贡献率的乘积。

居民消费水平

年　份	绝对数(元)			指数（1978年=100)		
	全体居民	农村居民	城镇居民	全体居民	农村居民	城镇居民
1978	184	138	405	100.0	100.0	100.0
1979	208	159	425	106.9	106.5	102.8
1980	238	178	489	116.5	115.4	110.2
1981	264	201	521	126.2	126.8	114.6
1982	288	223	536	134.8	138.3	115.4
1983	316	250	558	145.8	153.1	117.9
1984	361	287	618	163.2	172.8	127.2
1985	446	349	765	185.2	195.7	141.3
1986	497	378	872	194.0	200.3	150.8
1987	565	421	998	205.5	210.0	159.3
1988	714	509	1311	221.5	221.0	174.7
1989	788	549	1466	221.0	217.2	176.0
1990	833	560	1596	229.2	215.4	190.9
1991	932	602	1840	249.0	227.1	211.4
1992	1116	688	2262	282.0	246.5	245.3
1993	1393	805	2924	305.8	257.1	270.8
1994	1833	1038	3852	320.0	265.0	282.8
1995	2355	1313	4931	345.1	282.9	303.2
1996	2789	1626	5532	377.6	323.8	313.6
1997	3002	1722	5823	394.6	334.0	320.4
1998	3159	1730	6109	417.8	338.1	339.2
1999	3346	1766	6405	452.3	355.3	363.0
2000	3632	1860	6850	491.0	371.3	391.1
2001	3887	1969	7161	521.2	388.0	406.3
2002	4144	2062	7486	557.6	408.1	426.2
2003	4475	2103	8060	596.9	409.5	456.1
2004	5032	2319	8912	645.3	426.7	487.7
2005	5573	2579	9644	695.2	458.8	514.3
2006	6263	2868	10682	695.2	458.8	514.3
2007	7255	3293	12211	695.2	458.8	514.3
2008	8349	3795	14006	761.9	497.1	555.7
2009	9142			843.4		

注：1.本表绝对数按当年价格计算，指数按不变价格计算。

2.居民消费水平指按常住人口平均计算的居民消费支出。

人口基本情况

指　　标	单位	1982年	1990年	2000年	2008年	2009年
总人口(年末)	**万人**	**101654**	**114333**	**126743**	**132802**	**133474**
按性别分						
男性人口	万人	52352	58904	65437	68357	68652
女性人口	万人	49302	55429	61306	64445	64822
按城乡分						
城镇人口	万人	21480	30195	45906	60667	62186
乡村人口	万人	80174	84138	80837	72135	71288
人口比重						
按性别分						
男性人口	%	51.5	51.5	51.6	51.5	51.4
女性人口	%	48.5	48.5	48.4	48.5	48.6
按城乡分						
城镇人口	%	21.1	26.4	36.2	45.7	46.6
乡村人口	%	78.9	73.6	63.8	54.3	53.4
出生率	**‰**	**22.28**	**21.06**	**14.03**	**12.14**	**12.13**
死亡率	**‰**	**6.60**	**6.67**	**6.45**	**7.06**	**7.08**
自然增长率	**‰**	**15.68**	**14.39**	**7.58**	**5.08**	**5.05**
各年龄段人口比重						
0-14岁人口	%	33.6	27.7	22.9	19.0	18.5
15-64岁人口	%	61.5	66.7	70.1	72.7	73.0
65岁以上人口	%	4.9	5.6	7.0	8.3	8.5
总抚养比	**%**	**62.60**	**49.93**	**42.66**	**37.36**	**36.89**
少儿抚养比	%	54.63	41.53	32.67	26.03	25.29
老年抚养比	%	7.97	8.40	9.99	11.33	11.60
各种受教育程度人口占总人口比重						
小学	%	35.4	37.2	35.7	29.3	28.2
初中	%	17.8	23.3	34.0	38.4	39.1
高中	%	6.6	8.0	11.1	12.9	12.9
大专及以上	%	0.6	1.4	3.6	6.3	6.8
平均预期寿命	**岁**	**67.77***	**68.55**	**71.40**		

注：1.总人口包括中国人民解放军现役军人，但不包括香港、澳门特别行政区和台湾省人口（下表同）。

2.城镇人口中包括中国人民解放军现役军人(下表同)。

3.表中带“*”号的数字为1981年数据。

4.总人口按常住人口口径统计(下四表同)。

人　口　数

（年末数）　　　　　　　　　　　　　　　　　　　　单位：万人

年　份	总人口	按性别分		按城乡分	
		男	女	城镇人口	乡村人口
1978	96259	49567	46692	17245	79014
1979	97542	50192	47350	18495	79047
1980	98705	50785	47920	19140	79565
1981	100072	51519	48553	20171	79901
1982	101654	52352	49302	21480	80174
1983	103008	53152	49856	22274	80734
1984	104357	53848	50509	24017	80340
1985	105851	54725	51126	25094	80757
1986	107507	55581	51926	26366	81141
1987	109300	56290	53010	27674	81626
1988	111026	57201	53825	28661	82365
1989	112704	58099	54605	29540	83164
1990	114333	58904	55429	30195	84138
1991	115823	59466	56357	31203	84620
1992	117171	59811	57360	32175	84996
1993	118517	60472	58045	33173	85344
1994	119850	61246	58604	34169	85681
1995	121121	61808	59313	35174	85947
1996	122389	62200	60189	37304	85085
1997	123626	63131	60495	39449	84177
1998	124761	63940	60821	41608	83153
1999	125786	64692	61094	43748	82038
2000	126743	65437	61306	45906	80837
2001	127627	65672	61955	48064	79563
2002	128453	66115	62338	50212	78241
2003	129227	66556	62671	52376	76851
2004	129988	66976	63012	54283	75705
2005	130756	67375	63381	56212	74544
2006	131448	67728	63720	57706	73742
2007	132129	68048	64081	59379	72750
2008	132802	68357	64445	60667	72135
2009	133474	68652	64822	62186	71288

注：1.本表1982年以前数据为户籍统计数；1982–1989年数据根据1990年人口普查数据有所调整；1990–2000年数据根据2000年人口普查数据进行了调整；2001–2004年和2006–2009年数据根据人口变动抽样调查资料推算；2005年数据根据全国1%人口抽样调查数据推算。

2.1982年以前的城镇人口是指辖区内全部人口；乡村人口是指县人口，但不包括镇人口。1982–1999年的城镇人口是指设区的市所辖区人口和不设区的市所辖街道人口以及不设区的市所辖镇的居民委员会人口和县辖镇的居民委员会人口；乡村人口是指除城镇人口以外的人口。2000–2005年城乡人口是按国家统计局1999年发布的《关于统计上划分城乡的规定（试行）》计算的。2006–2009年的城乡人口是按国家统计局2006年发布的《关于统计上划分城乡的暂行规定》计算的。

人口出生率、死亡率、自然增长率、人口密度和城镇人口比重

年 份	出生率 (‰)	死亡率 (‰)	自然增长率 (‰)	人口密度 (人/平方公里)	城镇人口占总人口比重 (%)
1978	18.25	6.25	12.00	100	17.92
1979	17.82	6.21	11.61	102	18.96
1980	18.21	6.34	11.87	103	19.39
1981	20.91	6.36	14.55	104	20.16
1982	22.28	6.60	15.68	106	21.13
1983	20.19	6.90	13.29	107	21.62
1984	19.90	6.82	13.08	109	23.01
1985	21.04	6.78	14.26	110	23.71
1986	22.43	6.86	15.57	112	24.52
1987	23.33	6.72	16.61	114	25.32
1988	22.37	6.64	15.73	116	25.81
1989	21.58	6.54	15.04	117	26.21
1990	21.06	6.67	14.39	119	26.41
1991	19.68	6.70	12.98	121	26.94
1992	18.24	6.64	11.60	122	27.46
1993	18.09	6.64	11.45	123	27.99
1994	17.70	6.49	11.21	125	28.51
1995	17.12	6.57	10.55	126	29.04
1996	16.98	6.56	10.42	127	30.48
1997	16.57	6.51	10.06	129	31.91
1998	15.64	6.50	9.14	130	33.35
1999	14.64	6.46	8.18	131	34.78
2000	14.03	6.45	7.58	132	36.22
2001	13.38	6.43	6.95	133	37.66
2002	12.86	6.41	6.45	134	39.09
2003	12.41	6.40	6.01	135	40.53
2004	12.29	6.42	5.87	135	41.76
2005	12.40	6.51	5.89	136	42.99
2006	12.09	6.81	5.28	137	43.90
2007	12.10	6.93	5.17	138	44.94
2008	12.14	7.06	5.08	138	45.68
2009	12.13	7.08	5.05	139	46.59

各地区年末总人口

单位：万人

地　区	2003年	2004年	2005年	2006年	2007年	2008年	2009年
全　国	**129227**	**129988**	**130756**	**131448**	**132129**	**132802**	**133474**
北　京	1456	1493	1538	1581	1633	1695	1755
天　津	1011	1024	1043	1075	1115	1176	1228
河　北	6769	6809	6851	6898	6943	6989	7034
山　西	3314	3335	3355	3375	3393	3411	3427
内蒙古	2380	2384	2386	2397	2405	2414	2422
辽　宁	4210	4217	4221	4271	4298	4315	4319
吉　林	2704	2709	2716	2723	2730	2734	2740
黑龙江	3815	3817	3820	3823	3824	3825	3826
上　海	1711	1742	1778	1815	1858	1888	1921
江　苏	7406	7433	7475	7550	7625	7677	7725
浙　江	4680	4720	4898	4980	5060	5120	5180
安　徽	6410	6461	6120	6110	6118	6135	6131
福　建	3488	3511	3535	3558	3581	3604	3627
江　西	4254	4284	4311	4339	4368	4400	4432
山　东	9125	9180	9248	9309	9367	9417	9470
河　南	9667	9717	9380	9392	9360	9429	9487
湖　北	6002	6016	5710	5693	5699	5711	5720
湖　南	6663	6698	6326	6342	6355	6380	6406
广　东	7954	8304	9194	9304	9449	9544	9638
广　西	4857	4889	4660	4719	4768	4816	4856
海　南	811	818	828	836	845	854	864
重　庆	3130	3122	2798	2808	2816	2839	2859
四　川	8700	8725	8212	8169	8127	8138	8185
贵　州	3870	3904	3730	3757	3762	3793	3798
云　南	4376	4415	4450	4483	4514	4543	4571
西　藏	270	274	277	281	284	287	290
陕　西	3690	3705	3720	3735	3748	3762	3772
甘　肃	2603	2619	2594	2606	2617	2628	2635
青　海	534	539	543	548	552	554	557
宁　夏	580	588	596	604	610	618	625
新　疆	1934	1963	2010	2050	2095	2131	2159

注：1.全国数据包括中国人民解放军现役军人数，但不包括香港、澳门特别行政区和台湾省数据；分省数据中未包括中国人民解放军现役军人数。

2.2003-2004年部分地区数据不是常住人口口径。

各地区人口出生率、死亡率、自然增长率

(2009年)

地　区	年末总人口（万人）	出生率（‰）	死亡率（‰）	自然增长率（‰）
全　国	**133474**	**12.13**	**7.08**	**5.05**
北　京	1755	8.06	4.56	3.50
天　津	1228	8.30	5.70	2.60
河　北	7034	12.93	6.43	6.50
山　西	3427	10.87	5.98	4.89
内蒙古	2422	9.57	5.61	3.96
辽　宁	4319	6.06	5.09	0.97
吉　林	2740	6.69	4.74	1.95
黑龙江	3826	7.48	5.42	2.06
上　海	1921	8.64	5.94	2.70
江　苏	7725	9.55	6.99	2.56
浙　江	5180	10.22	5.59	4.63
安　徽	6131	13.07	6.60	6.47
福　建	3627	12.20	6.00	6.20
江　西	4432	13.87	5.98	7.89
山　东	9470	11.70	6.08	5.62
河　南	9487	11.45	6.46	4.99
湖　北	5720	9.48	6.00	3.48
湖　南	6406	13.05	6.94	6.11
广　东	9638	11.78	4.52	7.26
广　西	4856	14.17	5.64	8.53
海　南	864	14.66	5.70	8.96
重　庆	2859	9.90	6.20	3.70
四　川	8185	9.15	6.43	2.72
贵　州	3798	13.65	6.69	6.96
云　南	4571	12.53	6.45	6.08
西　藏	290	15.31	5.07	10.24
陕　西	3772	10.24	6.24	4.00
甘　肃	2635	13.32	6.71	6.61
青　海	557	14.51	6.19	8.32
宁　夏	625	14.38	4.70	9.68
新　疆	2159	15.99	5.43	10.56

注：1.全国数据根据抽样误差和调查误差进行了修正。

2.全国数据为31个省、自治区、直辖市和中国人民解放军现役军人数据，不包括香港、澳门特别行政区和台湾省的数据。分省数据中未包括中国人民解放军现役军人数。

就业和工资基本情况

项　　目	单位	1978年	1990年	1995年	2000年	2008年	2009年
就业人员(年底数)	**万人**	**40152**	**64749**	**68065**	**72085**	**77480**	**77995**
第一产业	万人	28318	38914	35530	36043	30654	29708
第二产业	万人	6945	13856	15655	16219	21109	21684
第三产业	万人	4890	11979	16880	19823	25717	26603
按城乡分就业人员(年底数)							
城镇就业人员	万人	9514	17041	19040	23151	30210	31120
#国有单位	万人	7451	10346	11261	8102	6447	6420
城镇集体单位	万人	2048	3549	3147	1499	662	618
其他单位	万人		164	894	2011	5084	
乡村就业人员	万人	30638	47708	49025	48934	47270	46875
#乡镇企业	万人	2827	9265	12862	12820	15451	15588
职工人数(年底数)	**万人**	**9499**	**14059**	**14908**	**11259**	**11515**	
国有单位	万人	7451	10346	10955	7878	6126	
城镇集体单位	万人	2048	3549	3076	1447	623	
其他单位	万人		164	877	1935	4766	
城镇登记失业人数(年底数)	**万人**	**530**	**383**	**520**	**595**	**886**	**921**
城镇登记失业率	**%**	**5.3**	**2.5**	**2.9**	**3.1**	**4.2**	**4.3**
职工工资总额	**亿元**	**569**	**2951**	**8100**	**10656**	**33714**	
国有单位	亿元	469	2324	6080	7613	18957	
城镇集体单位	亿元	100	581	1182	919	1148	
其他单位	亿元		46	638	2124	13609	
职工平均工资	**元**	**615**	**2140**	**5500**	**9371**	**29229**	
国有单位	元	644	2284	5625	9552	31005	
城镇集体单位	元	506	1681	3931	6262	18338	
其他单位	元		2987	7463	10984	28387	

注：1.1998年起城镇单位就业人员、职工人数及相关指标统计口径有调整。

2.因工资统计范围调整,2009年有关城镇单位职工和工资的数据暂空。

按三次产业分就业人员

（年底数）

年份	就业人员总计（万人）	第一产业	第二产业	第三产业	构成（以合计为100）第一产业	第二产业	第三产业
1978	40152	28318	6945	4890	70.5	17.3	12.2
1979	41024	28634	7214	5177	69.8	17.6	12.6
1980	42361	29122	7707	5532	68.7	18.2	13.1
1981	43725	29777	8003	5945	68.1	18.3	13.6
1982	45295	30859	8346	6090	68.1	18.4	13.5
1983	46436	31151	8679	6606	67.1	18.7	14.2
1984	48197	30868	9590	7739	64.0	19.9	16.1
1985	49873	31130	10384	8359	62.4	20.8	16.8
1986	51282	31254	11216	8811	60.9	21.9	17.2
1987	52783	31663	11726	9395	60.0	22.2	17.8
1988	54334	32249	12152	9933	59.3	22.4	18.3
1989	55329	33225	11976	10129	60.1	21.6	18.3
1990	64749	38914	13856	11979	60.1	21.4	18.5
1991	65491	39098	14015	12378	59.7	21.4	18.9
1992	66152	38699	14355	13098	58.5	21.7	19.8
1993	66808	37680	14965	14163	56.4	22.4	21.2
1994	67455	36628	15312	15515	54.3	22.7	23.0
1995	68065	35530	15655	16880	52.2	23.0	24.8
1996	68950	34820	16203	17927	50.5	23.5	26.0
1997	69820	34840	16547	18432	49.9	23.7	26.4
1998	70637	35177	16600	18860	49.8	23.5	26.7
1999	71394	35768	16421	19205	50.1	23.0	26.9
2000	72085	36043	16219	19823	50.0	22.5	27.5
2001	73025	36513	16284	20228	50.0	22.3	27.7
2002	73740	36870	15780	21090	50.0	21.4	28.6
2003	74432	36546	16077	21809	49.1	21.6	29.3
2004	75200	35269	16920	23011	46.9	22.5	30.6
2005	75825	33970	18084	23771	44.8	23.8	31.4
2006	76400	32561	19225	24614	42.6	25.2	32.2
2007	76990	31444	20629	24917	40.8	26.8	32.4
2008	77480	30654	21109	25717	39.6	27.2	33.2
2009	77995	29708	21684	26603	38.1	27.8	34.1

按城乡分就业人员

（年底数）　　单位：万人

年份	合计	城镇小计	#国有单位	#集体单位	#股份合作单位	#联营单位	#有限责任公司
1978	40152	9514	7451	2048			
1980	42361	10525	8019	2425			
1985	49873	12808	8990	3324		38	
1990	64749	17041	10346	3549		96	
1991	65491	17465	10664	3628		49	
1992	66152	17861	10889	3621		56	
1993	66808	18262	10920	3393		66	
1994	67455	18653	11214	3285		52	
1995	68065	19040	11261	3147		53	
1996	68950	19922	11244	3016		49	
1997	69820	20781	11044	2883		43	
1998	70637	21616	9058	1963	136	48	484
1999	71394	22412	8572	1712	144	46	603
2000	72085	23151	8102	1499	155	42	687
2001	73025	23940	7640	1291	153	45	841
2002	73740	24780	7163	1122	161	45	1083
2003	74432	25639	6876	1000	173	44	1261
2004	75200	26476	6710	897	192	44	1436
2005	75825	27331	6488	810	188	45	1750
2006	76400	28310	6430	764	178	45	1920
2007	76990	29350	6424	718	170	43	2075
2008	77480	30210	6447	662	164	43	2194
2009	77995	31120	6420	618	160	37	2433

年份	#股份有限公司	#私营企业	#港澳台商投资单位	#外商投资单位	#个体	乡村小计	#乡镇企业
1978					15	30638	2827
1980					81	31836	3000
1985				6	450	37065	6979
1990		57	4	62	614	47708	9265
1991		68	69	96	692	48026	9609
1992		98	83	138	740	48291	10625
1993	164	186	155	133	930	48546	12345
1994	292	332	211	195	1225	48802	12017
1995	317	485	272	241	1560	49025	12862
1996	363	620	265	275	1709	49028	13508
1997	468	750	281	300	1919	49039	13050
1998	410	973	294	293	2259	49021	12537
1999	420	1053	306	306	2414	48982	12704
2000	457	1268	310	332	2136	48934	12820
2001	483	1527	326	345	2131	49085	13086
2002	538	1999	367	391	2269	48960	13288
2003	592	2545	409	454	2377	48793	13573
2004	625	2994	470	563	2521	48724	13866
2005	699	3458	557	688	2778	48494	14272
2006	741	3954	611	796	3012	48090	14680
2007	788	4581	680	903	3310	47640	15090
2008	840	5124	679	943	3609	47270	15451
2009	956	5544	721	978	4245	46875	15588

城镇登记失业人数及失业率

（年底数）

年　份	城镇失业人数（万人）	失业率（%）	年　份	城镇失业人数（万人）	失业率（%）
1978	530.0	5.3	1994	476.4	2.8
1979	567.6	5.4	1995	519.6	2.9
1980	541.5	4.9	1996	552.8	3.0
1981	439.5	3.8	1997	576.8	3.1
1982	379.4	3.2	1998	571.0	3.1
1983	271.4	2.3	1999	575.0	3.1
1984	235.7	1.9	2000	595.0	3.1
1985	238.5	1.8	2001	681.0	3.6
1986	264.4	2.0	2002	770.0	4.0
1987	276.6	2.0	2003	800.0	4.3
1988	296.2	2.0	2004	827.0	4.2
1989	377.9	2.6	2005	839.0	4.2
1990	383.2	2.5	2006	847.0	4.1
1991	352.2	2.3	2007	830.0	4.0
1992	363.9	2.3	2008	886.0	4.2
1993	420.1	2.6	2009	921.0	4.3

职工工资总额和指数

年　份	工资总额(亿元)				指数(上年=100)			
	合　计	国有单位	城镇集体单位	其他单位	合　计	国有单位	城镇集体单位	其他单位
1978	568.9	468.7	100.2		110.5	110.1	112.5	
1980	772.4	627.9	144.5		119.4	118.6	123.3	
1985	1383.0	1064.8	312.3	5.9	122.0	121.6	123.0	163.9
1990	2951.1	2324.1	581.0	46.0	112.7	113.4	108.7	135.7
1991	3323.9	2594.9	658.6	70.4	112.6	111.7	113.4	153.0
1992	3939.2	3090.4	743.2	105.6	118.5	119.1	112.8	150.0
1993	4916.2	3812.7	849.9	253.6	124.8	123.4	114.4	240.2
1994	6656.4	5177.4	1023.3	455.6	135.4	135.8	120.4	179.7
1995	8100.0	6080.2	1182.0	637.8	121.7	117.4	115.5	140.0
1996	9080.0	6792.7	1241.0	761.4	112.1	111.7	105.0	119.4
1997	9405.3	7211.0	1253.4	940.8	103.6	106.2	101.0	123.6
1998	9296.5	6812.5	1021.6	1462.4	100.2	95.8	83.1	156.9
1999	9875.5	7160.8	962.7	1752.0	106.2	105.1	94.2	119.8
2000	10656.2	7612.9	919.0	2124.3	107.9	106.3	95.5	121.3
2001	11830.9	8355.6	864.6	2610.7	111.0	109.8	94.1	122.9
2002	13161.1	8948.6	828.1	3384.4	111.2	107.1	95.8	129.6
2003	14743.5	9693.8	829.4	4220.3	112.0	108.3	100.2	124.7
2004	16900.2	10777.2	838.4	5284.6	114.6	111.2	101.1	125.2
2005	19789.9	12009.2	867.8	6912.8	117.1	111.4	103.5	130.8
2006	23265.9	13600.1	944.9	8720.8	117.6	113.2	108.9	126.2
2007	28244.0	16291.4	1064.6	10888.0	121.4	119.8	112.7	124.9
2008	33713.8	18957.0	1148.1	13608.8	119.4	116.4	107.8	125.0

注：1.1995年和1996年职工工资总额为推算数，各项相加不等于总计。

2.1998年起为在岗职工工资总额(下表同)。

3.因工资统计范围调整,2009年工资数据暂空。

职工平均货币工资及指数

年 份	平均货币工资(元)				平均货币工资指数(上年=100)			
	合 计	国 有 单 位	城镇集体 单 位	其 他 单 位	合 计	国 有 单 位	城镇集体 单 位	其 他 单 位
1978	615	644	506		106.8	107.0	105.9	
1979	668	705	542		108.6	109.5	107.1	
1980	762	803	623		114.1	113.9	114.9	
1981	772	812	642		101.3	101.1	103.0	
1982	798	836	671		103.4	103.0	104.5	
1983	826	865	698		103.5	103.5	104.0	
1984	974	1034	811	1048	117.9	119.5	116.2	
1985	1148	1213	967	1436	117.9	117.3	119.2	137.0
1986	1329	1414	1092	1629	115.8	116.6	112.9	113.4
1987	1459	1546	1207	1879	109.8	109.3	110.5	115.3
1988	1747	1853	1426	2382	119.7	119.9	118.1	126.8
1989	1935	2055	1557	2707	110.8	110.9	109.2	113.6
1990	2140	2284	1681	2987	110.6	111.1	108.0	110.3
1991	2340	2477	1866	3468	109.3	108.5	111.0	116.1
1992	2711	2878	2109	3966	115.9	116.2	113.0	114.4
1993	3371	3532	2592	4966	124.3	122.7	122.9	125.2
1994	4538	4797	3245	6303	134.6	135.8	125.2	126.9
1995	5500	5625	3931	7463	121.2	117.3	121.1	118.4
1996	6210	6280	4302	8261	112.9	111.6	109.4	110.7
1997	6470	6747	4512	8789	104.2	107.4	104.9	106.4
1998	7479	7668	5331	8972	106.6	106.1	102.5	97.7
1999	8346	8543	5774	9829	111.6	111.4	108.3	109.6
2000	9371	9552	6262	10984	112.3	111.8	108.5	111.8
2001	10870	11178	6867	12140	116.0	117.0	109.7	110.5
2002	12422	12869	7667	13212	114.3	115.1	111.6	108.8
2003	14040	14577	8678	14574	113.0	113.3	113.2	110.3
2004	16024	16729	9814	16259	114.1	114.8	113.1	111.6
2005	18364	19313	11283	18244	114.6	115.4	115.0	112.2
2006	21001	22112	13014	20755	114.4	114.5	115.3	113.8
2007	24932	26620	15595	24058	118.7	120.4	119.8	115.9
2008	29229	31005	18338	28387	117.2	116.5	117.6	118.0

职工平均实际工资指数

年份	平均实际工资指数（1978年=100）				平均实际工资指数(上年=100)			
	合计	国有单位	城镇集体单位	其他单位	合计	国有单位	城镇集体单位	其他单位
1978	100.0	100.0	100.0		106.0	106.2	105.1	
1979	106.6	107.5	105.1		106.6	107.4	105.1	
1980	113.2	113.9	112.4		106.1	106.0	106.9	
1981	111.9	112.4	113.1		98.8	98.7	100.5	
1982	113.4	113.5	115.9		101.3	100.9	102.5	
1983	115.1	115.1	118.2		101.5	101.4	102.0	
1984	132.1	133.9	133.7	100.0	114.8	116.4	113.1	
1985	139.0	140.4	142.4	122.5	105.3	104.8	106.6	122.5
1986	150.4	152.9	150.3	129.8	108.2	108.9	105.5	106.0
1987	151.9	153.7	152.7	137.6	100.9	100.5	101.6	106.0
1988	150.7	152.6	149.5	144.6	99.2	99.3	97.9	105.0
1989	143.5	145.6	140.4	141.3	95.2	95.4	93.9	97.7
1990	156.7	159.8	149.6	153.9	109.2	109.7	106.6	108.9
1991	162.9	164.6	157.9	170.0	104.0	103.2	105.6	110.5
1992	173.8	176.2	164.3	179.0	106.7	107.0	104.1	105.3
1993	186.1	186.2	173.9	193.0	107.1	105.7	105.9	107.9
1994	200.4	202.3	174.3	196.0	107.7	108.7	100.2	101.5
1995	208.0	203.1	180.8	198.7	103.8	100.4	103.7	101.4
1996	215.9	208.4	181.8	202.1	103.8	102.6	100.6	101.7
1997	218.3	217.1	185.0	208.6	101.1	104.2	101.7	103.2
1998	234.0	231.6	190.7	205.1	107.2	106.7	103.1	98.3
1999	264.6	261.4	209.2	227.8	113.1	112.9	109.7	111.0
2000	294.7	289.9	225.2	252.6	111.4	110.9	107.6	110.9
2001	339.5	336.8	245.3	277.2	115.2	116.2	108.9	109.7
2002	391.9	391.6	276.6	304.6	115.5	116.3	112.7	109.9
2003	438.9	439.7	310.3	333.0	112.0	112.3	112.2	109.3
2004	484.8	488.7	339.7	359.8	110.5	111.1	109.5	108.0
2005	546.9	555.3	384.4	397.3	112.8	113.6	113.2	110.4
2006	616.2	626.4	436.8	445.3	112.7	112.8	113.6	112.1
2007	699.9	721.7	500.6	493.9	113.6	115.2	114.6	110.9
2008	777.0	796.0	557.4	551.9	111.0	110.3	111.4	111.7

各地区就业人员

(年底数) 单位：万人

地 区	2002年	2003年	2004年	2005年	2007年	2008年	2009年
全国总计	**73740**	**74432**	**75200**	**75825**	**76990**	**77480**	**77995**
北 京	799	859	895	920	1111	1174	1255
天 津	403	420	422	427	433	503	507
河 北	3386	3389	3416	3467	3567	3652	3900
山 西	1417	1469	1475	1476	1550	1583	1600
内蒙古	1010	1005	1019	1041	1082	1103	1142
辽 宁	1842	1861	1952	1979	2071	2098	2190
吉 林	1095	1045	1116	1099	1096	1144	1185
黑龙江	1626	1622	1623	1626	1660	1670	1687
上 海	743	772	812	856	877	896	929
江 苏	3506	3610	3720	3878	4193	4384	4536
浙 江	2835	2962	3092	3203	3615	3692	3825
安 徽	3404	3416	3453	3485	3598	3595	3690
福 建	1711	1757	1818	1868	1999	2080	2169
江 西	1955	1972	2040	2107	2196	2223	2244
山 东	4752	4851	4940	5111	5262	5352	5450
河 南	5522	5536	5587	5662	5773	5835	5949
湖 北	2467	2537	2589	2676	2763	2876	3024
湖 南	3469	3516	3600	3658	3749	3811	3908
广 东	3967	4120	4316	4702	5293	5478	5643
广 西	2571	2601	2649	2703	2760	2807	2863
海 南	342	354	367	378	415	412	431
重 庆	1640	1660	1689	1721	1790	1837	1878
四 川	4409	4450	4503	4604	4779	4874	4945
贵 州	2081	2118	2169	2216	2283	2302	2341
云 南	2341	2350	2401	2461	2601	2679	2730
西 藏	129	131	135	140	154	160	169
陕 西	1873	1911	1885	1883	1922	1947	1919
甘 肃	1255	1304	1322	1348	1374	1389	1407
青 海	247	254	263	268	276	277	286
宁 夏	282	291	298	300	309	304	329
新 疆	701	721	744	764	801	814	829

注：1.2001年起为人口变动抽样调查推算数，分地区数据相加不等于全国总计。

2.因2006年进行第二次全国农业普查，故各地区就业人员数据空缺。

固定资产投资概况

指　　标	单位	1990年	1995年	2000年	2008年	2009年
全社会固定资产投资额	**亿元**	**4517.0**	**20019.3**	**32917.7**	**172828.4**	**224845.6**
按城乡划分						
城镇	亿元	3274.4	15643.7	26221.8	148738.3	194138.6
农村	亿元	1242.6	4375.6	6695.9	24090.1	30707.0
按登记注册类型分						
内资	亿元		17790.3	30311.5	157421.4	209396.5
港、澳、台商投资	亿元		673.6	1293.0	6956.2	7032.2
外商投资	亿元		1555.3	1313.2	8450.8	8416.9
按资金来源分						
国家预算内资金	亿元	393.0	621.1	2109.5	7954.8	12490.3
国内贷款	亿元	885.5	4198.7	6727.3	26443.7	39286.4
利用外资	亿元	284.6	2295.9	1696.2	5311.9	4596.0
自筹资金	亿元	2954.4	13409.2	22577.1	118510.4	153711.4
其他资金	亿元				24694.4	39610.6
按隶属关系分						
中央项目	亿元		4533.7	6433.8	17172.5	19650.8
地方项目	亿元		15485.6	26483.9	155655.9	205194.8
按构成分						
建筑安装工程	亿元	3008.7	13173.3	20536.3	104958.9	138766.9
设备工器具购置	亿元	1165.5	4262.5	7785.6	40594.1	51096.2
其他费用	亿元	342.7	2583.5	4595.9	27275.5	34982.5
新增固定资产	**亿元**	**3995.3**	**14521.7**	**26842.2**	**104156.0**	**133410.2**
房屋建筑面积						
施工面积	万平方米	137171	215085	263294	632261	750779
#住宅	万平方米		140452	180634	364354	430125
竣工面积	万平方米	107952	145600	181974	260307	293559
#住宅	万平方米	86425	107433	134529	159405	180788
房地产开发						
房地产开发投资额	亿元	253.3	3149.0	4984.1	31203.2	36231.7
新增固定资产	亿元		1434.7	3698.6	15482.2	18031.3
开发房屋竣工住宅面积	万平方米	3527	12525	20603	54334	57694

按城乡分全社会固定资产投资

年份	固定资产投资(亿元)	城镇	#房地产	农村	比上年增长(%)
“六五”时期	**7997.6**	**5770.5**		**2227.1**	**19.4**
1981	961.0	711.1		249.9	5.5
1982	1230.4	900.5		329.9	28.0
1983	1430.1	1014.4		415.7	16.2
1984	1832.9	1279.0		553.9	28.2
1985	2543.2	1865.5		677.7	38.8
“七五”时期	**20593.5**	**14871.3**	**1034.1**	**5722.2**	**16.5**
1986	3120.6	2300.4	101.0	820.2	22.7
1987	3791.7	2730.6	149.9	1061.1	21.5
1988	4753.8	3431.9	257.2	1321.9	25.4
1989	4410.4	3134.0	272.7	1276.4	-7.2
1990	4517.0	3274.4	253.3	1242.6	2.4
“八五”时期	**63808.3**	**49619.0**	**8708.0**	**14189.3**	**36.9**
1991	5594.5	4057.9	336.2	1536.6	23.9
1992	8080.1	6079.7	731.2	2000.4	44.4
1993	13072.3	10303.4	1937.5	2768.9	61.8
1994	17042.1	13534.3	2554.1	3507.8	30.4
1995	20019.3	15643.7	3149.0	4375.6	17.5
“九五”时期	**139033.2**	**109206.6**	**19096.3**	**29826.6**	**11.2**
1996	(22974.0)	(17627.7)	(3216.4)	(5346.3)	14.8
	22913.5	17567.2	3216.4	5346.3	
1997	24941.1	19194.2	3178.4	5746.9	8.8
1998	28406.2	22491.4	3614.2	5914.8	13.9
1999	29854.7	23732.0	4103.2	6122.7	5.1
2000	32917.7	26221.8	4984.1	6695.9	10.3
“十五”时期	**295531.0**	**245425.0**	**53356.4**	**50106.1**	**20.2**
2001	37213.5	30001.2	6344.1	7212.3	13.0
2002	43499.9	35488.8	7790.9	8011.1	16.9
2003	55566.6	45811.7	10153.8	9754.9	27.7
2004	70477.4	59028.2	13158.3	11449.2	26.6
2005	88773.6	75095.1	15909.3	13678.5	26.0
“十一五”时期					
2006	109998.2	93368.7	19422.9	16629.5	23.9
2007	137323.9	117464.5	25288.8	19859.5	24.8
2008	172828.4	148738.3	31203.2	24090.1	25.9
2009	224845.6	194138.6	36231.7	30707.0	30.1
平均每年增长(%)					
1982-2009年	21.1	21.7		18.8	
1991-2009年	22.5	23.7	31.6	18.2	
2001-2009年	22.6	23.9	25.6	16.7	

注：1.1997年起，除房地产投资、农村集体投资、个人投资外，其他固定资产投资的统计起点由5万元提高到50万元。为便于比较，对1996年的相应数据作了全面调整，括号内为原口径数，未加括号的为调整后的新口径数(下表同)。增长速度按可比口径计算。

2.增长速度未扣除价格因素，平均每年增长速度按累计法计算(下表同)。

3.受经济普查影响，2004年投资额与上年有不可比因素，增长速度按可比口径计算。

按构成和隶属关系分全社会固定资产投资

单位：亿元

年份	按构成分			按隶属关系分	
	建筑安装工程	设备工器具购置	其他费用	中央项目	地方项目
“六五”时期	**5427.3**	**2100.7**	**469.6**		
1981	689.8	223.6	47.5		
1982	871.1	291.4	67.9		
1983	993.3	358.3	78.4		
1984	1217.6	509.2	106.1		
1985	1655.5	718.1	169.7		
“七五”时期	**13638.3**	**5477.0**	**1477.8**		
1986	2059.7	852.0	209.0		
1987	2475.7	1038.8	277.3		
1988	3099.7	1305.4	348.8		
1989	2994.6	1115.3	300.0		
1990	3008.7	1165.5	342.7		
“八五”时期	**40972.1**	**15492.0**	**7345.0**		
1991	3647.7	1460.2	486.6		
1992	5163.4	2125.1	791.6		
1993	8201.2	3315.9	1555.2		
1994	10786.5	4328.3	1928.1		
1995	13173.3	4262.5	2583.5	4533.7	15485.6
“九五”时期	**87930.0**	**32338.0**	**18765.2**	**29487.5**	**109545.7**
1996	(15153.4)	(4940.8)	(2879.8)	(5185.3)	(17788.7)
	15109.3	4926.0	2878.2	5135.3	17778.2
1997	15614.0	6044.8	3282.3	5768.4	19172.7
1998	17874.5	6528.5	4003.1	6255.4	22150.8
1999	18795.9	7053.0	4005.7	5894.6	23960.1
2000	20536.3	7785.6	4595.9	6433.8	26483.9
“十五”时期	**179167.1**	**69350.1**	**47013.8**	**35945.8**	**259585.2**
2001	22954.9	8833.8	5424.8	6669.9	30543.6
2002	26578.9	9884.5	7036.6	6526.7	36973.2
2003	33447.2	12681.9	9437.5	6113.6	49453.1
2004	42803.6	16527.0	11146.8	7524.6	62952.8
2005	53382.6	21422.9	13968.1	9111.0	79662.6
“十一五”时期					
2006	66775.8	25563.9	17658.4	10647.8	99350.4
2007	83518.3	31574.8	22230.9	13165.3	124158.6
2008	104958.9	40594.1	27275.5	17172.5	155655.9
2009	138766.9	51096.2	34982.5	19650.8	205194.8
平均每年增长(%)					
1982-2009年	20.3	21.1	26.9		
1991-2009年	23.7	21.7	28.3		
2001-2009年	22.2	22.3	25.1	10.1	24.8

房屋建筑面积

单位：万平方米

年　份	施工面积	#住　宅	竣工面积	#住　宅
“六五”时期	**513964**		**516895**	**394235**
1981			86325	69444
1982	109510		90289	71459
1983	129188		111610	86540
1984	126407		106587	75820
1985	148859		122084	90972
“七五”时期	**800691**		**658745**	**513267**
1986	188184		154621	120516
1987	174597		145425	110641
1988	168951		140190	108418
1989	131788		110557	87267
1990	137171		107952	86425
“八五”时期	**924350**		**643345**	**464473**
1991	152813		120093	94685
1992	172173		116153	85880
1993	183449	98844	124949	78965
1994	200830	126486	136550	97510
1995	215085	140452	145600	107433
“九五”时期	**1240093**	**834639**	**868259**	**644421**
1996	(236308)	(155849)	(162849)	(122204)
	235259	155509	161966	121913
1997	230491	149658	166057	121101
1998	245756	167601	170905	127572
1999	263294	181236	187357	139306
2000	265294	180634	181974	134529
“十五”时期	**1731813**	**1039135**	**1016426**	**652300**
2001	276025	182767	182437	130420
2002	304428	193731	196738	134002
2003	343742	205287	202644	130161
2004	376495	217580	207019	124881
2005	431123	239770	227589	132836
“十一五”时期				
2006	462677	265565	212542	131408
2007	548542	315630	238425	146283
2008	632261	364354	260307	159405
2009	750779	430125	293559	180788
平均每年增长(%)				
1991-2009年	8.2		5.2	3.6
2001-2009年	10.8	7.8	4.2	1.0

各地区全社会固定资产投资

单位：亿元

地　区	2003年	2004年	2005年	2006年	2007年	2008年	2009年
全国总计	**55566.6**	**70477.4**	**88773.6**	**109998.2**	**137323.9**	**172828.4**	**224845.6**
北　京	2169.3	2528.2	2827.2	3296.4	3907.2	3814.7	4616.9
天　津	1039.4	1245.7	1495.1	1820.5	2353.1	3389.8	4738.5
河　北	2478.0	3218.8	4139.7	5470.2	6884.7	8866.6	12267.0
山　西	1100.9	1443.9	1826.6	2255.7	2861.5	3531.2	4943.2
内蒙古	1174.7	1788.0	2643.6	3363.2	4372.9	5475.4	7318.9
辽　宁	2076.4	2979.6	4200.4	5689.6	7435.2	10019.1	12292.6
吉　林	969.0	1169.1	1741.1	2594.3	3651.4	5038.9	6411.3
黑龙江	1166.2	1430.8	1737.3	2236.0	2833.5	3656.0	5029.2
上　海	2499.1	3050.3	3509.7	3900.0	4420.4	4823.1	5143.7
江　苏	5233.0	6557.1	8165.4	10069.2	12268.1	15300.6	18950.0
浙　江	4740.3	5781.3	6520.1	7590.2	8420.4	9323.0	10741.6
安　徽	1418.7	1935.2	2525.1	3533.6	5087.5	6747.0	8985.8
福　建	1496.4	1892.9	2316.7	2981.8	4287.8	5207.7	6231.2
江　西	1303.2	1713.2	2176.6	2683.6	3301.9	4745.4	6642.4
山　东	5315.1	6970.6	9307.3	11111.4	12537.7	15435.9	19034.5
河　南	2263.0	3099.4	4311.6	5904.7	8010.1	10490.6	13704.6
湖　北	1809.5	2264.8	2676.6	3343.5	4330.4	5647.0	7866.9
湖　南	1590.3	2072.6	2629.1	3175.5	4154.8	5534.0	7703.5
广　东	4813.2	5870.0	6977.9	7973.4	9294.3	10868.7	12941.5
广　西	921.3	1236.5	1661.2	2198.7	2939.7	3756.4	5237.2
海　南	280.0	317.0	367.2	423.9	502.4	705.4	988.2
重　庆	1161.5	1537.0	1933.2	2407.4	3127.7	3979.6	5214.3
四　川	2336.3	2818.4	3585.2	4412.9	5639.8	7127.8	11387.3
贵　州	748.1	865.2	998.3	1197.4	1488.8	1864.5	2401.7
云　南	1000.1	1291.5	1777.6	2208.6	2759.0	3435.9	4526.4
西　藏	134.0	162.4	181.4	231.1	270.3	309.9	379.4
陕　西	1200.7	1508.9	1882.2	2480.7	3415.0	4614.4	6249.0
甘　肃	619.8	733.9	870.4	1022.6	1304.2	1712.8	2363.0
青　海	255.6	289.2	329.8	408.5	482.8	583.2	798.3
宁　夏	318.0	376.2	443.3	498.7	599.8	828.9	1075.9
新　疆	973.4	1147.1	1339.1	1567.1	1850.8	2260.0	2710.9
不分地区	962.2	1182.5	1677.9	1947.6	2530.8	3734.9	5950.8

按登记注册类型分固定资产投资

单位：亿元

注册类型	城镇固定资产投资额		房地产开发投资额	
	2008年	2009年	2008年	2009年
全国总计	**148738.3**	**194138.6**	**31203.2**	**36231.7**
内资	**134559.1**	**180027.2**	**27111.2**	**32211.1**
国有	46537.4	66050.0	1625.1	2550.4
集体	4193.4	5731.3	325.5	370.5
股份合作	926.2	1033.2	145.0	188.5
联营企业	583.7	590.4	84.6	79.4
国有联营企业	310.5	319.5	32.0	36.4
集体联营企业	59.2	78.9	6.7	5.9
国有与集体联营企业	72.1	75.9	14.7	12.7
其他联营企业	141.9	116.0	31.1	24.4
有限责任公司	39102.7	50108.2	12993.8	15358.9
国有独资公司	3973.1	5560.3	478.6	602.6
其他有限责任公司	35129.6	44547.9	12515.2	14756.3
股份有限公司	11462.6	13325.4	1518.4	1886.1
私营和个体	28654.4	38608.2	10151.6	11414.5
其他企业	3098.6	4580.6	267.1	362.9
港、澳、台商投资企业	**6369.6**	**6391.7**	**2343.8**	**2358.2**
合资经营	2445.5	2400.7	877.6	894.8
合作经营	492.5	481.8	238.9	233.0
独资	3002.5	3018.0	1139.6	1127.5
股份有限公司	429.0	491.2	87.8	103.0
外商投资企业	**7809.6**	**7719.7**	**1748.2**	**1662.4**
合资经营	2797.9	3037.6	633.4	607.9
合作经营	332.4	298.6	180.7	143.5
独资	4284.3	3874.6	878.1	877.7
股份有限公司	395.0	508.9	55.9	33.3

按行业分城镇固定资产投资（一）

行　　业	投资额（亿元）		2009年比上年增长（%）	2009年比重(%)
	2008年	2009年		
全国总计	**148738.3**	**194138.6**	**30.5**	**100.0**
农林牧渔业	**2250.4**	**3373.3**	**49.9**	**1.7**
#林业	392.6	605.9	54.3	0.3
采矿业	**6846.8**	**8093.0**	**18.2**	**4.2**
煤炭开采及洗选业	2399.2	3021.4	25.9	1.6
石油和天然气开采业	2675.1	2793.4	4.4	1.4
黑色金属矿采选业	679.0	841.4	23.9	0.4
有色金属矿采选业	653.6	791.8	21.1	0.4
非金属矿采选业	427.7	626.8	46.5	0.3
其他采矿业	12.1	18.1	49.5	
制造业	**46368.3**	**58817.4**	**26.8**	**30.3**
农副食品加工业	2045.2	2826.2	38.2	1.5
食品制造业	1143.0	1512.8	32.4	0.8
饮料制造业	873.1	1068.8	22.4	0.6
烟草制造业	144.8	237.0	63.7	0.1
纺织业	1540.1	1767.8	14.8	0.9
纺织服装、鞋、帽制造业	898.5	1051.1	17.0	0.5
皮革、毛皮、羽毛(绒)及其制品业	426.0	517.8	21.5	0.3
木材加工及木、竹、藤、棕、草制品业	798.6	1011.6	26.7	0.5
家具制造业	511.8	644.3	25.9	0.3
造纸及纸制品业	1021.5	1241.2	21.5	0.6
印刷业和记录媒介的复制	449.9	566.4	25.9	0.3
文教体育用品制造业	196.5	216.9	10.4	0.1
石油加工、炼焦及核燃料加工业	1827.5	1835.2	0.4	0.9
化学原料及化学制品制造业	4734.3	6005.8	26.9	3.1
医药制造业	1073.2	1462.6	36.3	0.8
化学纤维制造业	293.0	274.1	-6.4	0.1
橡胶制品业	492.9	659.0	33.7	0.3
塑料制品业	1093.6	1397.7	27.8	0.7
非金属矿物制品业	4143.8	5948.4	43.5	3.1
黑色金属冶炼及压延加工业	3248.9	3206.1	-1.3	1.7
有色金属冶炼及压延加工业	1885.5	2202.0	16.8	1.1
金属制品业	2194.8	2835.8	29.2	1.5
通用设备制造业	3244.3	4464.6	37.6	2.3
专用设备制造业	2265.2	3110.5	37.3	1.6

按行业分城镇固定资产投资（二）

行　　业	投资额（亿元）		2009年比上年增长（%）	2009年比重(%)
	2008年	2009年		
交通运输设备制造业	3780.3	4964.8	31.3	2.6
电气机械及器材制造业	2343.9	3544.8	51.2	1.8
通信设备、计算机及其他电子设备制造业	2461.6	2627.2	6.7	1.4
仪器仪表及文化、办公用机械制造业	428.3	530.2	23.8	0.3
工艺品及其他制造业	671.5	845.1	25.9	0.4
废弃资源和废旧材料回收加工业	136.8	241.7	76.7	0.1
电力、燃气及水的生产和供应业	**10489.1**	**13482.1**	**28.5**	**6.9**
电力、热力的生产与供应业	9023.7	11077.6	22.8	5.7
燃气生产与供应业	420.0	664.3	58.2	0.3
水的生产与供应业	1045.4	1740.2	66.5	0.9
建筑业	**1195.8**	**1884.1**	**57.6**	**1.0**
交通运输、仓储和邮政业	**15700.5**	**23277.9**	**48.3**	**12.0**
#铁路运输业	4073.2	6823.0	67.5	3.5
道路运输业	7411.5	10382.7	40.1	5.3
城市公共交通业	1274.9	2036.1	59.7	1.0
水上运输业	1204.1	1659.4	37.8	0.9
航空运输业	590.5	610.2	3.3	0.3
信息传输、计算机服务和软件业	**2131.3**	**2514.5**	**18.0**	**1.3**
批发和零售业	**3193.0**	**4450.9**	**39.4**	**2.3**
住宿和餐饮业	**1735.0**	**2332.7**	**34.4**	**1.2**
金融业	**252.8**	**349.3**	**38.2**	**0.2**
房地产业	**35914.2**	**43064.5**	**19.9**	**22.2**
租赁和商务服务业	**1255.1**	**1887.5**	**50.4**	**1.0**
科学研究、技术服务和地质勘查业	**717.6**	**1065.6**	**48.5**	**0.5**
水利、环境和公共设施管理业	**12279.1**	**17813.9**	**45.1**	**9.2**
水利管理业	1420.4	2161.9	52.2	1.1
环境管理业	728.9	1204.4	65.2	0.6
公共设施管理业	10129.8	14447.7	42.6	7.4
居民服务和其他服务业	**312.7**	**506.0**	**61.8**	**0.3**
教育	**2355.4**	**3231.0**	**37.2**	**1.7**
卫生、社会保障和社会福利业	**1065.9**	**1689.2**	**58.5**	**0.9**
#卫生	936.2	1445.4	54.4	0.7
文化、体育和娱乐业	**1436.5**	**2116.8**	**47.4**	**1.1**
公共管理和社会组织	**3239.0**	**4189.0**	**29.3**	**2.2**
国际组织		**0.1**		

各地区城镇固定资产投资

单位：亿元

地　区	2003年	2004年	2005年	2006年	2007年	2008年	2009年
全国总计	**45811.70**	**59028.19**	**75095.10**	**93368.68**	**117464.47**	**148738.30**	**194138.62**
北　京	1999.91	2333.00	2595.41	3012.40	3597.29	3520.95	4149.63
天　津	931.74	1128.68	1364.00	1678.98	2192.17	3175.14	4446.83
河　北	1772.81	2441.98	3307.77	4403.23	5690.31	7463.77	10472.25
山　西	998.82	1315.21	1666.47	2055.69	2600.22	3194.57	4509.56
内蒙古	1097.10	1707.50	2555.25	3264.86	4255.00	5327.04	7144.35
辽　宁	1771.23	2580.28	3666.52	4977.84	6576.05	8881.95	11605.17
吉　林	872.91	1059.35	1581.26	2366.06	3340.19	4592.71	5958.62
黑龙江	1069.48	1316.97	1581.22	2040.41	2591.69	3354.82	4696.08
上　海	2245.54	2862.95	3198.57	3497.48	4045.10	4404.95	4718.76
江　苏	4011.59	5008.21	6218.89	7479.60	9161.37	11609.71	14266.88
浙　江	3198.51	3998.77	4784.68	5429.28	5996.93	6551.10	7453.64
安　徽	1184.52	1613.01	2126.69	3050.15	4444.58	5948.61	7940.55
福　建	1229.28	1594.54	1958.30	2692.36	3829.02	4601.50	5548.61
江　西	1099.10	1477.89	1902.66	2375.39	2954.87	4325.38	6006.69
山　东	4163.90	5418.55	7275.06	8715.50	10153.56	12528.96	15439.10
河　南	1677.17	2434.88	3461.23	4840.80	6609.16	8721.19	11455.01
湖　北	1573.73	2005.15	2387.41	3038.49	3927.36	5148.76	7183.68
湖　南	1235.27	1679.39	2203.95	2718.44	3609.54	4879.96	6880.09
广　东	4145.12	5029.44	5890.11	6553.67	7368.69	8640.87	10238.46
广　西	791.26	1094.62	1480.92	1947.81	2596.74	3325.95	4689.88
海　南	246.24	291.02	339.24	397.00	472.77	668.02	942.57
重　庆	1040.65	1400.58	1777.07	2251.98	2937.07	3715.90	4855.11
四　川	1835.07	2322.91	2991.77	3927.37	5043.42	6362.08	9061.43
贵　州	667.92	780.24	899.33	1052.79	1289.13	1609.34	2040.02
云　南	839.22	1112.97	1592.29	2001.80	2443.79	3106.33	4117.53
西　藏	133.96	162.36	181.39	200.65	230.83	271.25	328.66
陕　西	1071.04	1378.46	1740.86	2285.71	3168.82	4286.42	5890.47
甘　肃	553.72	660.76	786.05	923.92	1177.46	1510.75	2076.38
青　海	236.94	272.74	310.84	384.61	443.69	514.05	689.12
宁　夏	263.14	316.83	381.99	438.73	527.69	735.71	964.16
新　疆	892.59	1046.43	1210.01	1418.01	1659.19	2025.64	2418.51
不分地区	962.22	1182.51	1677.90	1947.56	2530.77	3734.93	5950.85

各地区农村固定资产投资

单位：亿元

地　区	2003年	2004年	2005年	2006年	2007年	2008年	2009年
全国总计	**9754.9**	**11449.2**	**13678.5**	**16629.5**	**19859.5**	**24090.1**	**30707.0**
北　京	169.3	195.2	231.8	283.9	309.9	293.8	467.3
天　津	107.7	117.0	131.1	141.5	161.0	214.7	291.6
河　北	705.2	776.8	831.9	1067.0	1194.4	1402.8	1794.7
山　西	102.0	128.7	160.1	200.0	261.2	336.6	433.6
内蒙古	77.6	80.4	88.3	98.3	117.9	148.4	174.5
辽　宁	305.1	399.3	533.9	711.8	859.2	1137.1	687.4
吉　林	96.1	109.7	159.8	228.3	311.2	446.2	452.6
黑龙江	96.7	113.8	156.1	195.6	241.8	301.1	333.1
上　海	253.6	187.3	311.1	402.6	375.3	418.2	424.9
江　苏	1221.4	1548.8	1946.5	2589.6	3106.7	3690.8	4683.1
浙　江	1541.8	1782.6	1735.4	2160.9	2423.5	2771.9	3288.0
安　徽	234.2	322.2	398.4	483.4	642.9	798.3	1045.2
福　建	267.1	298.4	358.4	289.5	458.7	606.2	682.6
江　西	204.1	235.3	273.9	308.2	347.1	420.1	635.7
山　东	1151.2	1552.1	2032.2	2395.9	2384.1	2907.0	3595.4
河　南	585.8	664.5	850.4	1063.9	1401.0	1769.5	2249.6
湖　北	235.7	259.7	289.2	305.0	403.0	498.3	683.2
湖　南	355.1	393.2	425.1	457.1	545.2	654.1	823.4
广　东	668.1	840.6	1087.8	1419.7	1925.6	2227.8	2703.1
广　西	130.0	141.9	180.3	250.9	342.9	430.5	547.4
海　南	33.8	26.0	27.9	26.9	29.6	37.4	45.6
重　庆	120.9	136.5	156.1	155.4	190.7	263.7	359.2
四　川	501.3	495.5	593.4	485.5	596.4	765.7	2325.8
贵　州	80.2	85.0	98.9	144.6	199.7	255.1	361.7
云　南	160.9	178.6	185.3	206.8	315.2	329.6	408.9
西　藏				30.5	39.5	38.7	50.8
陕　西	129.6	130.4	141.3	195.0	246.2	328.0	358.5
甘　肃	66.1	73.2	84.3	98.7	126.7	202.0	286.6
青　海	18.7	16.4	19.0	23.9	39.2	69.2	109.2
宁　夏	54.9	59.4	61.3	60.0	72.1	93.1	111.7
新　疆	80.8	100.7	129.1	149.0	191.7	234.3	292.4

房地产开发企业(单位)概况

指　　标	单位	2004年	2005年	2006年	2007年	2008年	2009年
房地产开发投资额	**亿元**	**13158.3**	**15909.3**	**19422.9**	**25288.8**	**31203.2**	**36231.7**
#国有经济投资	亿元	1271.6	1196.5	1340.3	1188.1	1625.1	2550.4
#商品房建设投资	亿元	9348.8	11314.9	13388.7			
#土地开发投资	亿元	715.4	941.3	1219.0		2121.9	1669.4
按工程用途分							
住宅	亿元	8837.0	10860.9	13638.4	18005.4	22440.9	25618.7
办公楼	亿元	652.2	763.1	928.1	1035.0	1167.2	1378.0
商业营业用房	亿元	1723.7	2039.5	2353.9	2785.6	3354.5	4171.6
其它	亿元	1945.4	2245.7	2502.6	3462.7	4240.7	5063.4
按构成分							
建筑安装工程	亿元	8825.3	10962.5	13352.9	17205.5	21637.7	25826.1
设备工器具购置	亿元	192.9	237.4	270.0	340.5	454.1	450.5
其他费用	亿元	4140.0	4709.3	5800.1	7742.8	9111.4	9955.1
房屋建筑面积及价值							
施工面积	万平方米	140451	166053	194786	236318	283266	319650
#新开工面积	万平方米	60414	68064	79253	95402	102553	115385
竣工面积	万平方米	42465	53417	55831	60607	66545	70219
竣工价值	亿元	5952.5	7752.2	8729.3	10039.9	11947.6	14218.3
商品房销售情况							
商品房销售面积	万平方米	38232	55486	61857	77355	65970	93713
商品房销售额	亿元	10375.7	17576.0	20826.0	29889.1	25068.2	43994.5
资金来源合计	**亿元**	**20242.1**	**25497.3**	**32758.3**	**43565.6**	**48491.7**	**65759.9**
上年末结余资金	亿元	3073.4	4099.4	5622.7	6087.7	8872.3	8632.3
本年资金来源小计	亿元	17168.8	21397.8	27135.6	37478.0	39619.4	57127.6
国内贷款	亿元	3158.4	3918.1	5357.0	7015.6	7605.7	11292.7
利用外资	亿元	228.2	257.8	400.2	641.0	728.2	469.7
#外商直接投资	亿元	142.6	171.4	303.0	485.4	635.0	391.7
自筹资金	亿元	5207.6	7000.4	8597.1	11772.5	15312.1	17906.0
#自有资金	亿元	2862.9	4022.2	5068.2	6974.1	8849.1	9819.9
其他资金	亿元	8562.6	10221.6	12781.3	18048.8	15973.4	27459.2
#定金及预收款	亿元	7395.3	6954.2	8192.7	10663.2	9756.7	15913.9
各项应付款	**亿元**	**1872.3**	**2490.8**	**3054.8**	**4133.8**	**6048.0**	**6231.7**
#工程款	亿元	1115.9	1424.6	1750.4	2190.2	3219.8	3272.8

注：1.2009年数据为快报数据（下表同）。

2.2005年起商品房销售面积和销售额统计口径为期房加现房；2004年及以前统计口径为实际销售房屋，包括预售转销售的房屋。

各地区房地产开发企业（单位）房屋施工、竣工面积和商品房销售面积

单位：万平方米

地区	房屋施工面积		房屋竣工面积		商品房销售面积	
	2008年	2009年	2008年	2009年	2008年	2009年
全国总计	**283266.2**	**319649.5**	**66544.8**	**70218.8**	**65969.8**	**93713.0**
北京	10014.3	9719.1	2558.0	2678.6	1335.4	2362.3
天津	5704.3	6052.2	1799.4	1902.1	1252.0	1590.0
河北	8958.1	12739.3	1663.6	1896.4	2231.8	2849.1
山西	3895.9	5491.4	920.5	793.3	994.7	1014.4
内蒙古	7099.1	8234.5	1981.4	2237.3	2396.4	2463.0
辽宁	14904.6	18575.5	3826.1	4037.3	4091.2	5375.1
吉林	4965.1	5356.9	1549.1	1240.3	1583.9	1823.2
黑龙江	3611.1	4520.3	1404.7	1876.2	1486.6	2015.5
上海	10784.2	9961.6	2570.7	2105.0	2339.3	3372.4
江苏	28963.3	29802.5	8265.5	7706.6	6091.9	9922.7
浙江	19273.3	19920.9	4458.3	3673.1	2992.2	5525.4
安徽	11729.4	14142.1	2541.1	2861.2	2785.8	4053.9
福建	11459.7	11681.2	1906.2	2240.3	1625.7	2723.2
江西	6344.7	6755.6	1586.7	1646.8	1727.6	2280.9
山东	20098.7	21988.5	4535.1	4950.5	5507.6	6931.7
河南	13906.2	16075.9	3026.0	3401.0	3192.0	4338.6
湖北	7800.5	9546.5	2057.9	2312.1	1941.6	2718.3
湖南	10715.5	13726.7	2393.8	2965.2	2655.5	3513.7
广东	23683.0	24719.9	5063.9	4695.1	4852.3	7035.9
广西	6877.0	8346.1	1253.5	1441.6	1768.0	2383.8
海南	1500.1	1992.8	308.8	368.5	372.4	560.3
重庆	11639.3	13052.6	2367.9	2907.0	2872.2	4002.9
四川	15589.3	17609.2	3348.6	4086.9	3501.3	5888.7
贵州	5228.9	6062.3	720.7	1210.9	908.2	1619.2
云南	5367.6	6837.9	1051.7	1680.6	1643.1	2230.0
西藏	144.6	8.3	54.6		66.5	14.2
陕西	5780.1	8260.9	875.7	917.0	1513.0	2087.0
甘肃	2310.3	2543.1	546.5	545.2	624.7	696.3
青海	698.2	900.4	225.3	178.1	147.9	218.3
宁夏	1580.7	1952.0	634.2	741.2	514.8	775.3
新疆	2639.1	3073.6	1049.3	923.5	954.3	1327.6

注：商品房销售面积包括期房。

各地区房地产开发企业(单位)投资和商品房销售额

单位：亿元

地 区	房地产开发投资额		商品房销售额		#住 宅	
	2008年	2009年	2008年	2009年	2008年	2009年
全国总计	**31203.2**	**36231.7**	**25068.2**	**43994.5**	**21196.0**	**38157.2**
北 京	1908.7	2337.7	1658.3	3259.7	1201.4	2486.8
天 津	653.7	735.2	753.2	1094.8	635.6	965.4
河 北	1084.4	1517.2	620.2	941.8	583.9	881.6
山 西	326.8	477.3	234.3	275.8	201.2	242.6
内蒙古	744.3	815.5	595.1	733.2	474.2	573.2
辽 宁	2060.8	2640.6	1537.6	2168.3	1333.9	1883.7
吉 林	641.0	756.3	397.1	540.3	344.4	470.3
黑龙江	439.9	563.9	421.0	652.5	339.9	536.2
上 海	1435.7	1464.2	1917.1	4330.2	1629.1	3620.2
江 苏	3304.6	3338.6	2466.7	4955.4	2008.8	4222.3
浙 江	2023.1	2253.6	1873.7	4303.0	1524.1	3734.6
安 徽	1362.7	1667.5	821.5	1378.4	714.0	1179.7
福 建	1129.1	1136.3	712.6	1478.2	562.3	1299.1
江 西	547.7	634.5	369.0	602.8	324.4	530.6
山 东	2038.5	2428.7	1635.7	2436.5	1436.9	2176.2
河 南	1206.7	1553.8	746.5	1156.6	629.4	1005.2
湖 北	892.7	1200.4	582.6	959.9	527.8	879.3
湖 南	955.9	1084.7	611.3	941.6	510.1	826.1
广 东	2949.3	2961.3	2888.4	4585.9	2495.6	4173.7
广 西	627.3	813.7	499.6	777.2	431.5	704.8
海 南	199.4	287.9	202.7	351.0	195.2	343.0
重 庆	991.0	1238.9	800.0	1377.8	704.8	1231.7
四 川	1451.7	1586.8	1105.5	2074.9	996.0	1890.6
贵 州	311.3	369.7	212.5	467.8	179.9	400.5
云 南	557.7	737.5	440.3	653.5	360.8	555.6
西 藏	13.7	15.7	21.3	4.7	19.3	4.3
陕 西	762.2	943.7	446.7	672.7	402.2	621.3
甘 肃	185.8	204.1	122.3	174.6	109.0	159.5
青 海	51.2	72.8	36.4	54.9	33.7	51.1
宁 夏	117.6	162.7	125.4	239.5	100.4	191.5
新 疆	228.6	230.8	213.8	351.0	186.1	316.7

各地区房地产开发企业(单位)土地购置及开发情况

单位：万平方米

地 区	土地购置面积		2009年比上年增长(%)	土地开发面积		2009年比上年增长(%)
	2008年	2009年		2008年	2009年	
全国总计	**39353.4**	**31906.1**	**-18.9**	**28709.8**	**23006.0**	**-19.9**
北 京	823.4	625.0	-24.1	351.5	364.0	3.6
天 津	512.8	444.8	-13.3	951.5	369.8	-61.1
河 北	1947.6	2026.6	4.1	1403.0	1125.2	-19.8
山 西	764.6	618.2	-19.1	550.8	872.2	58.3
内蒙古	1770.6	1112.2	-37.2	1261.1	609.7	-51.7
辽 宁	2953.8	2103.7	-28.8	1796.5	1709.3	-4.9
吉 林	807.9	718.6	-11.1	208.6	212.1	1.7
黑龙江	871.0	833.3	-4.3	568.6	471.2	-17.1
上 海	326.4	185.3	-43.2	137.6	87.9	-36.2
江 苏	3296.0	1850.8	-43.8	3287.9	1628.4	-50.5
浙 江	1834.3	1308.0	-28.7	1251.9	1088.8	-13.0
安 徽	2248.5	1918.6	-14.7	1519.3	800.0	-47.3
福 建	1076.2	1120.6	4.1	475.2	465.1	-2.1
江 西	991.9	694.5	-30.0	822.9	649.9	-21.0
山 东	2762.1	2162.0	-21.7	2834.8	1831.9	-35.4
河 南	2094.6	2701.5	29.0	1394.6	1347.0	-3.4
湖 北	1006.2	1002.4	-0.4	954.5	1361.7	42.7
湖 南	2040.4	1001.5	-50.9	1258.7	1119.6	-11.0
广 东	2639.4	2257.5	-14.5	2168.6	1518.2	-30.0
广 西	1445.5	1287.2	-11.0	607.7	383.3	-36.9
海 南	946.8	285.4	-69.9	215.5	306.1	42.1
重 庆	1164.4	1227.8	5.4	895.1	1050.9	17.4
四 川	1000.2	1044.3	4.4	739.9	985.2	33.2
贵 州	590.2	385.8	-34.6	287.6	151.0	-47.5
云 南	1444.2	1269.8	-12.1	866.5	826.0	-4.7
西 藏	20.5	5.2	-74.4	71.5	17.8	-75.1
陕 西	539.8	420.1	-22.2	417.6	520.8	24.7
甘 肃	412.4	344.7	-16.4	354.6	191.4	-46.0
青 海	111.2	178.2	60.1	119.7	145.3	21.4
宁 夏	158.9	374.3	135.6	172.1	180.1	4.7
新 疆	751.7	398.3	-47.0	764.5	616.1	-19.4

对外贸易和利用外资

指　　标	单　位	1990年	1995年	2000年	2005年	2008年	2009年
对外经济贸易							
货物进出口总额	**亿美元**	**1154.4**	**2808.6**	**4742.9**	**14219.1**	**25632.6**	**22072.2**
出口总额	亿美元	620.9	1487.8	2492.0	7619.5	14306.9	12016.6
初级产品	亿美元	158.9	214.9	254.6	490.4	779.6	631.0
工业制成品	亿美元	462.0	1272.9	2237.4	7129.2	13527.4	11385.6
进口总额	亿美元	533.5	1320.8	2250.9	6599.5	11325.6	10055.6
初级产品	亿美元	98.5	244.2	467.4	1477.1	3623.9	2892.0
工业制成品	亿美元	434.9	1076.7	1783.5	5122.4	7701.7	7163.5
进出口差额	亿美元	87.4	167.0	241.1	1020.0	2981.3	1961.1
吸收外商投资							
合同项目	个	7371	37184	22347	44001	27514	23435
#外商直接投资	个	7273	37011	22347	44001	27514	23435
合同金额	亿美元	120.9	1032.1	711.3	1925.9		
#外商直接投资	亿美元	66.0	912.8	623.8	1890.7		
外商其他投资	亿美元	3.9	6.4	87.5	35.3		
实际使用外资额	亿美元	102.9	481.3	593.6	638.1	952.5	918.0
#外商直接投资	亿美元	34.9	375.2	407.2	603.3	924.0	900.3
外商其他投资	亿美元	2.7	2.9	86.4	34.8	28.6	17.7
非金融类对外直接投资额	**亿美元**				**122.6**	**407.0**	**433.0**
对外经济合作							
合同金额	亿美元	26.0	96.7	149.4	342.2	1130.1	1336.7
#对外承包工程	亿美元	21.3	74.8	117.2	296.1	1045.6	1262.0
对外劳务合作	亿美元	4.8	20.1	29.9	42.5	75.6	74.7
完成营业额	亿美元	18.7	65.9	113.3	267.8	651.2	866.1
#对外承包工程	亿美元	16.4	51.1	83.8	217.6	566.1	777.0
对外劳务合作	亿美元	2.2	13.5	28.1	47.9	80.6	89.1

注：1.本表进出口、对外经济数据分别由海关总署和商务部提供（以下相关表同）。
2.2000年起吸收外商投资数据不包括对外借款。
3.非金融类对外直接投资从2002年开始统计。
4.2007年起商务部不再对外公布合同外资金额数据。

货物进出口总额

年　份	按人民币计算（亿元）			按美元计算（亿美元）		
	进出口总额	出口额	进口额	进出口总额	出口额	进口额
1978	355.0	167.6	187.4	206.4	97.5	108.9
1979	454.6	211.7	242.9	293.3	136.6	156.7
1980	570.0	271.2	298.8	381.4	181.2	200.2
“六五”时期	**5634.4**	**2609.1**	**3025.3**	**2524.1**	**1200.5**	**1323.6**
1981	735.3	367.6	367.7	440.3	220.1	220.2
1982	771.3	413.8	357.5	416.1	223.2	192.9
1983	860.1	438.3	421.8	436.2	222.3	213.9
1984	1201.0	580.5	620.5	535.5	261.4	274.1
1985	2066.7	808.9	1257.8	696.0	273.5	422.5
“七五”时期	**19202.4**	**9260.6**	**9941.8**	**4864.1**	**2325.3**	**2538.8**
1986	2580.4	1082.1	1498.3	738.5	309.4	429.1
1987	3084.2	1470.0	1614.2	826.5	394.4	432.1
1988	3821.8	1766.7	2055.1	1027.9	475.2	552.7
1989	4155.9	1956.0	2199.9	1116.8	525.4	591.4
1990	5560.1	2985.8	2574.3	1154.4	620.9	533.5
“八五”时期	**71498.2**	**36661.8**	**34836.4**	**10144.1**	**5183.8**	**4960.3**
1991	7225.8	3827.1	3398.7	1357.0	719.1	637.9
1992	9119.6	4676.3	4443.3	1655.3	849.4	805.9
1993	11271.0	5284.8	5986.2	1957.0	917.4	1039.6
1994	20381.9	10421.8	9960.1	2366.2	1210.1	1156.1
1995	23499.9	12451.8	11048.1	2808.6	1487.8	1320.8
“九五”时期	**147120.2**	**79754.9**	**67365.3**	**17739.1**	**9616.8**	**8122.3**
1996	24133.8	12576.4	11557.4	2898.8	1510.5	1388.3
1997	26967.2	15160.7	11806.5	3251.6	1827.9	1423.7
1998	26849.7	15223.6	11626.1	3239.5	1837.1	1402.4
1999	29896.3	16159.8	13736.5	3606.3	1949.3	1657.0
2000	39273.2	20634.4	18638.8	4742.9	2492.0	2250.9
“十五”时期	**376506.2**	**197011.6**	**179494.6**	**45578.7**	**23852.0**	**21726.6**
2001	42183.6	22024.4	20159.2	5096.5	2661.0	2435.5
2002	51378.2	26947.9	24430.3	6207.7	3256.0	2951.7
2003	70483.5	36287.9	34195.6	8509.9	4382.3	4127.6
2004	95539.1	49103.3	46435.8	11545.5	5933.2	5612.3
2005	116921.8	62648.1	54273.7	14219.1	7619.5	6599.5
“十一五”时期						
2006	140971.5	77594.6	63376.9	17604.0	9689.4	7914.6
2007	166740.2	93455.6	73284.6	21737.3	12177.8	9559.5
2008	179921.5	100394.9	79526.5	25632.6	14306.9	11325.6
2009	150630.7	82017.8	68612.9	22072.2	12016.6	10055.6

注：1979年前为外贸部门数据，1980年起为海关数据。

人民币对主要外币年平均汇价

（中间价）　　　　单位：人民币元

年　份	美　元 (100)	日　元 (100)	港　元 (100)	欧　元 (100)
1985	293.66	1.2457	37.57	
1986	345.28	2.0694	44.22	
1987	372.21	2.5799	47.74	
1988	372.21	2.9082	47.70	
1989	376.51	2.7360	48.28	
1990	478.32	3.3233	61.39	
1991	532.33	3.9602	68.45	
1992	551.46	4.3608	71.24	
1993	576.20	5.2020	74.41	
1994	861.87	8.4370	111.53	
1995	835.10	8.9225	107.96	
1996	831.42	7.6352	107.51	
1997	828.98	6.8600	107.09	
1998	827.91	6.3488	106.88	
1999	827.83	7.2932	106.66	
2000	827.84	7.6864	106.18	
2001	827.70	6.8075	106.08	
2002	827.70	6.6237	106.07	800.58
2003	827.70	7.1466	106.24	936.13
2004	827.68	7.6552	106.23	1029.00
2005	819.17	7.4484	105.30	1019.53
2006	797.18	6.8570	102.62	1001.90
2007	760.40	6.4632	97.46	1041.75
2008	694.51	6.7427	89.19	1022.27
2009	683.10	7.2986	88.12	952.70

注：本表资料由国家外汇管理局提供。2002年的欧元汇价为4-12月的平均汇价。

货物进出口额分类

单位：亿美元

指　　标	2008年		2009年	
	出口	进口	出口	进口
总　额	**14306.9**	**11325.6**	**12016.6**	**10055.6**
初级产品	**779.6**	**3623.9**	**631.0**	**2892.0**
食品及主要供食用的活动物	327.6	140.5	326.0	148.2
饮料及烟草类	15.3	19.2	16.4	19.5
非食用原料（燃料除外）	113.2	1667.0	81.6	1408.2
矿物燃料、润滑油及有关原料	317.7	1692.4	203.8	1239.6
动植物油、脂及蜡	5.7	104.9	3.2	76.4
工业制成品	**13527.4**	**7701.7**	**11385.6**	**7163.5**
化学成品及有关产品	793.5	1191.9	620.5	1121.2
轻纺产品、橡胶制品、矿冶产品及其制品	2623.9	1071.6	1847.7	1077.3
机械及运输设备	6733.3	4417.6	5904.3	4080.0
杂项制品	3359.6	976.4	2996.7	851.9
未分类的其他商品	17.1	44.1	16.5	33.1

各地区货物进出口总额

（按经营单位所在地分） 单位：亿美元

地　区	2003年	2004年	2005年	2006年	2007年	2008年	2009年
全国总计	**8509.9**	**11545.5**	**14219.1**	**17604.0**	**21737.3**	**25632.6**	**22072.2**
北　京	685.0	945.8	1255.1	1580.4	1930.0	2716.9	2148.7
天　津	293.4	420.3	532.8	644.6	714.5	804.0	638.4
河　北	89.8	135.3	160.7	185.3	255.2	384.2	296.1
山　西	30.9	53.8	55.5	66.3	115.8	144.0	85.5
内蒙古	28.3	37.2	48.8	59.6	77.4	89.2	67.7
辽　宁	265.1	344.1	410.1	483.9	594.7	724.3	629.3
吉　林	61.5	67.9	65.3	79.1	103.0	133.3	117.5
黑龙江	53.3	67.9	95.7	128.6	173.0	231.3	162.2
上　海	1123.4	1600.1	1863.4	2275.2	2828.5	3220.6	2777.5
江　苏	1136.2	1708.5	2279.2	2839.8	3494.7	3922.7	3388.3
浙　江	614.1	852.0	1073.9	1391.4	1768.5	2111.3	1877.3
安　徽	59.5	72.1	91.2	122.5	159.3	201.8	156.4
福　建	353.3	475.3	544.1	626.6	744.5	848.2	796.6
江　西	25.3	35.3	40.6	61.9	94.5	136.2	126.6
山　东	446.4	606.6	767.4	952.1	1224.7	1584.1	1389.7
河　南	47.1	66.2	77.2	97.9	127.9	174.8	134.4
湖　北	51.1	67.7	90.5	117.6	148.7	207.1	172.3
湖　南	37.3	54.4	60.0	73.5	96.9	125.5	101.5
广　东	2835.2	3571.3	4279.6	5272.0	6341.9	6849.7	6110.7
广　西	31.9	42.8	51.8	66.7	92.6	132.4	142.3
海　南	22.7	34.0	25.4	28.5	35.1	45.3	48.1
重　庆	25.9	38.6	42.9	54.7	74.4	95.2	77.1
四　川	56.3	68.7	79.0	110.2	143.8	221.1	242.3
贵　州	9.8	15.1	14.0	16.2	22.7	33.7	23.0
云　南	26.7	37.4	47.4	62.2	87.9	96.0	80.2
西　藏	1.6	2.0	2.1	3.3	3.9	7.7	4.0
陕　西	27.8	36.4	45.8	53.6	68.9	83.3	84.0
甘　肃	13.3	17.6	26.3	38.2	55.2	61.0	38.2
青　海	3.4	5.8	4.1	6.5	6.1	6.9	5.9
宁　夏	6.5	9.1	9.7	14.4	15.8	18.8	12.0
新　疆	47.7	56.3	79.4	91.0	137.2	222.2	138.3

各地区货物进出口总额

（按境内目的地、货源地分）　　单位：亿美元

地　区	2003年	2004年	2005年	2006年	2007年	2008年	2009年
全国总计	**8509.9**	**11545.5**	**14219.1**	**17604.0**	**21737.3**	**25632.6**	**22072.2**
北　京	313.3	428.2	534.9	704.6	820.4	950.4	872.1
天　津	300.3	432.4	546.3	672.8	755.6	869.0	720.4
河　北	96.9	152.8	193.3	234.8	344.7	508.8	402.4
山　西	51.8	90.7	90.9	96.6	152.4	201.9	93.1
内蒙古	32.3	43.7	53.0	61.1	90.9	104.3	94.8
辽　宁	298.6	399.3	470.4	524.2	651.8	821.6	698.1
吉　林	67.3	74.9	73.6	87.0	113.1	136.2	118.9
黑龙江	62.2	71.8	104.7	140.7	184.3	204.2	133.6
上　海	1105.2	1568.0	1815.0	2212.3	2738.7	3138.8	2734.1
江　苏	1212.8	1795.4	2384.8	2990.4	3722.5	4304.7	3659.9
浙　江	663.2	946.6	1238.1	1600.8	1992.0	2444.1	2106.8
安　徽	56.7	69.9	92.6	122.5	157.4	195.5	156.0
福　建	385.6	498.5	568.0	648.9	752.9	867.2	812.6
江　西	29.6	48.2	49.6	72.5	103.1	150.1	137.1
山　东	494.1	694.2	891.2	1106.4	1408.0	1876.4	1634.3
河　南	55.8	73.6	90.7	109.8	142.1	198.9	150.3
湖　北	58.1	75.6	99.9	121.1	153.1	213.6	176.4
湖　南	47.0	60.8	69.6	79.8	102.0	136.0	116.1
广　东	2892.3	3633.5	4391.8	5418.3	6524.1	7177.8	6319.6
广　西	32.2	48.3	57.6	76.1	104.7	148.6	135.3
海　南	19.1	29.0	21.2	33.9	70.7	95.9	85.3
重　庆	25.6	37.3	42.3	53.1	71.6	90.5	215.7
四　川	57.8	66.9	76.7	106.7	136.2	199.3	77.2
贵　州	15.5	23.7	20.4	22.1	32.0	48.1	27.3
云　南	27.2	37.3	50.0	63.8	88.0	93.3	74.3
西　藏	1.5	1.7	1.3	2.3	3.2	3.5	2.9
陕　西	35.5	45.6	61.5	69.2	82.4	104.6	86.7
甘　肃	12.9	19.6	29.9	44.4	58.7	65.6	44.3
青　海	3.4	6.5	4.9	9.4	6.8	8.0	7.2
宁　夏	7.4	11.3	11.8	16.1	19.6	25.8	19.6
新　疆	48.5	60.2	83.0	102.1	154.4	249.8	160.0

各地区货物进出口总额

(2009年) 单位：亿美元

地区	按经营单位所在地分		按境内目的地、货源地分	
	出口额	进口额	出口额	进口额
全国总计	**12016.6**	**10055.6**	**12016.6**	**10055.6**
北 京	483.8	1664.8	291.7	580.4
天 津	298.9	339.4	303.8	416.6
河 北	156.9	139.2	191.9	210.4
山 西	28.4	57.2	41.0	52.1
内蒙古	23.2	44.6	38.4	56.4
辽 宁	334.4	294.8	327.4	370.7
吉 林	31.3	86.2	33.5	85.3
黑龙江	100.8	61.5	63.5	70.1
上 海	1418.8	1358.7	1361.3	1372.8
江 苏	1992.4	1395.9	2074.0	1586.0
浙 江	1330.2	547.1	1476.8	630.0
安 徽	88.9	67.5	84.2	71.8
福 建	533.3	263.3	511.2	301.4
江 西	73.6	53.0	75.6	61.5
山 东	795.0	594.7	826.9	807.4
河 南	73.5	60.9	87.7	62.6
湖 北	99.8	72.5	94.3	82.1
湖 南	54.9	46.6	62.4	53.7
广 东	3589.6	2521.2	3623.9	2695.6
广 西	83.8	58.6	49.6	85.7
海 南	13.1	35.1	17.5	67.9
重 庆	42.8	34.3	115.0	100.7
四 川	141.5	100.8	41.1	36.0
贵 州	13.6	9.5	15.3	12.0
云 南	45.1	35.1	36.8	37.5
西 藏	3.8	0.3	2.7	0.2
陕 西	39.9	44.2	40.9	45.8
甘 肃	7.4	30.9	8.3	36.0
青 海	2.5	3.3	2.0	5.2
宁 夏	7.4	4.6	10.0	9.6
新 疆	108.2	30.0	108.0	52.1

各地区外商投资企业货物进出口总额

单位：万美元

地　区	2008年			2009年		
	进出口总　额	出口额	进口额	进出口总　额	出口额	进口额
全国总计	**140992119**	**79049270**	**61942848**	**121743735**	**67223042**	**54520694**
北　京	5680020	2305587	3374433	5336098	2009940	3326158
天　津	5722366	2889470	2832896	4489300	2166108	2323192
河　北	1671332	975029	696303	1343342	657878	685464
山　西	221303	127618	93685	162780	69165	93615
内蒙古	149335	90470	58865	108691	52317	56374
辽　宁	3709289	2026502	1682786	3078141	1642392	1435749
吉　林	571685	134324	437361	555763	101960	453803
黑龙江	139005	80686	58319	78340	49300	29040
上　海	21768521	11355935	10412585	18677633	9709423	8968210
江　苏	30349018	17495269	12853749	25972304	14664056	11308249
浙　江	8350689	5422144	2928545	6928304	4478070	2450234
安　徽	701238	319369	381869	521990	223774	298216
福　建	5212205	3250376	1961829	4378263	2739546	1638717
江　西	886991	377632	509359	760282	322642	437640
山　东	8438159	5059486	3378673	7556678	4479157	3077521
河　南	320204	171126	149078	375697	182700	192997
湖　北	735954	378604	357351	703868	338730	365138
湖　南	193352	105041	88310	182142	86064	96077
广　东	43848739	25567121	18281618	38241460	22380314	15861146
广　西	454363	161968	292395	367128	127767	239361
海　南	240462	65245	175216	294521	58547	235974
重　庆	364846	95901	268945	295047	79950	215096
四　川	821698	354933	466765	940957	418924	522033
贵　州	37301	23804	13497	18643	9734	8910
云　南	63625	42694	20931	43923	27567	16356
西　藏	601	64	537	99	99	1
陕　西	208113	110053	98060	252727	110836	141891
甘　肃	19994	16711	3283	10693	8206	2487
青　海	25805	4591	21214	19432	364	19068
宁　夏	54698	18473	36225	22142	12246	9896
新　疆	31207	23040	8167	27347	15267	12079

货物进出口总额(按主要国家和地区分)

单位：亿美元

国家和地区	2003年	2004年	2005年	2006年	2007年	2008年	2009年
总　额	**8510**	**11546**	**14219**	**17604**	**21737**	**25633**	**22072**
#中国香港	874	1127	1367	1661	1972	2036	1749
印度	76	136	187	249	386	518	434
日本	1336	1679	1844	2073	2360	2667	2288
韩国	632	901	1119	1342	1599	1861	1562
中国台湾	584	783	912	1078	1245	1292	1062
南非	39	59	73	99	140	179	161
俄罗斯联邦	158	212	291	334	482	569	388
巴西	80	123	148	203	297	487	424
加拿大	100	155	192	232	303	345	297
美国	1263	1696	2115	2627	3021	3337	2983
澳大利亚	136	204	273	329	438	597	601
东盟	783	1059	1304	1608	2025	2313	2130
欧盟	1252	1773	2173	2723	3561	4258	3640

外商直接投资实际使用金额(按主要国家和地区分)

单位：亿美元

国家和地区	2003年	2004年	2005年	2006年	2007年	2008年	2009年
总　额	**535**	**606**	**603**	**630**	**748**	**924**	**900**
#中国香港	177	190	179	202	277	410	461
日本	51	55	65	46	36	37	41
新加坡	21	20	22	23	32	44	36
韩国	45	62	52	39	37	31	27
中国台湾	34	31	22	21	18	19	19
英国	7	8	10	7	8	9	7
德国	9	11	15	20	7	9	12
法国	6	7	6	4	5	6	7
开曼群岛	9	20	19	21	26	31	26
英属维尔京群岛	58	67	90	112	166	160	113
加拿大	6	6	5	4	4	5	9
美国	42	39	31	29	26	29	26
澳大利亚	6	7	4	6	4	4	4

实际使用外资额

年　　份	总　计 (亿美元)	对外借款	外　商 直接投资	外　商 其他投资	外商直接投资相当于国内生产总值的比重(%)
1979-2009	**11416.2**	**1471.5**	**9426.5**	**518.1**	
1979-1982	130.6	106.9	17.7	6.0	
1983	22.6	10.7	9.2	2.8	0.3
1984	28.7	12.9	14.2	1.6	0.5
1985	47.6	25.1	19.6	3.0	0.6
“七五”时期	**466.5**	**301.3**	**146.3**	**19.0**	
1986	76.3	50.1	22.4	3.7	0.8
1987	84.5	58.1	23.1	3.3	0.7
1988	102.3	64.9	31.9	5.5	0.8
1989	100.6	62.9	33.9	3.8	0.8
1990	102.9	65.3	34.9	2.7	0.9
“八五”时期	**1610.5**	**455.8**	**1141.7**	**13.0**	
1991	115.5	68.9	43.7	3.0	1.1
1992	192.0	79.1	110.1	2.8	2.3
1993	389.6	111.9	275.1	2.6	4.5
1994	432.1	92.6	337.7	1.8	6.0
1995	481.3	103.3	375.2	2.9	5.2
“九五”时期	**2897.9**	**559.0**	**2134.9**	**204.0**	
1996	548.0	126.7	417.3	4.1	4.9
1997	644.1	120.2	452.6	71.3	4.8
1998	585.6	110.0	454.6	20.9	4.5
1999	526.6	102.1	403.2	21.3	3.7
2000	593.6	100.0	407.2	86.4	3.4
“十五”时期	**2887.0**		**2740.8**	**146.2**	
2001	496.7		468.8	27.9	3.5
2002	550.1		527.4	22.7	3.6
2003	561.4		535.1	26.4	3.3
2004	640.7		606.3	34.4	3.1
2005	638.1		603.3	34.8	2.7
“十一五”时期					
2006	670.8		630.2	40.6	2.4
2007	783.4		747.7	35.7	2.3
2008	952.5		924.0	28.6	2.1
2009	918.0		900.3	17.7	1.8

对外经济合作

年　　份	合同数 (份)	合同金额 (亿美元)	#对外承 包工程	#对外劳 务合作	完　成 营业额 (亿美元)	#对外承 包工程	#对外劳 务合作
“五五”时期	**215**						
1976	2				1.7		
1977	1						
1978	4						
1979	36	0.5					
1980	172	1.9					
“六五”时期	**2800**	**49.4**					
1981	363	5.0					
1982	314	5.1			3.5		
1983	460	9.2			4.5		
1984	740	17.4			6.2		
1985	923	12.7			8.4		
“七五”时期	**12794**	**102.3**			**72.2**		
1986	944	13.6			9.7		
1987	1449	18.9			12.6		
1988	2126	21.7			14.3		
1989	3100	22.1	17.8	4.3	16.9	14.8	2.0
1990	5175	26.0	21.3	4.8	18.7	16.4	2.2
“八五”时期	**66260**	**346.6**	**264.8**	**80.0**	**225.2**	**180.3**	**43.5**
1991	8438	36.1	25.2	10.9	23.6	19.7	3.9
1992	9405	65.9	52.5	13.4	30.5	24.0	6.5
1993	11605	68.0	51.9	16.1	45.4	36.7	8.7
1994	17491	79.9	60.3	19.6	59.8	48.8	11.0
1995	19321	96.7	74.8	20.1	65.9	51.1	13.5
“九五”时期	**123979**	**613.4**	**474.1**	**128.4**	**487.7**	**365.3**	**115.9**
1996	24891	102.7	77.3	22.8	77.0	58.2	17.1
1997	28442	113.6	85.2	25.5	83.8	60.4	21.7
1998	25955	117.7	92.4	23.9	101.3	77.7	22.8
1999	21126	130.0	102.0	26.3	112.3	85.2	26.2
2000	23565	149.4	117.2	29.9	113.3	83.8	28.1
“十五”时期	**249465**	**1172.0**	**992.1**	**169.1**	**918.7**	**731.6**	**181.0**
2001	39400	164.6	130.4	33.3	121.4	89.0	31.8
2002	34461	178.9	150.5	27.5	143.5	111.9	30.7
2003	42059	209.3	176.7	30.9	172.3	138.4	33.1
2004	60312	277.0	238.4	35.0	213.7	174.7	37.5
2005	73233	342.2	296.1	42.5	267.8	217.6	47.9
“十一五”时期							
2006	107744	716.5	660.0	52.3	356.9	299.9	53.7
2007	168240	853.5	776.2	67.0	479.0	406.4	67.7
2008	163881	1130.1	1045.6	75.6	651.2	566.1	80.6
2009	162081	1336.7	1262.0	74.7	866.1	777.0	89.1

国家财政收支和债务收支情况

单位：亿元

指　　标	1990年	1995年	2000年	2008年	2009年
财政收入	**2937.1**	**6242.2**	**13395.2**	**61330.4**	**68476.9**
中央	992.4	3256.6	6989.2	32680.6	35896.1
地方	1944.7	2985.6	6406.1	28649.8	32580.7
财政收入指数（上年=100）	110.2	119.6	117.0	119.5	111.7
财政收入按项目分					
#各项税收	2821.9	6038.0	12581.5	54223.8	59514.7
#国内增值税	400.0	2602.3	4553.2	17996.9	18481.2
营业税	515.8	865.6	1868.8	7626.4	9013.6
国内消费税		541.5	858.3	2568.3	4759.1
个人所得税	21.1	131.3	659.6	3722.3	3949.3
关税	159.0	291.8	750.5	1770.0	1483.6
企业所得税	716.0	878.4	999.6	11175.6	11534.5
国有企业亏损补贴	-578.9	-327.8	-278.8		
财政支出	**3083.6**	**6823.7**	**15886.5**	**62592.7**	**75873.6**
中央	1004.5	1995.4	5519.9	13344.2	15279.8
地方	2079.1	4828.3	10366.7	49248.5	60593.8
财政支出指数（上年=100）	109.2	117.8	120.5	125.7	121.2
财政支出按项目分					
一般公共服务				9795.9	9158.2
国防				4178.8	4950.0
教育				9010.2	10370.4
科学技术				2129.2	2709.8
社会保障和就业				6804.3	7561.0
医疗卫生				2757.0	3902.4
环境保护				1451.4	1864.8
城乡事务				4206.1	4992.6
农林水事务				4544.0	6631.6
交通运输				2354.0	4583.4
年末国债余额				**53270.8**	**60237.7**
内债余额				52799.3	59737.0
外债余额				471.4	500.7

注：1.本表及其他各表有关财政数据由财政部提供。2009年全国数据为预算执行数，以前各年数据为财政决算数。

2.财政收支不包括国内外债务收支，2000年起财政支出包括国内外债务付息支出(下表同)。

3.中央、地方财政收支均为本级收支。

4.1990年和1995年企业所得税数据仅包括国有和集体企业所得税。

5.2007年起实施《政府收支分类科目》，本表所列财政支出项目按照支出功能分类科目重新设置。

国家财政收支总额和指数

年　份	财政收入（亿元）	财政支出（亿元）	指数（上年=100）		财政收入相当于国内生产总值的比重(%)	财政支出相当于国内生产总值的比重(%)
			财政收入	财政支出		
1978	1132.26	1122.09	129.5	133.0	31.1	30.8
1979	1146.38	1281.79	101.2	114.2	28.2	31.6
1980	1159.93	1228.83	101.2	95.9	25.5	27.0
“六五”时期	**7402.75**	**7483.18**	**111.6**	**110.3**		
1981	1175.79	1138.41	101.4	92.6	24.0	23.3
1982	1212.33	1229.98	103.1	108.0	22.8	23.1
1983	1366.95	1409.52	112.8	114.6	22.9	23.6
1984	1642.86	1701.02	120.2	120.7	22.8	23.6
1985	2004.82	2004.25	122.0	117.8	22.2	22.2
“七五”时期	**12280.60**	**12865.67**	**107.9**	**109.0**		
1986	2122.01	2204.91	105.8	110.0	20.7	21.5
1987	2199.35	2262.18	103.6	102.6	18.2	18.8
1988	2357.24	2491.21	107.2	110.1	15.7	16.6
1989	2664.90	2823.78	113.1	113.3	15.7	16.6
1990	2937.10	3083.59	110.2	109.2	15.7	16.5
“八五”时期	**22442.10**	**24387.46**	**116.3**	**117.2**		
1991	3149.48	3386.62	107.2	109.8	14.5	15.5
1992	3483.37	3742.20	110.6	110.5	12.9	13.9
1993	4348.95	4642.30	124.8	124.1	12.3	13.1
1994	5218.10	5792.62	120.0	124.8	10.8	12.0
1995	6242.20	6823.72	119.6	117.8	10.3	11.2
“九五”时期	**50774.39**	**57043.46**	**116.5**	**118.4**		
1996	7407.99	7937.55	118.7	116.3	10.4	11.2
1997	8651.14	9233.56	116.8	116.3	11.0	11.7
1998	9875.95	10798.18	114.2	116.9	11.7	12.8
1999	11444.08	13187.67	115.9	122.1	12.8	14.7
2000	13395.23	15886.50	117.0	120.5	13.5	16.0
“十五”时期	**115050.69**	**128022.85**	**118.8**	**116.4**		
2001	16386.04	18902.58	122.3	119.0	14.9	17.2
2002	18903.64	22053.15	115.4	116.7	15.7	18.3
2003	21715.25	24649.95	114.9	111.8	16.0	18.1
2004	26396.47	28486.89	121.6	115.6	16.5	17.8
2005	31649.29	33930.28	119.9	119.1	17.1	18.3
“十一五”时期						
2006	38760.20	40422.73	122.5	119.1	17.9	18.7
2007	51321.78	49781.35	132.4	123.2	19.3	18.7
2008	61330.35	62592.66	119.5	125.7	19.5	19.9
2009	68476.88	75873.64	111.7	121.2	20.4	22.6

注：各计划时期指数为该时期年平均发展速度。

中央和地方财政收支

单位：亿元

年　　份	国家财政收　　入	中　　央	地　　方	国家财政支　　出	中　　央	地　　方
1978	1132.26	175.77	956.49	1122.09	532.12	589.97
1979	1146.38	231.34	915.04	1281.79	655.08	626.71
1980	1159.93	284.45	875.48	1228.83	666.81	562.02
“六五”时期	**7402.75**	**2583.02**	**4819.73**	**7483.18**	**3725.64**	**3757.54**
1981	1175.79	311.07	864.72	1138.41	625.65	512.76
1982	1212.33	346.84	865.49	1229.98	651.81	578.17
1983	1366.95	490.01	876.94	1409.52	759.60	649.92
1984	1642.86	665.47	977.39	1701.02	893.33	807.69
1985	2004.82	769.63	1235.19	2004.25	795.25	1209.00
“七五”时期	**12280.60**	**4104.41**	**8176.19**	**12865.67**	**4420.27**	**8445.40**
1986	2122.01	778.42	1343.59	2204.91	836.36	1368.55
1987	2199.35	736.29	1463.06	2262.18	845.63	1416.55
1988	2357.24	774.76	1582.48	2491.21	845.04	1646.17
1989	2664.90	822.52	1842.38	2823.78	888.77	1935.01
1990	2937.10	992.42	1944.68	3083.59	1004.47	2079.12
“八五”时期	**22442.10**	**9038.39**	**13403.71**	**24387.46**	**7323.13**	**17064.33**
1991	3149.48	938.25	2211.23	3386.62	1090.81	2295.81
1992	3483.37	979.51	2503.86	3742.20	1170.44	2571.76
1993	4348.95	957.51	3391.44	4642.30	1312.06	3330.24
1994	5218.10	2906.50	2311.60	5792.62	1754.43	4038.19
1995	6242.20	3256.62	2985.58	6823.72	1995.39	4828.33
“九五”时期	**50774.39**	**25618.37**	**25156.02**	**57043.46**	**17481.55**	**39561.91**
1996	7407.99	3661.07	3746.92	7937.55	2151.27	5786.28
1997	8651.14	4226.92	4424.22	9233.56	2532.50	6701.06
1998	9875.95	4892.00	4983.95	10798.18	3125.60	7672.58
1999	11444.08	5849.21	5594.87	13187.67	4152.33	9035.34
2000	13395.23	6989.17	6406.06	15886.50	5519.85	10366.65
“十五”时期	**115050.69**	**61888.28**	**53162.41**	**128022.85**	**36629.87**	**91392.98**
2001	16386.04	8582.74	7803.30	18902.58	5768.02	13134.56
2002	18903.64	10388.64	8515.00	22053.15	6771.70	15281.45
2003	21715.25	11865.27	9849.98	24649.95	7420.10	17229.85
2004	26396.47	14503.10	11893.37	28486.89	7894.08	20592.81
2005	31649.29	16548.53	15100.76	33930.28	8775.97	25154.31
“十一五”时期						
2006	38760.20	20456.62	18303.58	40422.73	9991.40	30431.33
2007	51321.78	27749.16	23572.62	49781.35	11442.06	38339.29
2008	61330.35	32680.56	28649.79	62592.66	13344.17	49248.49
2009	68476.88	35896.14	32580.74	75873.64	15279.84	60593.80

注：中央、地方财政收支均为本级收支。

金融、证券、保险基本情况

(年底数)

项目	单位	2004年	2005年	2006年	2007年	2008年	2009年
金融							
金融机构人民币存款余额	亿元	241424	287163	335460	389371	466203	597741
金融机构人民币贷款余额	亿元	178198	194690	225347	261691	303468	399685
金融机构现金收入和支出							
现金收入	亿元	567879	626978	705733	824836	807613	866418
现金支出	亿元	569601	629542	708774	828139	811456	870445
投放(+) 回笼(-)	亿元	1722	2563	3041	3303	3844	4027
货币供应量							
货币和准货币(M_2)	亿元	254107	298756	345604	403442	475167	606225
狭义货币(M_1)	亿元	95970	107279	126035	152560	166217	220002
流通中现金(M_0)	亿元	21467	24032	27073	30375	34219	38246
黄金储备	万盎司	1929	1929	1929	1929	1929	3389
外汇储备	亿美元	6099	8189	10663	15282	19460	23992
证券							
境内上市公司（A、B股）	家	1377	1381	1434	1550	1625	1718
境外上市公司（H股）	家	111	122	143	148	153	159
股票发行量	亿股	227.9	567.1	1287.8	637.2	180.3	388.8
股票筹资额	亿元	1510.9	1882.5	5594.3	8680.2	3852.2	6124.7
保险							
保险系统职工人数	万人	26.2	36.6	43.4	50.0	59.9	63.1
保险公司业务经济技术指标							
保费	亿元	4318	4929	5640	7036	9784	11137
赔款及给付	亿元	1004	1137	1438	2265	2971	3125

金融机构本外币存贷款余额

项目	存款余额	#企业存款	#城乡居民储蓄存款	#人民币	贷款余额	#短期贷款	#中长期贷款
年底余额(亿元)							
2003	220364	76785	110695	103618	169771	87398	67252
2004	253188	89438	126196	119555	188566	90808	81010
2005	300209	101751	147054	141051	206838	91157	92941
2006	348065	118881	166617	161587	238519	101762	113173
2007	401051	144814	176213	172534	277747	118900	138579
2008	478444	164386	221503	217885	320049	128571	164160
2009	612006	224357	264761	260772	425597	151353	235579
比上年增长(%)							
2003	20.2	19.4	17.4	19.2	21.4	13.8	30.0
2004	15.3	16.4	14.0	15.4	14.4	7.4	22.1
2005	18.2	13.8	16.5	18.0	12.8	6.5	16.2
2006	16.0	16.8	13.3	14.6	14.7	10.9	21.3
2007	15.2	21.8	5.8	6.8	16.4	16.8	22.4
2008	19.3	13.5	25.7	26.3	17.9	12.3	20.2
2009	27.9	36.5	19.5	19.7	33.0	17.7	43.5

注：本表中外币存贷余额已折合人民币。

金融机构人民币信贷收支

（年底余额）　　　　单位：亿元

项　　目	2003年	2004年	2005年	2006年	2007年	2008年	2009年
资金来源合计	**225313**	**262740**	**302043**	**365230**	**454268**	**542844**	**681875**
各项存款	208056	241424	287163	335460	389371	466203	597741
企业存款	72487	84669	96144	113239	138674	157632	217110
财政存款	5127	6236	7990	10927	17632	18040	22411
机关团体存款	6728	8152	12052	15046	19033	21963	29560
城乡储蓄存款	103618	119555	141051	161587	172534	217885	260772
农业存款	4898	5526	6204	7414	9283	10075	14568
信托类存款	2458	3009	3462	2759	3156	3733	5945
其他类存款	12740	14276	20261	24488	29059	36875	47375
金融债券	2226	3955	5673	6483	11505	20852	16203
流通中现金	19746	21468	24032	27073	30334	34219	38246
对国际金融机构负债	483	562	642	926	947	733	761
其他	-5197	-4670	-15466	-4712	22110	20836	28923
资金运用合计	**225313**	**262740**	**302043**	**365230**	**454268**	**542844**	**681875**
各项贷款	158996	178198	194690	225347	261691	303468	399685
短期贷款	83661	86841	87449	98534	114478	125216	146611
工业贷款	22756	23897	22517	28654	33623	36146	38769
商业贷款	17994	17074	16448	16672	17833	17743	19483
建筑业贷款	3002	2780	2984	3613	3742	3687	3647
农业贷款	8411	9843	11530	13208	15429	17629	21623
乡镇企业贷款	7662	8069	7902	6222	7113	7454	9029
三资企业贷款	2569	2198	1975	1834	2069	2271	2180
私营企业及个体贷款	1462	2082	2181	2668	3508	4224	7117
其他短期贷款	19805	20897	21913	25665	31161	36063	44763
中长期贷款	63401	76703	81370	106549	131539	155034	222419
信托类贷款	2281	2721	3126	2519	2356	3026	5277
其他类贷款	9652	11933	22746	17745	13318	20191	25378
有价证券及投资	30259	30931	34942	39491	62790	71952	86643
金银占款	337	337	337	337	337	337	670
外汇占款	34847	52591	71211	98980	128377	166146	193112
财政借款							
在国际金融机构资产	873	683	862	1075	1073	941	1765

注：1.2006年起资金来源项目发生变化，“其他”项数据与历史数据不可比。

2.2002-2008年数据来源于《中国金融年鉴》，2009年数据来自《中国人民银行统计季报》和《中国金融机构人民币信贷收支月报》。

金融机构现金收入和支出

单位：亿元

项　　目	2003年	2004年	2005年	2006年	2007年	2008年	2009年
收入总计	**455528**	**567879**	**626978**	**705733**	**824836**	**807613**	**866418**
商品销售收入	48546	57944	61763	65605	69473	68023	69377
服务业收入	19369	22865	24091	25924	28525	28226	28390
税款收入	2514	2880	3157	3520	4765	5180	5309
城乡个体经营收入	15458	19109	20230	20665	21905	21797	21934
储蓄存款收入	321578	404744	454954	520492	619272	601905	651259
其他金融机构收入	2272	2565	2347	2183	2057	1840	1746
居民归还贷款收入	8063	10290	11875	12705	13474	13475	14529
汇兑收入	5092	5444	5326	5045	5550	4734	4551
有价证券收入	1124	1148	928	833	1130	744	708
其他收入	31512	40889	42307	48771	58684	61688	68615
#兑换外币收入	165	186	207	343	692	765	805
支出总计	**457996**	**569601**	**629542**	**708774**	**828139**	**811456**	**870445**
工资性支出	28641	34307	36963	39936	42841	42352	41875
农副产品采购支出	10483	13059	14898	15897	16742	16570	15440
工矿及其它产品采购支出	8741	11125	12697	13901	15065	12892	11021
行政企事业管理费支出	23768	27241	28585	30139	33464	32781	31878
城乡个体经营支出	20958	24774	26450	27157	29397	28267	27469
储蓄存款支出	318132	401910	451556	517701	617682	607478	667300
其他金融机构支出	2233	2353	2123	2177	2336	1941	1625
居民提取贷款支出	8080	9467	10322	10119	9985	9025	9941
汇兑支出	3280	3280	2981	2822	3369	2680	2482
有价证券支出	1002	923	762	689	1063	831	711
其他支出	32676	41163	42205	48235	56226	56639	60704

金融机构人民币存贷款余额和货币供应量

单位：亿元

年份	金融机构		货币供应量		
	存款余额	贷款余额	货币和准货币 (M_2)	狭义货币 (M_1)	流通中现金 (M_0)
1978	1155.0	1890.4			212.0
1979	1362.6	2082.5			267.7
1980	1689.7	2478.1			346.2
1981	2097.2	2853.3			396.3
1982	2449.1	3162.7			439.1
1983	2883.3	3566.6			529.8
1984	3735.3	4746.8			792.1
1985	4560.0	6198.4			987.8
1986	5933.9	8142.7			1218.4
1987	7392.4	9814.1			1454.5
1988	8810.4	11964.3			2134.0
1989	10709.6	14248.8			2344.0
1990	13942.9	17511.0	15293.4	6950.7	2644.4
1991	17972.8	21116.4	19349.9	8633.3	3177.8
1992	23143.8	25742.8	25402.2	11731.5	4336.0
1993	29646.0	32955.8	34879.8	16280.4	5864.7
1994	40502.5	39976.0	46923.5	20540.7	7288.6
1995	53882.1	50544.1	60750.5	23987.1	7885.3
1996	68595.6	61156.6	76094.9	28514.8	8802.0
1997	82392.8	74914.1	90995.3	34826.3	10177.6
1998	95697.9	86524.1	104498.5	38953.7	11204.2
1999	108778.9	93734.3	119897.9	45837.3	13455.5
2000	123804.4	99371.1	134610.3	53147.2	14652.7
2001	143617.2	112314.7	158301.9	59871.6	15688.8
2002	170917.4	131293.9	185007.0	70881.8	17278.0
2003	208055.6	158996.2	221222.8	84118.6	19745.9
2004	241424.3	178197.8	254107.0	95969.7	21467.3
2005	287163.0	194690.4	298755.7	107278.8	24031.7
2006	335459.8	225347.2	345603.6	126035.1	27072.6
2007	389371.2	261690.9	403442.2	152560.1	30375.2
2008	466203.3	303467.8	475166.6	166217.1	34219.0
2009	597741.1	399684.8	606225.0	220001.5	38246.0

注：2001年6月起货币供应量(M_2)含证券公司客户保证金。

金融机构人民币存贷款余额和货币供应量同比增长率

单位：%

年 份	金融机构		货币供应量		
	存款余额	贷款余额	货币和准货币 (M_2)	狭义货币 (M_1)	流通中现金 (M_0)
1978	6.9	11.2			
1979	18.0	10.2			26.3
1980	24.0	19.0			29.3
1981	24.1	15.1			14.5
1982	16.8	10.8			10.8
1983	17.7	12.8			20.7
1984	29.5	33.1			49.5
1985	22.1	30.6			24.7
1986	30.1	31.4			23.3
1987	24.6	20.5			19.4
1988	19.2	21.9			46.7
1989	21.6	19.1			9.8
1990	30.2	22.9			12.8
1991	28.9	20.6	26.5	24.2	20.2
1992	28.8	21.9	31.3	35.9	36.4
1993	28.1	28.0	37.3	38.8	35.3
1994	36.6	21.3	34.5	26.2	24.3
1995	33.0	26.4	29.5	16.8	8.2
1996	27.3	21.0	25.3	18.9	11.6
1997	20.1	22.5	17.3	16.5	15.6
1998	15.7	15.5	14.8	11.9	10.1
1999	13.5	12.3	14.7	17.7	20.1
2000	13.8	17.6	12.3	16.0	8.9
2001	16.0	12.9	17.6	12.7	7.1
2002	18.9	15.8	16.8	16.8	10.1
2003	21.7	21.1	19.6	18.7	14.3
2004	16.0	14.4	14.7	13.6	8.7
2005	18.9	13.3	17.6	11.8	11.9
2006	16.8	15.1	17.0	17.5	12.7
2007	16.1	16.1	16.7	21.0	12.2
2008	19.7	16.0	17.8	9.1	12.7
2009	28.2	31.7	27.6	32.4	11.8

注：本表按可比口径计算。

人民币一年期存贷款利率

单位：年利率 %

执行日期	金融机构 存款基准利率	金融机构 贷款基准利率	中央银行对金融机构 贷款基准利率
1978	3.24	5.04	
1980	3.96-5.76	5.04	
1985	5.40-7.20	3.60-7.92	
1990.01.01	11.34	11.34	
1990.04.15	10.08	10.08	
1990.08.21	8.64	9.36	
1991.04.21	7.56	8.64	
1993.05.15	9.18	9.36	
1993.07.11	10.98	10.98	
1995.07.01	10.98	12.06	
1996.05.01	9.18	10.98	10.98
1996.08.23	7.47	10.08	10.62
1997.10.23	5.67	8.64	9.36
1998.03.25	5.22	7.92	7.92
1998.07.01	4.77	6.93	5.67
1998.12.07	3.78	6.39	5.13
1999.06.10	2.25	5.85	3.78
2002.02.21	1.98	5.31	3.24
2004.03.25	1.98	5.31	3.87
2004.10.29	2.25	5.58	3.87
2006.04.28	2.25	5.85	3.87
2006.08.19	2.52	6.12	3.87
2007.03.18	2.79	6.39	3.87
2007.05.19	3.06	6.57	3.87
2007.07.21	3.33	6.84	3.87
2007.08.22	3.60	7.02	3.87
2007.09.15	3.87	7.29	3.87
2007.12.21	4.14	7.47	3.87
2008.01.01	4.14	7.47	4.68
2008.09.16	4.14	7.20	4.68
2008.10.09	3.87	6.93	4.68
2008.10.30	3.60	6.66	4.68
2008.11.27	2.52	5.58	3.60
2008.12.23	2.25	5.31	3.33

金融机构存款利率调整时间表

单位：年利率%

项　目	2008年 10月9日	2008年 10月30日	2008年 11月27日	2008年 12月23日
活期存款	**0.72**	**0.72**	**0.36**	**0.36**
定期存款				
整存整取				
三个月	3.15	2.88	1.98	1.71
半　年	3.51	3.24	2.25	1.98
一　年	3.87	3.60	2.52	2.25
二　年	4.41	4.14	3.06	2.79
三　年	5.13	4.77	3.60	3.33
五　年	5.58	5.13	3.87	3.60
零存整取、整存零取、存本取息				
一　年	3.15	2.88	1.98	1.71
三　年	3.51	3.24	2.25	1.98
五　年	3.87	3.6	2.52	2.25
定活两便				
协定存款	**1.53**	**1.53**	**1.17**	**1.17**
通知存款				
一　天	1.17	1.17	0.81	0.81
七　天	1.71	1.71	1.35	1.35

金融机构贷款利率调整时间表

单位：年利率%

项　目	2008年 9月16日	2008年 10月9日	2008年 10月30日	2008年 11月27日	2008年 12月23日
短期贷款					
六个月以内(含六个月)	6.21	6.12	6.03	5.04	4.86
六个月至一年(含一年)	7.20	6.93	6.66	5.58	5.31
中长期贷款					
一至三年(含三年)	7.29	7.02	6.75	5.67	5.40
三至五年(含五年)	7.56	7.29	7.02	5.94	5.76
五年以上	7.74	7.47	7.20	6.12	5.94
贴现					
个人住房贷款					
个人住房公积金贷款					
五年以下(含五年)	4.59	4.32	4.05	3.51	3.33
五年以上	5.13	4.86	4.59	4.05	3.87

黄金和国家外汇储备

年　份	黄金储备（万盎司）	国家外汇储备（亿美元）	年　份	黄金储备（万盎司）	国家外汇储备（亿美元）
1978	1280	1.67	1994	1267	516.20
1979	1280	8.40	1995	1267	735.97
1980	1280	-12.96	1996	1267	1050.29
1981	1267	27.08	1997	1267	1398.90
1982	1267	69.86	1998	1267	1449.59
1983	1267	89.01	1999	1267	1546.75
1984	1267	82.20	2000	1267	1655.74
1985	1267	26.44	2001	1608	2121.65
1986	1267	20.72	2002	1929	2864.07
1987	1267	29.23	2003	1929	4032.51
1988	1267	33.72	2004	1929	6099.32
1989	1267	55.50	2005	1929	8188.72
1990	1267	110.93	2006	1929	10663.40
1991	1267	217.12	2007	1929	15282.49
1992	1267	194.43	2008	1929	19460.30
1993	1267	211.99	2009	3389	23991.52

注：本表资料由国家外汇管理局提供。

证券市场基本情况

项　　目	单位	2005年	2006年	2007年	2008年	2009年
境内上市公司数（A、B股）	家	1381	1434	1550	1625	1718
境内上市外资股（B股）	家	109	109	109	109	108
境外上市公司数（H股）	家	122	143	148	153	159
股票发行量	亿股	567.1	1287.8	637.7	180.3	388.8
股票筹资额	亿元	1882.5	5594.3	8680.2	3852.2	6124.7
股票总发行股本	亿股	7630	14926	22417	24523	26163
#流通股本	亿股	2915	5638	10332	12579	19760
股票市价总值	亿元	32430	89404	327141	121366	243939
#股票流通市值	亿元	10631	25004	93064	45214	151259
股票成交量	百万股	662373	1614523	3640376	2413138	5110699
股票成交金额	亿元	31665	90469	460556	267113	535987
上证综合指数(收盘)		1161	2675	5262	1821	3277
深证综合指数(收盘)		279	551	1447	553	1201
投资者帐户数	万户	7336	7854	13886	15198	17150
平均市盈率						
上海		16	33	59	15	29
深圳		16	33	70	17	46
平均换手率						
上海	%	274	541	927	393	499
深圳	%	316	609	987	469	793
国债发行额	亿元	7042	8883	23139	8558	17927
企业债发行额	亿元	2047	3938	5059	8435	15864
债券成交量	万手	283714	182454	205795	288912	475060
债券成交额	亿元	28368	18279	20667	28885	40059
国债现货成交金额	亿元	2781	1541	1267	2123	2086
国债回购成交金额	亿元	23621	15487	18345	24269	35476
证券投资基金只数	只	218	307	346	439	557
证券投资基金规模	亿份	4714	6221	22340	25742	24536
证券投资基金成交金额	亿元	773	2003	8620	5831	10250
期货总成交量	万手	32287	44951	72846	136396	215752
期货总成交额	亿元	134463	210063	409741	719173	1305143

注：本表资料由中国证券监督管理委员会提供。

保险业基本情况

年份	机构数（个）	职工人数（人）	保费（亿元）	财产保险公司	人寿保险公司	赔款及给付（亿元）	财产保险公司	人寿保险公司
1994			376					
1995			453					
1996			538					
1997			773	382	390	247	215	32
1998		172892	1256	506	750	532	290	242
1999		171865	1406	527	879	508	280	228
2000	33	166602	1598	608	990	526	308	218
2001	35	185502	2109	685	1424	597	333	264
2002	44	194383	3054	780	2274	707	403	304
2003	62	199705	3880	869	3011	841	476	365
2004	68	262429	4318	1125	3194	1004	579	426
2005	93	366559	4932	1283	3649	1137	691	446
2006	107	434001	5643	1579	4061	1438	825	614
2007	120	500441	7036	2086	4950	2265	1064	1201
2008	130	599344	9784	2446	7338	2971	1475	1496
2009	138	630734	11137	2993	8144	3125	1638	1487

保险公司业务经济技术指标

单位：亿元

项目	保费		赔款及给付	
	2008年	2009年	2008年	2009年
合计	**9784.2**	**11137.3**	**2971.2**	**3125.5**
财产保险公司	**2446.3**	**2992.9**	**1475.5**	**1638.2**
企业财产保险	209.6	221.4	176.2	127.6
家庭财产保险	12.7	15.1	7.4	5.8
机动车辆保险	1702.5	2155.6	1046.5	1200.7
工程保险	39.2	51.6	13.8	17.2
责任保险	81.8	92.2	33.1	38.9
信用保险	36.7	70.2	17.0	31.1
保证保险	6.4	8.0	5.1	4.6
船舶保险	38.7	41.8	13.4	19.2
货物运输保险	70.9	61.3	27.8	26.2
特殊风险保险	27.0	23.7	13.1	9.0
农业保险	110.7	133.9	64.1	95.2
健康险	36.8	43.1	28.7	34.2
意外伤害保险	72.7	73.9	28.5	28.2
其他险	0.5	0.9	0.7	0.2
人寿保险公司	**7338.0**	**8144.4**	**1495.7**	**1487.3**
寿险	6658.4	7457.4	1315.0	1268.7
健康险	548.7	530.8	146.6	182.9
人身意外伤害险	130.9	156.1	34.1	35.7

国际收支概况

单位：百万美元

年份	经常项目差额	货物和服务	收益	经常转移	资本和金融项目差额	资本项目	金融项目	储备资产	净误差与遗漏
1982	5674	4812	376	486	-1736		-1736	-4217	279
1983	4240	2571	1158	511	-1372		-1732	-2695	-173
1984	2030	54	1534	442	-3752		-3752	531	1191
1985	-11417	-12501	841	243	8485		8485	5422	-2490
1986	-7035	-7390	-23	378	6540		6540	1727	-1232
1987	300	291	-215	224	2731		2731	-1660	-1371
1988	-3803	-4061	-161	419	5269		5269	-455	-1011
1989	-4318	-4928	229	381	6428		6428	-2202	92
1990	11997	10668	1055	274	-2774		-2774	-6089	-3134
1991	13271	11601	840	830	4580		4580	-11091	-6760
1992	6401	4998	248	1155	-251		-251	2102	-8252
1993	-11904	-11792	-1284	1172	23474		23474	-1767	-9803
1994	7658	7357	-1036	1337	32644		32644	-30527	-9775
1995	1618	11958	-11774	1434	38675		38675	-22463	-17830
1996	7242	17550	-12437	2129	39967		39967	-31662	-15547
1997	36963	42823	-11004	5143	21015	-21	21036	-35724	-22254
1998	31471	43837	-16644	4278	-6321	-47	-6275	-6426	-18724
1999	21114	30641	-14470	4943	5180	-26	5205	-8505	-17788
2000	20519	28873	-14666	6311	1922	-35	1958	-10548	-11893
2001	17405	28086	-19173	8492	34775	-54	34829	-47325	-4856
2002	35422	37383	-14945	12984	32291	-50	32340	-75507	7794
2003	45875	36079	-7838	17634	52726	-48	52774	-117023	18422
2004	68659	49284	-3523	22898	110660	-69	110729	-206364	27045
2005	160818	124798	10635	25385	62964	4102	58862	-207016	-16766
2006	253268	208912	15156	29199	6662	4020	2642	-246981	-12949
2007	371833	307477	25688	38668	73509	3099	70410	-461744	16402
2008	426107	348870	31438	45799	18965	3051	15913	-418978	-26094
2009	297142	220112	43282	33748	144828	3958	140871	-398422	-43548

注：国际收支数据来源于国家外汇管理局(下表同)。

国际收支平衡表

单位：百万美元

项　　目	2008年			2009年		
	差　额	贷　方	借　方	差　额	贷　方	借　方
一、经常项目	**426107**	**1725893**	**1299786**	**297142**	**1484573**	**1187431**
A.货物和服务	348870	1581713	1232843	220112	1333346	1113234
a.货物	360682	1434601	1073919	249509	1203797	954287
b.服务	-11812	147112	158924	-29398	129549	158947
1.运输	-11911	38418	50329	-23005	23569	46574
2.旅游	4686	40843	36157	-4027	39675	43702
3.通讯服务	60	1570	1510	-11	1198	1210
4.建筑服务	5965	10329	4363	3595	9463	5868
5.保险服务	-11360	1383	12743	-9713	1596	11309
6.金融服务	-251	315	566	-289	437	726
7.计算机和信息服务	3087	6252	3165	3279	6512	3233
8.专有权利使用费和特许费	-9749	571	10319	-10636	429	11065
9.咨询	4605	18141	13536	5206	18623	13417
10.广告、宣传	262	2202	1941	358	2313	1955
11.电影、音像	163	418	255	-181	97	278
12.其它商业服务	2885	26006	23121	5916	24688	18772
13.别处未提及的政府服务	-254	666	920	110	950	840
B.收益	31438	91615	60177	43282	108582	65299
1.职工报酬	6400	9137	2736	7158	9209	2052
2.投资收益	25038	82478	57441	36124	99372	63248
C.经常转移	45799	52565	6766	33748	42645	8897
1.各级政府	-182	49	231	-247	43	291
2.其它部门	45981	52516	6535	33996	42602	8606
二、资本和金融项目	**18965**	**769876**	**750911**	**144828**	**746439**	**601611**
A.资本项目	3051	3320	268	3958	4204	247
B.金融项目	15913	766556	750643	140871	742235	601364
1. 直接投资	94320	163054	68734	34294	114198	79904
2. 证券投资	42660	67708	25048	38691	98112	59420
3. 其它投资	-121067	535794	656861	67885	529925	462040
三、储备资产	**-418978**		**418978**	**-398422**		**398422**
1.货币黄金				-4876		**4876**
2.特别提款权	-7.11		7.11	-11092.00		11092.00
3.在基金组织的储备头寸	-1190.32		1190.32	-402.00		402.00
4.外汇	-417781		417781	-382051		382051
5.其它债权						
四、净误差与遗漏	**-26094**		**26094**	**-43548**		**43548**

国家外债余额和外债风险指标

年份	外债余额（亿美元）	按偿还期限分		外债风险指标（%）		
		长期债务	短期债务	偿债率	负债率	债务率
1985	158.3	94.1	64.2	2.7	5.2	56.0
1986	214.8	167.1	47.7	15.4	7.3	72.1
1987	302.0	244.8	57.2	9.0	9.4	77.1
1988	400.0	326.9	73.1	6.5	10.0	87.1
1989	413.0	370.3	42.7	8.3	9.2	86.4
1990	525.5	457.8	67.7	8.7	13.5	91.6
1991	605.6	502.6	103.0	8.5	14.9	91.9
1992	693.2	584.7	108.5	7.1	14.4	87.9
1993	835.7	700.2	135.5	10.2	13.9	96.5
1994	928.1	823.9	104.2	9.1	17.1	78.0
1995	1065.9	946.7	119.2	7.6	15.2	72.4
1996	1162.8	1021.7	141.1	6.0	14.2	67.7
1997	1309.6	1128.2	181.4	7.3	14.5	63.2
1998	1460.4	1287.0	173.4	10.9	15.2	70.4
1999	1518.3	1366.5	151.8	11.3	15.3	69.5
2000	1457.3	1326.5	130.8	9.2	13.5	52.1
2001	1701.1	1195.3	505.8	7.5	14.7	56.8
2002	1713.6	1155.6	558.0	7.9	13.6	46.1
2003	1936.3	1165.9	770.4	6.9	13.7	39.9
2004	2286.0	1242.9	1043.1	3.2	13.9	34.9
2005	2810.5	1249.0	1561.4	3.1	12.6	33.6
2006	3229.9	1393.6	1836.3	2.1	12.3	30.4
2007	3736.2	1535.3	2200.8	2.0	11.5	27.8
2008	3746.6	1638.8	2107.9	1.8	8.7	23.7
2009	4286.5	1693.9	2592.6	2.9	8.7	32.2

注：1.本表数据由国家外汇管理局提供。2001年及以后外债余额增加3个月以内贸易项下的对外融资余额。

2.偿债率指偿还外债本息与当年贸易和非贸易外汇收入(国际收支口径)之比；负债率指外债余额与当年国内生产总值之比；债务率指外债余额与当年贸易和非贸易外汇收入(国际收支口径)之比。

各种价格指数

(上年=100)

年份	居民消费价格指数	商品零售价格指数	农业生产资料价格指数	农产品生产价格指数	工业品出厂价格指数	原材料、燃料、动力购进价格指数	固定资产投资价格指数
1978	100.7	100.7	99.9	103.9	100.1		
1979	101.9	102.0	100.4	122.1	101.5		
1980	107.5	106.0	101.0	107.1	100.5		
1981	102.5	102.4	101.7	105.9	100.2		
1982	102.0	101.9	101.9	102.2	99.8		
1983	102.0	101.5	103.0	104.4	99.9		
1984	102.7	102.8	108.9	104.0	101.4		
1985	109.3	108.8	104.8	108.6	108.7		
1986	106.5	106.0	101.1	106.4	103.8		
1987	107.3	107.3	107.0	112.0	107.9		
1988	118.8	118.5	116.2	123.0	115.0		
1989	118.0	117.8	118.9	115.0	118.6	126.4	
1990	103.1	102.1	105.5	97.4	104.1	105.6	108.0
1991	103.4	102.9	102.9	98.0	106.2	109.1	109.5
1992	106.4	105.4	103.7	103.4	106.8	111.0	115.3
1993	114.7	113.2	114.1	113.4	124.0	135.1	126.6
1994	124.1	121.7	121.6	139.9	119.5	118.2	110.4
1995	117.1	114.8	127.4	119.9	114.9	115.3	105.9
1996	108.3	106.1	108.4	104.2	102.9	103.9	104.0
1997	102.8	100.8	99.5	95.5	99.7	101.3	101.7
1998	99.2	97.4	94.5	92.0	95.9	95.8	99.8
1999	98.6	97.0	95.8	87.8	97.6	96.7	99.6
2000	100.4	98.5	99.1	96.4	102.8	105.1	101.1
2001	100.7	99.2	99.1	103.1	98.7	99.8	100.4
2002	99.2	98.7	100.5	99.7	97.8	97.7	100.2
2003	101.2	99.9	101.4	104.4	102.3	104.8	102.2
2004	103.9	102.8	110.6	113.1	106.1	111.4	105.6
2005	101.8	100.8	108.3	101.4	104.9	108.3	101.6
2006	101.5	101.0	101.5	101.2	103.0	106.0	101.5
2007	104.8	103.8	107.7	118.5	103.1	104.4	103.9
2008	105.9	105.9	120.3	114.1	106.9	110.5	108.9
2009	99.3	98.8	97.5	97.6	94.6	92.1	97.6

注：居民消费价格指数1985年及以前为职工生活费用价格指数（下表同）。

各种价格定基指数

年份	居民消费价格指数(1978年=100)	商品零售价格指数(1978年=100)	农业生产资料价格指数(1978年=100)	农产品生产价格指数(1978年=100)	工业品出厂价格指数(1985年=100)	原材料、燃料、动力购进价格指数(1990年=100)	固定资产投资价格指数(1991年=100)
1978	100.0	100.0	100.0	100.0			
1979	101.9	102.0	100.4	122.1			
1980	109.5	108.1	101.4	130.8			
1981	112.2	110.7	103.1	138.5			
1982	114.4	112.8	105.1	141.5			
1983	116.7	114.5	108.3	147.8			
1984	119.9	117.7	117.9	153.7			
1985	131.1	128.1	123.6	166.9	100.0		
1986	139.6	135.8	125.0	177.6	103.8		
1987	149.8	145.7	133.8	198.9	112.0		
1988	177.9	172.7	155.5	244.6	128.8		
1989	209.9	203.4	184.9	281.3	152.8		
1990	216.4	207.7	195.1	274.0	159.0	100.0	
1991	223.8	213.7	200.8	268.5	168.9	109.1	100.0
1992	238.1	225.2	208.2	277.6	180.4	121.1	115.3
1993	273.1	254.9	237.6	314.8	223.7	163.6	145.9
1994	339.0	310.2	288.9	440.5	267.3	193.4	161.1
1995	396.9	356.1	368.1	528.1	307.1	222.9	170.6
1996	429.9	377.8	399.0	550.3	316.0	231.6	177.4
1997	441.9	380.8	397.0	525.5	315.0	234.6	180.4
1998	438.4	370.9	375.2	483.5	302.1	224.7	180.0
1999	432.2	359.8	359.4	424.5	294.8	217.3	179.3
2000	434.0	354.4	356.2	409.2	303.1	228.4	181.3
2001	437.0	351.6	353.0	421.9	299.2	227.9	182.0
2002	433.5	347.0	354.8	420.6	292.6	222.7	182.4
2003	438.7	346.7	359.8	439.0	299.3	233.4	186.4
2004	455.8	356.4	397.9	496.5	317.6	260.0	196.8
2005	464.0	359.3	430.9	503.4	333.2	281.6	199.9
2006	471.0	362.9	437.4	509.4	343.2	298.5	202.9
2007	493.6	376.7	471.1	603.6	353.9	311.7	210.8
2008	522.7	398.9	566.7	688.5	378.2	344.4	229.6
2009	519.0	394.1	552.5	672.0	357.8	317.2	224.1

居民消费价格指数

(上年=100)

项　目	2003年	2004年	2005年	2006年	2007年	2008年	2009年
居民消费价格指数	**101.2**	**103.9**	**101.8**	**101.5**	**104.8**	**105.9**	**99.3**
食品	**103.4**	**109.9**	**102.9**	**102.3**	**112.3**	**114.3**	**100.7**
#粮食	102.3	126.4	101.4	102.7	106.3	107.0	105.6
油脂	112.6	118.2	94.3	98.6	126.7	125.4	81.7
肉禽及其制品	103.3	117.6	102.5	97.1	131.7	121.7	91.3
蛋	98.6	120.2	104.6	96.0	121.8	104.3	101.6
水产品	100.3	112.7	105.9	101.2	105.1	114.2	102.5
菜	117.7	95.1	109.1	108.2	107.9	111.0	113.6
糖	97.5	102.2	104.0	111.2	101.6	104.0	102.5
茶及饮料	99.2	100.0	100.1	101.0	101.5	103.7	101.8
干鲜瓜果	103.0	104.0	102.2	117.9	102.2	110.8	107.1
液体乳及乳制品	99.2	100.5	100.9	100.9	102.7	117.0	101.5
烟酒及用品	**99.8**	**101.2**	**100.4**	**100.6**	**101.7**	**102.9**	**101.5**
#烟草	99.8	100.9	100.4	100.2	100.8	100.4	100.4
酒	100.1	102.2	100.6	101.2	103.5	107.5	103.4
衣着	**97.8**	**98.5**	**98.3**	**99.4**	**99.4**	**98.5**	**98.0**
#服装	97.6	98.3	98.1	99.0	99.4	98.3	97.8
鞋袜帽	97.7	98.3	98.3	100.2	99.0	98.2	97.8
家庭设备用品及服务	**97.4**	**98.6**	**99.9**	**101.2**	**101.9**	**102.8**	**100.2**
#耐用消费品	95.8	97.1	98.8	100.8	101.6	101.2	98.1
室内装饰品	98.8	99.2	99.5	100.0	100.3	100.2	99.7
家庭服务及加工维修服务	101.1	101.9	104.4	105.8	107.2	109.0	105.2
医疗保健和个人用品	**100.9**	**99.7**	**99.9**	**101.1**	**102.1**	**102.9**	**101.2**
医疗保健	101.2	99.1	99.5	100.2	102.1	102.2	101.4
个人用品及服务费	100.2	101.2	100.8	103.2	102.1	104.4	100.8
交通和通信	**97.8**	**98.5**	**99.0**	**99.9**	**99.1**	**99.1**	**97.6**
交通	99.5	100.4	101.5	103.2	100.8	102.2	98.6
通信	96.1	96.8	96.6	96.4	97.1	95.6	96.3
娱乐教育文化	**101.3**	**101.3**	**102.2**	**99.5**	**99.0**	**99.3**	**99.3**
文娱用耐用消费品及服务	92.7	93.3	93.8	94.2	93.1	92.3	90.6
教育	104.3	103.4	105.1	100.0	99.6	100.5	101.6
文化娱乐用品	101.3	101.1	101.2	101.0	101.0	101.3	102.5
旅游	95.4	100.6	99.6	103.1	102.3	101.1	97.5
居住	**102.1**	**104.9**	**105.4**	**104.6**	**104.5**	**105.5**	**96.4**
建房及装修材料	99.5	104.3	102.6	103.9	105.1	107.1	100.2
租房	103.5	103.0	101.9	102.7	104.2	103.5	101.6
自有住房	99.1	100.9	105.6	103.7	107.0	102.8	85.3
水电燃料	105.7	107.5	108.6	105.9	103.0	106.4	97.9

各地区居民消费价格指数

(上年=100)

地　区	2003年	2004年	2005年	2006年	2007年	2008年	2009年
全　国	**101.2**	**103.9**	**101.8**	**101.5**	**104.8**	**105.9**	**99.3**
北　京	100.2	101.0	101.5	100.9	102.4	105.1	98.5
天　津	101.0	102.3	101.5	101.5	104.2	105.4	99.0
河　北	102.2	104.3	101.8	101.7	104.7	106.2	99.3
山　西	101.8	104.1	102.3	102.0	104.6	107.2	99.6
内蒙古	102.2	102.9	102.4	101.5	104.6	105.7	99.7
辽　宁	101.7	103.5	101.4	101.2	105.1	104.6	100.0
吉　林	101.2	104.1	101.5	101.4	104.8	105.1	100.1
黑龙江	100.9	103.8	101.2	101.9	105.4	105.6	100.2
上　海	100.1	102.2	101.0	101.2	103.2	105.8	99.6
江　苏	101.0	104.1	102.1	101.6	104.3	105.4	99.6
浙　江	101.9	103.9	101.3	101.1	104.2	105.0	98.5
安　徽	101.7	104.5	101.4	101.2	105.3	106.2	99.1
福　建	100.8	104.0	102.2	100.8	105.2	104.6	98.2
江　西	100.8	103.5	101.7	101.2	104.8	106.0	99.3
山　东	101.1	103.6	101.7	101.0	104.4	105.3	100.0
河　南	101.6	105.4	102.1	101.3	105.4	107.0	99.4
湖　北	102.2	104.9	102.9	101.6	104.8	106.3	99.6
湖　南	102.4	105.1	102.3	101.4	105.6	106.0	99.6
广　东	100.6	103.0	102.3	101.8	103.7	105.6	97.7
广　西	101.1	104.4	102.4	101.3	106.1	107.8	97.9
海　南	100.1	104.4	101.5	101.5	105.0	106.9	99.3
重　庆	100.6	103.7	100.8	102.4	104.7	105.6	98.4
四　川	101.7	104.9	101.7	102.3	105.9	105.1	100.8
贵　州	101.2	104.0	101.0	101.7	106.4	107.6	98.7
云　南	101.2	106.0	101.4	101.9	105.9	105.7	100.4
西　藏	100.9	102.7	101.5	102.0	103.4	105.7	101.4
陕　西	101.7	103.1	101.2	101.5	105.1	106.4	100.5
甘　肃	101.1	102.3	101.7	101.3	105.5	108.2	101.3
青　海	102.0	103.2	100.8	101.6	106.6	110.1	102.6
宁　夏	101.7	103.7	101.5	101.9	105.4	108.5	100.7
新　疆	100.4	102.7	100.7	101.3	105.5	108.1	100.7

各地区居民消费价格分类指数

(2009年)　　　　　　　　　　　　(上年=100)

地　区	居民消费价格指　数	食 品	烟　酒及用　品	衣　着	家庭设备用品及服务	医疗保健和个人用品	交　通和通　信	娱　乐教　育文　化	居　住
全　国	**99.3**	**100.7**	**101.5**	**98.0**	**100.2**	**101.2**	**97.6**	**99.3**	**96.4**
北　京	98.5	102.4	102.2	98.4	100.3	99.9	95.9	97.6	89.8
天　津	99.0	101.2	104.7	97.3	99.7	102.6	96.3	96.1	94.9
河　北	99.3	101.0	101.9	96.4	99.8	101.5	97.0	97.8	98.4
山　西	99.6	101.8	101.9	96.9	99.5	101.1	97.8	99.2	97.4
内蒙古	99.7	101.3	100.8	99.7	99.3	101.0	97.2	98.7	98.0
辽　宁	100.0	102.8	101.1	93.8	100.7	101.8	97.5	98.4	99.0
吉　林	100.1	101.0	101.1	99.2	102.1	101.2	97.6	99.3	99.0
黑龙江	100.2	101.2	101.0	96.8	99.3	102.4	99.0	99.4	101.0
上　海	99.6	102.1	100.8	99.3	101.5	99.4	97.5	98.0	96.6
江　苏	99.6	100.9	101.7	99.0	101.3	100.7	96.7	99.9	97.5
浙　江	98.5	100.7	100.5	98.2	99.8	102.4	96.0	98.4	92.7
安　徽	99.1	100.8	101.2	97.1	99.0	101.2	97.9	100.3	94.0
福　建	98.2	99.0	102.1	96.3	100.3	101.3	96.9	98.3	94.8
江　西	99.3	100.1	100.4	99.0	101.1	101.1	97.3	100.3	96.5
山　东	100.0	101.3	102.4	97.2	100.1	101.3	98.1	100.8	98.8
河　南	99.4	101.3	101.7	99.7	100.4	101.9	97.8	101.2	93.9
湖　北	99.6	100.5	101.4	99.1	100.2	101.4	98.4	98.9	97.7
湖　南	99.6	100.3	100.2	100.0	100.5	100.2	98.2	101.1	96.9
广　东	97.7	98.5	102.7	97.3	99.3	100.9	97.4	98.0	93.5
广　西	97.9	98.5	100.8	97.8	98.6	100.5	97.9	99.8	92.0
海　南	99.3	99.9	100.9	98.6	101.9	104.3	98.1	99.6	94.0
重　庆	98.4	100.0	101.6	94.7	97.2	99.4	98.2	98.5	95.9
四　川	100.8	102.0	101.8	98.1	100.8	101.1	99.3	101.2	99.7
贵　州	98.7	98.5	100.9	95.6	99.6	100.9	98.2	100.2	98.4
云　南	100.4	101.6	100.1	98.1	100.3	101.5	97.4	98.8	101.9
西　藏	101.4	103.9	101.9	101.6	99.3	101.4	97.0	99.1	100.0
陕　西	100.5	102.3	101.5	99.3	99.6	101.6	99.4	98.8	99.2
甘　肃	101.3	103.5	102.6	99.8	101.4	101.4	97.5	100.3	101.0
青　海	102.6	103.0	101.4	107.0	101.5	102.5	99.3	100.4	104.4
宁　夏	100.7	101.6	102.1	99.2	100.9	101.7	98.4	100.0	101.7
新　疆	100.7	102.1	101.5	98.6	101.9	101.9	99.0	99.9	99.9

商品零售价格指数

(上年=100)

项　目	2007年	2008年	2009年	城　市	农　村
商品零售价格指数	**103.8**	**105.9**	**98.8**	**98.7**	**99.0**
食品	**112.3**	**114.4**	**100.9**	**101.1**	**100.2**
#粮食	106.4	107.0	105.7	105.9	105.4
油脂	126.3	125.0	81.8	82.0	81.4
肉禽及其制品	131.0	121.7	91.7	91.9	91.2
蛋	121.8	104.3	101.6	101.3	102.0
水产品	105.3	114.5	102.3	102.8	101.0
菜	107.9	110.4	113.2	113.0	113.8
干鲜瓜果	102.5	111.3	106.7	106.9	106.3
液体乳及乳制品	102.9	117.4	101.4	101.3	101.8
饮料、烟酒	**101.8**	**103.4**	**101.7**	**101.8**	**101.3**
服装、鞋帽	**99.4**	**98.4**	**97.9**	**97.8**	**98.1**
纺织品	**100.2**	**100.5**	**99.6**	**99.4**	**99.8**
家用电器及音像器材	**97.4**	**96.9**	**94.2**	**93.7**	**95.7**
#家庭设备	101.4	100.7	97.3	97.2	97.6
文娱用耐用消费品	92.0	91.6	89.4	87.8	92.9
音像器材	97.5	97.2	97.0	96.8	98.2
文化办公用品	**97.0**	**96.8**	**96.2**	**95.3**	**98.6**
日用品	**101.1**	**103.7**	**102.0**	**102.0**	**101.9**
体育娱乐用品	**97.4**	**97.7**	**97.8**	**96.8**	**100.0**
#体育用品	100.1	100.8	101.0	101.0	101.0
娱乐用品	95.5	95.4	95.4	94.0	99.0
交通、通信用品	**92.7**	**93.2**	**93.7**	**93.1**	**95.5**
#交通运输机械	96.8	97.7	97.9	97.5	99.4
通讯器材	85.0	84.4	85.4	83.3	89.9
家具	**101.6**	**102.6**	**99.7**	**99.9**	**99.0**
化妆品	**100.2**	**100.7**	**100.8**	**100.7**	**101.0**
金银珠宝	**107.9**	**116.8**	**95.6**	**95.3**	**96.7**
中西药品及医疗保健用品	**102.0**	**103.1**	**101.5**	**101.5**	**101.5**
#中药材及中成药	108.0	106.9	102.4	102.8	101.7
西药	99.0	101.3	101.1	100.9	101.6
书报杂志及电子出版物	**99.7**	**101.5**	**105.0**	**105.7**	**103.5**
#教材及参考书	98.7	100.7	102.9	102.9	102.9
书报杂志	100.8	103.7	109.5	111.0	105.9
电子音像制品	99.4	98.1	98.7	98.4	99.3
燃料	**104.2**	**116.0**	**92.7**	**92.8**	**92.5**
#煤炭及制品	104.9	127.0	106.8	108.2	105.4
石油及制品	104.1	113.4	89.1	90.2	86.0
建筑材料及五金电料	**105.1**	**107.9**	**98.4**	**98.6**	**98.2**
#建筑装潢材料	105.6	109.5	97.9	98.1	97.5
五金电料	103.4	102.9	100.2	100.1	100.6

各地区农业生产资料价格分类指数

(2009年)　　　　(上年=100)

地　区	农业生产资料价格指数	农用手工工具	饲料	产品畜	半机械化农具	机械化农具	化学肥料	农药及农药械	农用机油	其他农业生产资料	农业生产服务
全　国	**97.5**	**103.1**	**102.4**	**82.7**	**101.5**	**100.9**	**93.7**	**100.1**	**94.4**	**102.5**	**107.9**
河　北	100.6	104.9	100.5	89.1	100.8	102.2	101.2	100.7	90.2	100.0	111.2
山　西	101.6	101.5	102.4	86.9	99.4	100.4	99.1	103.5	91.3	102.6	119.7
内蒙古	99.7	100.9	102.4	89.7	100.8	101.7	95.4	98.9	97.3	101.1	105.6
辽　宁	96.7	102.5	104.7	71.3	100.4	101.4	94.1	103.1	87.3	101.9	112.6
吉　林	96.4	106.7	101.5	86.9	104.9	104.0	87.7	95.6	98.5	110.2	113.4
黑龙江	94.2	100.4	102.2	83.6	102.4	100.8	92.8	100.1	85.8	90.7	106.6
江　苏	97.6	99.9	102.6	84.1	100.7	101.7	92.5	101.2	96.9	100.0	104.1
浙　江	95.9	104.5	97.8	79.1	100.4	98.8	93.2	98.4	92.0	99.8	102.1
安　徽	95.8	102.8	108.3	90.8	100.7	100.5	81.0	100.4	93.7	105.8	102.0
福　建	93.3	104.2	97.9	82.6	99.9	100.6	88.2	96.9	90.9	101.3	103.6
江　西	97.6	100.3	98.6	79.9	104.7	99.7	95.5	99.0	95.9	100.5	110.6
山　东	96.3	100.9	101.6	87.0	101.5	101.4	91.2	99.7	93.5	102.2	108.8
河　南	98.1	105.9	108.1	80.9	100.1	100.9	92.6	100.0	89.4	104.5	105.5
湖　北	95.3	101.0	96.1	79.8	101.0	99.1	89.2	101.2	96.9	111.5	107.1
湖　南	95.0	99.8	104.7	75.0	104.7	101.8	92.2	101.5	93.8	102.4	112.3
广　东	98.2	101.0	102.6	84.4	100.1	101.1	97.3	96.7	96.0	101.5	108.9
广　西	94.2	107.8	102.5	82.6	96.9	100.8	87.2	98.7	95.1	103.9	102.6
海　南	94.0	102.3	103.4	73.3	96.0	97.9	89.2	100.0	97.5	104.6	99.3
四　川	101.2	105.5	101.3	90.1	100.5	101.1	101.7	101.1	102.3	103.8	112.3
贵　州	96.2	107.9	100.6	75.9	106.1	98.8	91.5	100.8	95.4	100.6	101.5
云　南	99.3	104.3	106.3	78.9	107.0	104.6	100.2	100.4	96.4	103.5	104.9
西　藏	99.1	97.9	99.8	98.8	100.5	99.7	100.9	101.1	98.9	96.9	100.0
陕　西	95.8	105.0	103.8	81.2	100.5	97.1	92.3	102.4	95.9	105.9	103.0
甘　肃	99.0	106.6	111.0	91.7	101.7	100.5	95.3	101.7	97.4	99.7	103.4
青　海	97.8	104.6	101.1	76.1	103.9	106.4	91.9	105.6	98.0	99.6	108.8
宁　夏	96.3	104.7	102.7	79.5	99.7	103.6	87.7	101.5	95.2	99.4	115.5
新　疆	99.5	100.5	110.4	108.4	100.7	102.3	93.2	105.4	101.1	96.1	102.0

农产品生产价格指数

(上年=100)

指　标	2004年	2005年	2006年	2007年	2008年	2009年
农产品生产价格指数	**113.1**	**101.4**	**101.2**	**118.5**	**114.1**	**97.6**
农业产品	**115.9**	**101.6**	**104.5**	**109.8**	**108.4**	**102.9**
谷物	128.1	99.2	102.1	109.0	107.1	104.9
小麦	131.2	96.4	100.1	105.5	108.7	107.9
稻谷	136.3	101.6	102.0	105.4	106.6	105.2
玉米	116.9	98.0	103.0	115.0	107.3	98.5
大豆	120.2	94.2	99.2	124.2	119.7	92.3
油料	116.6	91.3	104.8	133.4	128.0	94.2
棉花	79.5	111.8	97.1	109.6	90.6	111.8
糖料	104.9	111.6	121.1	100.0	98.4	101.5
蔬菜	105.2	107.2	109.3	106.9	104.7	111.8
水果	97.4	107.4	111.4	101.3	101.4	107.0
林业产品	**104.6**	**104.8**	**112.8**	**104.4**	**108.5**	**94.9**
畜牧产品	**111.1**	**100.5**	**94.3**	**131.4**	**123.9**	**90.1**
猪(毛重)	112.8	97.6	90.6	145.9	130.8	81.6
牛(毛重)	103.9	101.7	100.6	117.5	123.6	101.0
羊(毛重)	103.7	101.7	101.8	121.0	118.8	101.1
家禽(毛重)	111.3	105.6	97.2	117.0	111.9	102.2
蛋类	112.6	106.4	96.0	115.9	112.2	102.8
奶类	103.7	99.6	102.9	106.2	125.5	91.6
渔业产品	**110.2**	**104.7**	**103.9**	**108.1**	**111.2**	**99.0**
海水鱼类	109.2	104.2	109.6	110.1	109.4	99.9
淡水鱼类	111.5	106.2	99.9	106.8	114.6	101.3

各地区农产品生产价格指数

(上年=100)

地　区	2004年	2005年	2006年	2007年	2008年	2009年
全　国	**113.1**	**101.4**	**101.2**	**118.5**	**114.1**	**97.6**
北　京	105.8	103.5	99.1	114.4	112.3	98.3
天　津	108.1	103.4	103.4	107.8	107.1	103.0
河　北	110.1	102.5	100.2	116.2	109.0	99.7
山　西	110.6	103.5	100.2	113.0	109.2	100.4
内蒙古	112.0	103.2	103.6	114.9	111.0	99.8
辽　宁	120.4	101.5	105.8	116.6	109.8	102.9
吉　林	118.1	100.3	104.6	114.0	104.5	103.8
黑龙江	117.3	101.0	100.0	119.9	117.0	98.1
上　海	110.8	105.7	101.9	110.2	109.7	102.2
江　苏	122.7	100.3	99.9	112.6	114.3	99.9
浙　江	116.8	105.9	102.7	108.6	112.9	100.3
安　徽	117.8	98.7	99.3	114.1	114.7	99.1
福　建	106.8	103.9	102.7	112.6	110.7	98.0
江　西	119.5	100.5	101.4	115.0	114.2	96.8
山　东	112.3	102.9	103.4	114.0	112.5	101.2
河　南	121.9	100.7	100.9	117.7	115.0	99.1
湖　北	121.7	100.3	99.5	117.0	117.0	96.3
湖　南	127.3	99.5	100.7	130.6	126.7	90.6
广　东	110.7	103.5	102.6	109.7	113.9	95.0
广　西	118.9	100.0	106.8	121.5	113.0	89.3
海　南	106.4	102.2	105.6	104.7	112.5	101.9
重　庆	125.5	100.0	93.6	121.8	120.2	89.0
四　川	120.4	103.2	102.7	120.8	118.4	96.9
贵　州	111.1	101.8	101.4	113.0	115.5	96.1
云　南	112.9	104.0	106.6	117.5	115.5	96.5
西　藏						
陕　西	111.7	104.9	103.2	115.4	111.2	95.8
甘　肃	113.1	103.1	102.6	111.4	114.0	100.2
青　海	108.8	103.3	104.5	119.0	114.9	94.6
宁　夏	114.2	103.3	101.2	115.0	118.7	99.4
新　疆	100.8	108.3	98.4	114.7	119.8	92.9

工业品出厂价格指数

(上年=100)

项　　目	2003年	2004年	2005年	2006年	2007年	2008年	2009年
工业品出厂价格指数	**102.3**	**106.1**	**104.9**	**103.0**	**103.1**	**106.9**	**94.6**
生产资料	**103.6**	**107.8**	**106.8**	**103.9**	**103.2**	**107.7**	**93.3**
采掘工业	113.3	118.8	125.8	114.1	103.8	123.2	84.2
原材料工业	106.7	110.2	109.8	106.6	105.6	108.9	91.9
加工工业	100.2	104.8	102.2	101.1	102.0	105.2	95.1
生活资料	**98.9**	**101.2**	**99.8**	**100.2**	**102.8**	**104.1**	**98.8**
食品类	100.9	105.2	100.9	100.5	107.0	108.3	98.6
衣着类	99.8	100.9	100.8	101.3	101.2	102.2	100.1
一般日用品类	99.5	101.9	101.9	100.8	101.5	103.6	99.2
耐用消费品类	95.6	96.2	96.8	98.0	99.0	99.5	97.7

原材料、燃料、动力购进价格分类指数

(上年=100)

项　　目	2003年	2004年	2005年	2006年	2007年	2008年	2009年
原材料、燃料、动力购进价格指数	**104.8**	**111.4**	**108.3**	**106.0**	**104.4**	**110.5**	**92.1**
燃料、动力类	107.4	109.7	115.0	111.9	104.3	120.6	89.2
黑色金属材料类	107.9	120.4	107.5	98.3	105.4	118.4	86.3
有色金属材料类	105.3	120.1	114.0	130.8	111.6	98.6	81.1
化工原料类	102.9	108.9	108.3	102.1	103.6	105.2	91.3
木材及纸浆类	100.3	102.8	103.5	102.6	102.7	105.2	95.8
建材类	99.7	105.1	103.1	101.9	103.0	109.5	101.1
农副产品类	106.7	114.2	101.7	104.3	106.1	107.5	97.0
纺织原料类	101.4	104.7	102.4	102.9	101.4	103.1	98.8

按行业分工业品出厂价格指数

（上年＝100）

行　　业	2005年	2006年	2007年	2008年	2009年
工业品出厂价格指数	**104.9**	**103.0**	**103.1**	**106.9**	**94.6**
煤炭开采和洗选业	123.2	105.0	103.8	128.7	101.9
石油和天然气开采业	129.9	122.0	102.0	122.1	66.0
黑色金属矿采选业	112.3	96.8	110.3	131.4	74.3
有色金属矿采选业	119.6	123.4	112.6	104.8	88.9
非金属矿采选业	109.4	102.5	103.1	111.0	97.8
农副食品加工业	101.1	100.1	113.3	114.4	96.0
食品制造业	101.5	101.1	102.6	108.0	101.1
饮料制造业	100.6	100.5	101.2	103.7	100.6
烟草制品业	100.9	100.5	100.4	100.5	100.5
纺织业	100.5	102.1	100.8	101.5	98.3
纺织服装、鞋、帽制造业	99.8	100.9	100.7	102.1	99.9
皮革、毛皮、羽毛(绒)及其制品业	102.5	101.2	102.4	102.3	98.5
木材加工及木、竹、藤、棕、草制品业	101.8	102.3	103.6	104.1	98.8
家具制造业	102.7	100.3	101.5	103.3	100.2
造纸及纸制品业	101.4	100.7	101.0	105.8	94.4
印刷业和记录媒介的复制	99.6	99.8	100.5	102.6	99.9
文教体育用品制造业	102.0	101.4	101.5	101.9	100.3
石油加工、炼焦及核燃料加工业	118.4	118.0	105.0	120.3	91.2
化学原料及化学制品制造业	108.5	100.4	103.8	111.2	88.1
医药制造业	101.6	98.6	102.1	103.8	100.2
化学纤维制造业	104.7	101.2	103.3	99.4	90.5
橡胶制品业	104.5	104.7	103.3	104.9	99.6
塑料制品业	105.5	101.0	102.0	102.7	96.1
非金属矿物制品业	100.6	101.5	101.3	107.9	99.9
黑色金属冶炼及压延加工业	104.7	96.0	107.9	119.7	83.9
有色金属冶炼及压延加工业	111.7	122.5	113.9	96.8	83.4
金属制品业	104.0	101.0	102.6	106.7	96.8
通用设备制造业	101.8	100.2	101.3	104.8	98.7
专用设备制造业	101.8	101.2	101.5	103.3	100.0
交通运输设备制造业	98.9	99.5	100.1	101.5	99.9
电气机械及器材制造业	103.2	107.4	103.7	101.1	95.0
通信设备、计算机及其他电子设备制造业	95.3	96.6	97.5	98.3	95.7
仪器仪表及文化、办公用机械制造业	98.7	99.2	98.9	100.3	99.1
工艺品及其他制造业	103.9	102.5	104.3	105.5	100.5
废弃资源和废旧材料回收加工业	105.3	103.4	104.4	108.9	85.0
电力、热力的生产和供应业	104.2	102.8	102.2	101.9	102.4
燃气生产和供应业	105.2	106.8	104.8	105.9	100.5
水的生产和供应业	104.0	106.4	104.8	102.9	103.2

固定资产投资价格指数

年 份	上年=100				1990年=100			
	固定资产投资	建筑安装工程	设备工器具购置	其他费用	固定资产投资	建筑安装工程	设备工器具购置	其他费用
1990	108.0	106.9	109.1	112.4	100.0	100.0	100.0	100.0
1991	109.5	109.7	106.1	116.8	109.5	109.7	106.1	116.8
1992	115.3	116.8	109.4	120.9	126.3	128.1	116.1	141.2
1993	126.6	131.3	119.7	123.4	159.8	168.2	138.9	174.3
1994	110.4	110.4	109.5	112.1	176.5	185.7	152.1	195.3
1995	105.9	104.7	106.3	112.4	186.9	194.5	161.7	219.6
1996	104.0	105.1	101.6	104.3	194.3	204.4	164.3	229.0
1997	101.7	102.9	98.1	102.9	197.6	210.3	161.2	235.6
1998	99.8	100.5	97.5	100.4	197.3	211.4	157.2	236.6
1999	99.6	100.3	97.5	99.9	196.5	212.0	153.2	236.3
2000	101.1	102.4	97.4	101.0	198.6	217.1	149.2	238.7
2001	100.4	101.4	97.0	101.0	199.4	220.1	144.8	241.1
2002	100.2	101.0	97.0	101.2	199.8	222.3	140.4	244.0
2003	102.2	104.2	97.0	101.6	204.2	231.7	136.2	247.9
2004	105.6	108.2	99.4	103.5	215.7	250.7	135.4	256.6
2005	101.6	101.8	99.4	103.2	219.1	255.2	134.6	264.8
2006	101.5	101.3	100.7	103.3	222.4	258.5	135.5	273.5
2007	103.9	105.1	100.2	104.2	231.1	271.8	135.7	284.9
2008	108.9	112.9	100.6	105.4	251.8	306.9	136.4	300.3
2009	97.6	96.3	97.6	102.4	245.8	295.5	133.1	307.5

建筑安装工程价格指数

(上年=100)

项 目	2003年	2004年	2005年	2006年	2007年	2008年	2009年
建筑安装工程价格指数	**104.2**	**108.2**	**101.8**	**101.3**	**105.1**	**112.9**	**96.3**
人工费	103.8	104.6	105.6	106.7	108.9	113.8	106.6
材料费	105.0	110.7	100.9	99.8	104.5	114.1	92.8
#钢材	109.7	117.4	100.6	96.5	106.0	120.1	85.3
木材	101.5	103.7	102.1	102.5	104.1	108.3	101.5
水泥	101.8	106.4	98.0	100.8	103.9	110.4	100.4

各地区固定资产投资价格指数

(上年=100)

地　区	2003年	2004年	2005年	2006年	2007年	2008年	2009年
全　国	**102.2**	**105.6**	**101.6**	**101.5**	**103.9**	**108.9**	**97.6**
北　京	102.2	104.3	100.7	100.4	102.8	107.8	97.1
天　津	102.6	107.3	101.2	100.7	102.6	109.2	97.6
河　北	102.3	107.0	101.9	101.7	103.8	109.6	96.5
山　西	102.9	105.2	103.0	101.5	104.1	113.3	98.1
内蒙古	102.6	105.0	103.7	103.3	103.8	108.1	98.5
辽　宁	102.5	104.8	102.8	102.1	104.3	109.1	97.0
吉　林	101.1	104.1	102.0	102.2	103.9	107.3	99.4
黑龙江	102.3	105.0	102.2	102.1	104.5	109.0	97.6
上　海	102.4	106.7	100.8	100.1	103.5	107.9	97.0
江　苏	104.3	109.4	100.9	101.2	104.9	110.0	97.7
浙　江	103.5	105.9	100.3	101.5	104.4	109.3	96.7
安　徽	103.5	106.1	101.0	101.9	105.4	109.4	96.0
福　建	101.4	103.4	100.7	102.0	105.9	105.9	98.0
江　西	105.1	107.4	100.5	103.2	105.4	110.4	96.1
山　东	102.9	107.4	102.9	101.8	104.0	107.7	96.9
河　南	103.8	110.1	101.4	101.6	104.6	109.0	96.4
湖　北	103.3	106.0	102.2	101.8	104.1	109.4	98.8
湖　南	102.8	105.5	103.6	103.1	105.8	109.9	99.7
广　东	102.2	106.4	101.6	100.7	102.4	108.6	96.7
广　西	101.8	104.6	101.4	101.2	102.3	107.9	97.9
海　南	103.2	105.6	101.2	101.0	106.1	113.3	97.7
重　庆	102.9	105.1	102.3	101.7	105.5	110.2	97.8
四　川	102.2	106.8	103.9	102.9	104.7	112.5	98.3
贵　州	102.3	104.9	101.4	101.1	103.5	108.9	100.5
云　南	102.2	108.0	104.6	101.8	104.2	107.4	98.1
西　藏							
陕　西	101.7	104.5	103.7	102.6	104.0	109.5	99.3
甘　肃	101.7	105.5	102.2	104.1	102.8	106.7	101.5
青　海	102.0	102.8	102.1	102.4	104.2	110.5	100.9
宁　夏	102.3	104.9	102.1	101.3	103.2	109.0	100.2
新　疆	103.4	104.5	102.8	102.2	104.4	111.2	98.0

房地产价格指数

（上年=100）

项　　目	2003年	2004年	2005年	2006年	2007年	2008年	2009年
土地交易价格指数	**108.3**	**110.1**	**109.1**	**105.8**	**112.3**	**109.4**	**105.4**
居住用地	112.4	111.6	110.3	106.0	113.7	111.3	106.4
经济适用房用地			105.3	108.2	105.1	109.3	102.9
商品住宅用地						102.6	106.3
普通住宅用地	113.0	111.8	108.9	105.7	113.2	111.6	105.9
高档住宅用地	105.9	107.6	120.5	107.4	117.0	107.6	109.1
工业用地	101.3	104.3	103.6	104.7	105.9	103.7	102.2
商业营业用地	104.9	110.4	107.9	106.4	113.0	111.1	106.0
其他用地	104.4	105.5	106.7	103.5	103.8	105.5	106.2
房屋租赁价格指数	**101.9**	**101.4**	**101.9**	**101.4**	**102.6**	**101.4**	**99.4**
住宅	107.5	102.2	100.5	101.4	102.6	102.2	99.2
经济适用房			101.2	100.1	100.3	100.1	100.1
廉租房			100.0	100.2	100.4	100.0	91.0
商品住宅						102.6	99.7
普通住宅			100.6	102.3	103.6	102.0	100.3
高档住宅			100.1	100.2	101.2	107.0	95.8
非住宅						100.6	99.6
办公楼	99.9	100.2	102.9	100.9	102.9	99.9	100.4
商业营业用房	99.6	102.0	101.7	101.8	102.7	100.6	99.0
其他用房			104.5	101.9	100.9	102.5	101.2
物业管理价格指数			**100.0**	**100.3**	**100.5**	**100.5**	**100.4**
住宅			100.1	100.2	100.3	100.5	100.4
非住宅						100.6	100.4

70个大中城市房地产价格指数

(2009年)　　(上年=100)

地区	土地交易价格指数	房屋租赁价格指数	物业管理价格指数	地区	土地交易价格指数	房屋租赁价格指数	物业管理价格指数
全国	**105.4**	**99.4**	**100.4**				
北京	104.0	98.9	100.0	唐山	106.6	99.8	100.2
天津	107.0	102.4	100.0	秦皇岛	105.1	105.0	100.7
石家庄	100.0	107.5	100.0	包头	100.1	101.2	100.1
太原	102.0	101.6	100.4	丹东	100.0	100.1	100.1
呼和浩特	100.9	102.4	100.0	锦州	100.4	99.9	112.1
沈阳	101.5	100.0	100.0	吉林	100.0	100.2	100.0
大连	101.7	103.0	100.5	牡丹江	109.1	100.0	100.0
长春	100.0	100.0	103.9	无锡	95.9	100.7	100.1
哈尔滨	98.4	103.7	103.5	扬州	103.4	100.6	100.0
上海	102.2	100.6	100.0	徐州	102.7	101.3	100.0
南京	102.6	100.8	99.6	温州	112.3	100.5	100.3
杭州	129.7	101.8	100.9	金华	104.8	101.3	100.0
宁波	104.4	101.1	100.1	蚌埠	100.3	100.2	100.0
合肥	100.6	101.2	100.1	安庆	104.1	101.2	100.3
福州	110.4	101.0	100.2	泉州	97.6	102.3	100.9
厦门	108.8	102.3	100.5	九江	102.5	104.0	100.5
南昌	107.2	100.6	100.6	赣州	103.1	100.3	100.6
济南	101.9	100.8	100.0	烟台	102.6	103.8	100.0
青岛	102.4	103.5	100.4	济宁	102.6	104.2	100.6
郑州	102.0	100.5	100.0	洛阳	101.3	100.6	100.1
武汉	100.0	100.0	100.1	平顶山	103.1	100.7	101.1
长沙	102.6	100.5	100.0	宜昌	101.4	114.4	101.3
广州	100.0	96.0	100.7	襄樊	122.1	100.0	100.0
深圳	100.0	100.0	100.4	岳阳	105.6	100.3	100.0
南宁	100.1	101.8	100.2	常德	102.7	100.1	100.4
海口	108.8	102.3	100.0	惠州	99.8	100.3	100.9
重庆	101.7	100.5	103.2	湛江	100.0	100.2	100.5
成都	98.1	102.1	100.1	韶关	100.1	100.1	105.6
贵阳	108.1	101.5	100.1	桂林	101.3	101.2	101.4
昆明	101.4	103.8	100.0	北海	101.1	117.8	100.1
西安	101.2	100.3	100.2	三亚	111.5	100.5	100.1
兰州	100.0	102.7	101.4	泸州	106.3	101.1	100.1
西宁	104.0	101.9	100.7	南充	100.5	107.8	100.0
银川	106.1	101.3	101.7	遵义	101.1	100.1	103.1
乌鲁木齐	112.1	105.0	101.0	大理	101.7	99.1	100.9

人民生活基本情况

指标名称	单　位	1990年	2000年	2008年	2009年
就业					
城镇居民家庭每一就业者负担人数	人	1.77	1.86	1.97	1.94
农村居民家庭每一劳动力负担人数	人	1.64	1.52	1.41	1.40
城镇登记失业率	%	2.5	3.1	4.2	4.3
收入与支出					
城镇居民人均可支配收入	元	1510	6280	15781	17175
农村居民人均纯收入	元	686	2253	4761	5153
城镇居民人均可支配收入指数	1978年=100	198	384	816	895
农村居民人均纯收入指数	1978年=100	311	483	793	861
城镇居民人均消费性支出	元	1279	4998	11243	12265
农村居民人均生活消费支出	元	585	1670	3661	3993
人均储蓄存款余额	元	623	5076	16407	19537
城镇居民家庭恩格尔系数	%	54.2	39.4	37.9	36.5
农村居民家庭恩格尔系数	%	58.8	49.1	43.7	41.0
住房					
城镇新建住宅面积	亿平方米	1.73	5.49	7.60	7.89
农村新建住宅面积	亿平方米	6.91	7.97	8.30	10.20
城市人均住宅建筑面积	平方米	13.7	20.3		
农村人均住房面积	平方米	17.8	24.8	32.4	33.6
文化					
城镇每百户彩色电视机拥有量	台	59.0	116.6	132.9	135.7
农村每百户彩色电视机拥有量	台	4.7	48.7	99.2	108.9
城镇每百户家用电脑拥有量	台		9.7	59.3	65.7
农村每百户家用电脑拥有量	台		0.5	5.4	7.5
广播综合人口覆盖率	%	74.7	92.5	96.0	96.3
电视综合人口覆盖率	%	79.4	93.7	97.0	97.2
教育卫生					
小学学龄儿童入学率	%	97.8	99.1	99.5	99.4
每十万人口高等学校在校学生数	人	326	723	2042	2128
每万人口医院、卫生院床位数	张	23.2	23.8	28.4	30.6
每万人口执业(助理)医师	人	15.6	16.8	15.8	16.5
社会保障					
参加城镇基本养老保险人数	万人	6166	13617	21891	23498
参加城镇基本医疗保险人数	万人		3787	31822	40061
参加失业保险人数	万人		10408	12400	12715
参加工伤保险人数	万人		4350	13787	14861
参加生育保险人数	万人		3002	9254	10860
社会保险基金收入	亿元	187	2645	13696	15975

注：1.本表价值量指标按当年价格计算，指数按可比价格计算。
　　2.城市人均住宅建筑面积数据来源于建设部。

城乡居民家庭人均收入和指数

年　份	城镇居民家庭人均可支配收入			农村居民家庭人均纯收入		
	绝对数（元）	指　数（1978年=100）	指　数（上年=100）	绝对数（元）	指　数（1978年=100）	指　数（上年=100）
1978	343.4	100.0		133.6	100.0	
1979	405.0	115.7	115.7	160.2	119.2	119.2
1980	477.6	127.0	109.7	191.3	139.0	116.6
1981	500.4	129.9	102.2	223.4	160.4	115.4
1982	535.3	136.3	104.9	270.1	192.3	119.9
1983	564.6	141.5	103.9	309.8	219.6	114.2
1984	652.1	158.7	112.2	355.3	249.5	113.6
1985	739.1	160.4	101.1	397.6	268.9	107.8
1986	900.9	182.7	113.9	423.8	277.6	103.2
1987	1002.1	186.8	102.2	462.6	292.0	105.2
1988	1180.2	182.3	97.6	544.9	310.7	106.4
1989	1373.9	182.5	100.1	601.5	305.7	98.4
1990	1510.2	198.1	108.5	686.3	311.2	101.8
1991	1700.6	212.4	107.1	708.6	317.4	102.0
1992	2026.6	232.9	109.7	784.0	336.2	105.9
1993	2577.4	255.1	109.5	921.6	346.9	103.2
1994	3496.2	276.8	108.5	1221.0	364.3	105.0
1995	4283.0	290.3	104.9	1577.7	383.6	105.3
1996	4838.9	301.6	103.8	1926.1	418.1	109.0
1997	5160.3	311.9	103.4	2090.1	437.3	104.6
1998	5425.1	329.9	105.8	2162.0	456.1	104.3
1999	5854.0	360.6	109.3	2210.3	473.5	103.8
2000	6280.0	383.7	106.4	2253.4	483.4	102.1
2001	6859.6	416.3	108.5	2366.4	503.7	104.2
2002	7702.8	472.1	113.4	2475.6	527.9	104.8
2003	8472.2	514.6	109.0	2622.2	550.6	104.3
2004	9421.6	554.2	107.7	2936.4	588.0	106.8
2005	10493.0	607.4	109.6	3254.9	624.5	106.2
2006	11759.5	670.7	110.4	3587.0	670.7	107.4
2007	13785.8	752.5	112.2	4140.4	734.4	109.5
2008	15780.8	815.7	108.4	4760.6	793.2	108.0
2009	17174.7	895.4	109.8	5153.2	860.6	108.5
平均每年增长(%)						
1979-2009年		7.3			7.2	
1991-2009年		8.3			5.5	
2001-2009年		9.9			6.6	

注：本表绝对数按当年价格计算，指数和平均增长速度按可比价格计算。

城乡居民家庭人均消费支出和住房情况

年份	城镇居民家庭		农村居民家庭		城市人均住宅建筑面积（平方米）	农村人均住房面积（平方米）
	人均消费性支出（元）	恩格尔系数（%）	人均生活消费支出（元）	恩格尔系数（%）		
1978	311.16	57.5	116.06	67.7	6.7	8.1
1979			134.51	64.0	6.9	8.4
1980	412.44	56.9	162.21	61.8	7.2	9.4
1981	456.84	56.7	190.81	59.9	7.7	10.2
1982	471.00	58.6	220.23	60.7	8.2	10.7
1983	505.92	59.2	248.29	59.4	8.7	11.6
1984	559.44	58.0	273.80	59.2	9.1	13.6
1985	673.20	53.3	317.42	57.8	10.0	14.7
1986	798.96	52.4	356.95	56.4	12.4	15.3
1987	884.40	53.5	398.29	55.8	12.7	16.0
1988	1103.98	51.4	476.66	54.0	13.0	16.6
1989	1210.95	54.5	535.37	54.8	13.5	17.2
1990	1278.89	54.2	584.63	58.8	13.7	17.8
1991	1453.81	53.8	619.79	57.6	14.2	18.5
1992	1671.73	53.0	659.21	57.6	14.8	18.9
1993	2110.81	50.3	769.65	58.1	15.2	20.7
1994	2851.34	50.0	1016.81	58.9	15.7	20.2
1995	3537.57	50.1	1310.36	58.6	16.3	21.0
1996	3919.47	48.8	1572.08	56.3	17.0	21.7
1997	4185.64	46.6	1617.15	55.1	17.8	22.5
1998	4331.61	44.7	1590.33	53.4	18.7	23.3
1999	4615.91	42.1	1577.42	52.6	19.4	24.2
2000	4998.00	39.4	1670.13	49.1	20.3	24.8
2001	5309.01	38.2	1741.09	47.7	20.8	25.7
2002	6029.88	37.7	1834.31	46.2	22.8	26.5
2003	6510.94	37.1	1943.30	45.6	23.7	27.2
2004	7182.10	37.7	2184.65	47.2	25.0	27.9
2005	7942.90	36.7	2555.40	45.5	26.1	29.7
2006	8696.55	35.8	2829.02	43.0	27.1	30.7
2007	9997.47	36.3	3223.85	43.1		31.6
2008	11242.85	37.9	3660.68	43.7		32.4
2009	12264.55	36.5	3993.45	41.0		33.6

注：城市人均住宅建筑面积为建设部统计数字。

城乡居民人民币储蓄存款年底余额和年增加额

单位：亿元

年　份	年底余额			年增加额		
	总　计	定　期	活　期	总　计	定　期	活　期
1978	210.6	128.9	81.7	29.0	17.2	11.8
1980	395.8	304.9	90.9	114.8	138.5	-23.7
1985	1622.6	1225.2	397.4	407.9	324.3	83.6
1990	7119.6	5909.4	1210.2	1935.1	1700.9	234.2
1991	9244.9	7634.9	1610.0	2125.3	1725.5	399.8
1992	11757.3	9445.0	2312.3	2512.4	1810.1	702.3
1993	15203.5	12108.3	3095.2	3446.2	2663.3	782.9
1994	21518.8	16838.7	4680.1	6315.3	4730.4	1584.9
1995	29662.3	23778.3	5884.1	8143.5	6939.6	1203.9
1996	38520.8	30873.2	7647.6	8858.6	7095.0	1763.6
1997	46279.8	36226.7	10053.1	7759.0	5353.5	2405.4
1998	53407.5	41791.6	11615.9	7127.7	5564.8	1562.8
1999	59621.8	44955.1	14666.7	6214.4	3163.5	3050.8
2000	64332.4	46141.7	18190.7	4710.6	1186.6	3524.0
2001	73762.4	51434.9	22327.6	9430.1	5293.2	4136.9
2002	86910.7	58788.9	28121.7	13148.2	7354.1	5794.1
2003	103617.7	68498.7	35119.0	16707.0	9709.7	6997.3
2004	119555.4	78138.9	41416.5	15937.7	9640.2	6297.6
2005	141051.0	92263.5	48787.5	21495.6	14124.7	7370.9
2006	161587.3	103011.4	58575.9	20544.0	10777.3	9766.7
2007	172534.2	104934.5	67599.7	10946.9	1923.1	9023.8
2008	217885.4	139300.2	78585.2	45351.2	34365.7	10985.5
2009	260771.7	160230.4	100541.3	42886.4	20930.2	21956.1

农村居民贫困状况

年　份	贫困标准(元/人)	贫困人口(万人)	贫困发生率(%)	年　份	贫困标准(元/人)	贫困人口(万人)	贫困发生率(%)
1978	100	25000	30.7	1998	635	4210	4.6
1984	200	12800	15.1	1999	625	3412	3.7
1985	206	12500	14.8	2000	625	3209	3.5
1986	213	13100	15.5	2001	630	2927	3.2
1987	227	12200	14.3	2002	627	2820	3.0
1988	236	9600	11.1	2003	637	2900	3.1
1989	259	10200	11.6	2004	668	2610	2.8
1990	300	8500	9.4	2005	683	2365	2.5
1991	304	9400	10.4	2006	693	2148	2.3
1992	317	8000	8.8	2007	785	1479	1.6
1994	440	7000	7.7	2008	1196	4007	4.2
1995	530	6540	7.1	2009	1196	3597	3.8
1997	640	4962	5.4				

注：1.贫困发生率也称贫困人口比重，指低于贫困线的人口数占总人口数的比重。

2.从2008年始,农村贫困人口数据根据新修订的农村贫困标准统计，新贫困标准将原低收入人口纳入贫困人口统计，因此2008年及以后数据与历史数据不可比。

城镇居民家庭基本情况

项　目	单位	1990年	1995年	2000年	2005年	2008年	2009年
调查户数	**户**	**35660**	**35520**	**42220**	**54496**	**64675**	**65506**
平均每户家庭人口数	人	3.50	3.23	3.13	2.96	2.91	2.89
平均每户就业人口数	人	1.98	1.87	1.68	1.51	1.48	1.49
平均每户就业面	%	56.57	57.89	53.67	51.01	50.86	51.56
平均每一就业者负担人数（含本人）	人	1.77	1.73	1.86	1.96	1.97	1.94
平均每人全部年收入	**元**	**1516.2**	**4279.0**	**6295.9**	**11320.8**	**17067.8**	**18858.1**
工薪收入	元	1149.7	3390.2	4480.5	7797.5	11299.0	12382.1
经营净收入	元	22.5	72.6	246.2	679.6	1453.6	1528.7
财产性收入	元	15.6	90.4	128.4	192.9	387.0	431.8
转移性收入	元	328.4	725.8	1440.8	2650.7	3928.2	4515.5
#可支配收入	元	1510.2	4283.0	6280.0	10493.0	15780.8	17174.7
平均每人每年总支出	**元**	**1413.9**	**4102.9**	**6147.4**	**10579.5**	**14747.9**	**17248.3**
消费性支出	元	1278.9	3537.6	4998.0	7942.9	11242.9	12264.6
非消费性支出	元	37.2	561.1	1146.1	2636.6	3505.1	4983.8
恩格尔系数	**%**	**54.2**	**50.1**	**39.4**	**36.7**	**37.9**	**36.5**

注：本表为城镇居民家庭抽样调查资料。2002年起城镇住户调查对象由原来的非农业人口改为城市市区和县城关镇区常住人口。

城镇居民家庭平均每人全年消费支出和购买的主要商品数量

项　　目	单位	2003年	2004年	2005年	2006年	2007年	2008年	2009年
消费性支出	**元**	**6510.9**	**7182.1**	**7942.9**	**8696.6**	**9997.5**	**11242.9**	**12264.6**
食品	元	2416.9	2709.6	2914.4	3111.9	3628.0	4259.8	4478.5
#粮油类	元	321.1	382.3	389.4	395.7	465.2	576.0	552.5
肉禽蛋水产品类	元	704.5	773.1	825.2	816.1	1030.9	1268.8	1261.7
蔬菜类	元	236.4	256.5	275.5	298.5	348.6	409.3	446.6
糖烟酒饮料类	元	268.8	285.6	309.7	346.5	398.0	433.4	488.8
干鲜瓜果类	元	174.9	189.6	206.3	240.2	272.2	293.5	332.7
糕点、奶及奶制品	元	178.2	189.8	200.0	214.4	234.7	273.3	287.5
饮食服务	元	439.5	534.3	608.5	692.6	762.9	879.4	977.7
衣着	元	637.7	686.8	800.5	901.8	1042.0	1165.9	1284.2
居住	元	699.4	733.5	808.7	904.2	982.3	1145.4	1228.9
#住房	元	256.5	247.9	249.3	285.1	302.2	345.1	397.0
水电燃料及其他	元	412.7	451.5	516.3	569.4	620.8	724.3	746.6
家庭设备用品及服务	元	410.3	407.4	446.5	498.5	601.8	691.8	786.9
医疗保健	元	476.0	528.2	600.9	620.5	699.1	786.2	856.4
交通和通讯	元	721.1	843.6	996.7	1147.1	1357.4	1417.1	1682.6
交通	元	297.1	389.1	499.6	606.9	759.1	804.4	1040.9
通信	元	424.0	454.6	497.1	540.2	598.3	612.7	641.7
娱乐教育文化服务	元	934.4	1032.8	1097.5	1203.0	1329.2	1358.3	1472.8
文化娱乐用品	元	264.5	256.7	280.2	310.3	343.2	354.8	381.3
文化娱乐服务	元	155.9	217.2	245.9	280.8	347.6	381.3	445.6
教育	元	514.0	559.0	571.3	612.0	638.4	622.2	645.9
杂项商品和服务	元	215.1	240.2	277.8	309.5	357.7	418.3	474.2
购买的主要商品数量								
粮食	千克	79.5	78.2	77.0	75.9	77.6		81.3
鲜菜	千克	118.3	122.3	118.6	117.6	117.8	123.2	120.5
食用植物油	千克	9.2	9.3	9.3	9.4	9.6	10.3	9.7
猪肉	千克	20.4	19.2	20.2	20.0	18.2	19.3	20.5
牛羊肉	千克	3.3	3.7	3.7	3.8	3.9	3.4	3.7
家禽	千克	9.2	6.4	9.0	8.3	9.7		10.5
鲜蛋	千克	11.2	10.4	10.4	10.4	10.3	10.7	10.6
水产品	千克	13.4	12.5	12.6	13.0	14.2		
酒	千克	9.4	8.9	8.9	9.1	9.1		
煤炭	千克	104.7	92.0	84.0	70.9	51.0	55.7	43.3

注：本表消费性支出中，各项分类指标均按2002年口径进行了调整。

城镇居民家庭平均每百户耐用消费品年底拥有量

项　　目	单位	2003年	2004年	2005年	2006年	2007年	2008年	2009年
摩托车	辆	24.0	24.8	25.0	25.3	24.8	21.4	22.4
洗衣机	台	94.4	95.9	95.5	96.8	96.8	94.7	96.0
电冰箱	台	88.7	90.2	90.7	91.8	95.0	93.6	95.4
彩色电视机	台	130.5	133.4	134.8	137.4	137.8	132.9	135.7
组合音响	台	26.9	28.3	28.8	29.1	30.2	27.4	28.2
照相机	台	45.4	47.0	46.9	48.0	45.1	39.1	41.7
空调器	台	61.8	69.8	80.7	87.8	95.1	100.3	106.8
淋浴热水器	台	66.6	69.4	72.7	75.1	79.5	80.7	83.4
家用电脑	台	27.8	33.1	41.5	47.2	53.8	59.3	65.7
摄像机	台	2.5	3.2	4.3	5.1	6.2	7.1	7.8
微波炉	台	37.0	41.7	47.6	50.6	53.4	54.6	57.2
健身器材	件	4.1	4.2	4.7	5.0	4.4	4.0	4.1
家用汽车	辆	1.4	2.2	3.4	4.3	6.1	8.8	10.9
移动电话	部	90.1	111.4	137.0	152.9	165.2	172.0	181.0
固定电话	部	95.4	96.4	94.4	93.3	90.5	82.0	81.9

按五等份分组的城镇居民家庭收入与支出

单位：元

项　　目	2003年	2004年	2005年	2006年	2007年	2008年	2009年
平均每人可支配收入	**8472.2**	**9421.6**	**10493.0**	**11759.5**	**13785.8**	**15780.8**	**17174.7**
低收入户	3295.4	3642.2	4017.3	4567.1	5364.3	6074.9	6725.2
中低收入户	5377.3	6024.1	6710.6	7554.2	8900.5	10195.6	11243.6
中等收入户	7278.8	8166.5	9190.1	10269.7	12042.2	13984.2	15399.9
中高收入户	9763.4	11050.9	12603.4	14049.2	16385.8	19254.1	21018.0
高收入户	17471.8	20101.6	22902.3	25410.8	29478.9	34667.8	37433.9
平均每人消费性支出	**6510.9**	**7182.1**	**7942.9**	**8696.6**	**9997.5**	**11242.9**	**12264.6**
低收入户	3066.8	3396.3	3708.3	4102.7	4840.1	5374.6	5833.0
中低收入户	4557.8	5096.2	5574.3	6108.3	7123.7	7993.7	8738.8
中等收入户	5848.0	6498.4	7308.1	7905.4	9097.4	10344.7	11309.7
中高收入户	7547.3	8345.7	9410.8	10218.3	11570.4	13316.6	14964.4
高收入户	12066.9	13753.1	15575.9	17050.1	19300.9	22296.8	24043.1

各地区城镇居民家庭人均可支配收入

单位：元

地　区	2003年	2004年	2005年	2006年	2007年	2008年	2009年
全国总计	**8472.2**	**9421.6**	**10493.0**	**11759.5**	**13785.8**	**15780.8**	**17174.7**
北　京	13882.6	15637.8	17653.0	19977.5	21988.7	24724.9	26738.5
天　津	10312.9	11467.2	12638.6	14283.1	16357.4	19422.5	21402.0
河　北	7239.1	7951.3	9107.1	10304.6	11690.5	13441.1	14718.3
山　西	7005.0	7902.9	8913.9	10027.7	11565.0	13119.1	13996.6
内蒙古	7012.9	8123.0	9136.8	10358.0	12377.8	14432.6	15849.2
辽　宁	7240.6	8007.6	9107.6	10369.6	12300.4	14392.7	15761.4
吉　林	7005.2	7840.6	8690.6	9775.1	11285.5	12829.5	14006.3
黑龙江	6678.9	7470.7	8272.5	9182.3	10245.3	11581.3	12566.0
上　海	14867.5	16682.8	18645.0	20667.9	23622.7	26674.9	28837.8
江　苏	9262.5	10481.9	12318.6	14084.3	16378.0	18679.5	20551.7
浙　江	13179.5	14546.4	16293.8	18265.1	20573.8	22726.7	24610.8
安　徽	6778.0	7511.4	8470.7	9771.1	11473.6	12990.4	14085.7
福　建	9999.5	11175.4	12321.3	13753.3	15506.1	17961.5	19576.8
江　西	6901.4	7559.6	8619.7	9551.1	11451.7	12866.4	14021.5
山　东	8399.9	9437.8	10744.8	12192.2	14264.7	16305.4	17811.0
河　南	6926.1	7704.9	8668.0	9810.3	11477.1	13231.1	14371.6
湖　北	7322.0	8022.8	8785.9	9802.7	11485.8	13152.9	14367.5
湖　南	7674.2	8617.5	9524.0	10504.7	12293.5	13821.2	15084.3
广　东	12380.4	13627.7	14770.0	16015.6	17699.3	19732.9	21574.7
广　西	7785.0	8690.0	9286.7	9898.8	12200.4	14146.0	15451.5
海　南	7259.3	7735.8	8123.9	9395.1	10996.9	12607.8	13750.9
重　庆	8093.7	9221.0	10243.5	11569.7	12590.8	14367.6	15748.7
四　川	7041.9	7709.9	8386.0	9350.1	11098.3	12633.4	13839.4
贵　州	6569.2	7322.1	8151.1	9116.6	10678.4	11758.8	12862.5
云　南	7643.6	8870.9	9265.9	10069.9	11496.1	13250.2	14423.9
西　藏	8765.5	9106.1	9431.2	8941.1	11130.9	12481.5	13544.4
陕　西	6806.4	7492.5	8272.0	9267.7	10763.3	12857.9	14128.8
甘　肃	6657.2	7376.7	8086.8	8920.6	10012.3	10969.4	11929.8
青　海	6745.3	7319.7	8057.9	9000.4	10276.1	11640.4	12691.9
宁　夏	6530.5	7217.9	8093.6	9177.3	10859.3	12931.5	14024.7
新　疆	7173.5	7503.4	7990.2	8871.3	10313.4	11432.1	12257.5

注：本表绝对数按当年价格计算。

各地区城镇居民家庭人均可支配收入指数

（上年=100）

地区	2003年	2004年	2005年	2006年	2007年	2008年	2009年
全国总计	**109.0**	**107.7**	**109.6**	**110.4**	**112.2**	**108.4**	**109.8**
北　京	111.1	111.6	111.3	112.2	107.5	107.0	109.8
天　津	109.3	108.7	108.5	111.3	109.9	112.7	111.3
河　北	105.9	105.9	112.9	111.3	108.7	109.3	110.8
山　西	110.6	108.9	111.0	110.5	110.7	106.0	107.7
内蒙古	114.2	113.0	110.2	112.0	114.6	110.7	110.2
辽　宁	109.7	107.6	112.9	112.6	113.4	112.1	109.5
吉　林	110.7	108.0	109.3	111.2	110.6	108.2	109.3
黑龙江	108.6	108.0	109.8	109.1	105.9	107.7	108.7
上　海	112.1	109.8	110.7	109.5	110.8	106.7	108.6
江　苏	112.3	109.1	115.3	112.6	111.8	108.4	110.5
浙　江	111.9	107.3	110.3	110.8	108.4	105.4	109.7
安　徽	110.4	106.2	111.7	113.7	111.5	106.8	109.7
福　建	108.1	107.7	108.2	110.4	107.3	110.9	110.9
江　西	107.9	106.0	112.4	109.8	114.9	106.1	109.6
山　东	109.5	109.3	112.6	112.3	112.7	109.1	109.3
河　南	109.1	105.5	110.2	111.9	111.0	108.3	109.9
湖　北	105.1	104.8	106.7	110.0	111.9	108.5	110.0
湖　南	108.7	107.9	108.3	108.6	111.3	106.3	109.5
广　东	110.4	107.2	106.2	106.5	106.5	105.7	112.0
广　西	105.5	107.3	103.8	109.3	116.7	107.7	111.5
海　南	107.0	103.2	103.7	109.9	111.9	108.1	109.7
重　庆	111.2	109.9	110.2	110.3	103.9	108.1	111.4
四　川	104.5	104.7	107.0	108.9	112.1	108.7	108.8
贵　州	109.6	107.7	110.7	110.1	110.6	102.9	111.0
云　南	104.2	109.4	102.7	106.7	107.8	109.3	108.3
西　藏	107.6	101.8	102.0	104.3	120.9	106.1	106.9
陕　西	106.7	106.9	109.4	109.7	110.4	112.5	109.9
甘　肃	107.3	109.4	108.3	109.0	106.7	101.5	107.8
青　海	107.4	106.3	110.5	109.7	107.4	104.0	105.7
宁　夏	106.1	107.0	110.4	111.5	112.5	110.4	108.1
新　疆	103.5	102.4	105.9	110.0	111.1	103.3	107.1

注：本表按可比价格计算。

各地区城镇居民家庭人均收支情况

(2009年)

单位：元

地　区	总收入	#可支配收入	总支出	消费性支出	非消费性支出	恩格尔系数(%)
全国总计	**18858.1**	**17174.7**	**17248.3**	**12264.6**	**4983.8**	**36.5**
北　京	30673.7	26738.5	25413.1	17893.3	7519.8	33.2
天　津	23565.7	21402.0	22136.6	14801.4	7335.3	36.5
河　北	15675.8	14718.3	12681.4	9678.8	3002.6	33.6
山　西	14983.2	13996.6	13212.5	9355.1	3857.4	32.8
内蒙古	16951.4	15849.2	16097.7	12369.9	3727.8	30.5
辽　宁	17757.7	15761.4	17799.9	12324.6	5475.4	38.0
吉　林	15155.2	14006.3	14194.1	10914.4	3279.7	33.3
黑龙江	13689.9	12566.0	12869.8	9629.6	3240.2	35.3
上　海	32403.0	28837.8	39506.2	20992.4	18513.9	35.0
江　苏	22494.9	20551.7	18992.9	13153.0	5839.9	36.3
浙　江	27119.3	24610.8	24110.8	16683.5	7427.3	33.6
安　徽	15691.9	14085.7	15283.6	10234.0	5049.6	39.6
福　建	21692.4	19576.8	19925.3	13450.6	6474.8	39.7
江　西	15047.2	14021.5	12836.8	9740.0	3096.8	39.9
山　东	19336.9	17811.0	16072.8	12012.7	4060.1	32.9
河　南	15408.0	14371.6	12902.1	9567.0	3335.2	34.2
湖　北	15698.1	14367.5	13868.2	10294.1	3574.1	40.4
湖　南	16078.1	15084.3	14956.3	10828.2	4128.1	38.6
广　东	24116.5	21574.7	23245.6	16857.5	6388.1	36.9
广　西	17032.9	15451.5	14787.1	10352.4	4434.8	39.9
海　南	14909.3	13750.9	12820.1	10086.7	2733.5	44.7
重　庆	16990.3	15748.7	15683.6	12144.1	3539.5	37.7
四　川	15323.8	13839.4	14727.3	10860.2	3867.1	40.4
贵　州	13793.4	12862.5	12085.9	9048.3	3037.6	41.5
云　南	15680.3	14423.9	13802.9	10201.8	3601.1	43.7
西　藏	14979.0	13544.4	11711.0	9034.3	2676.7	50.7
陕　西	15311.3	14128.8	14307.8	10705.7	3602.1	37.3
甘　肃	12918.0	11929.8	11260.0	8890.8	2369.2	37.8
青　海	14150.3	12691.9	12117.9	8786.5	3331.4	40.4
宁　夏	15550.8	14024.7	16162.8	10280.0	5882.8	33.4
新　疆	13602.2	12257.5	12601.4	9327.6	3273.8	36.3

农村居民家庭基本情况

项　　目	单位	1990年	1995年	2000年	2008年	2009年
调查户数	**户**	**66960**	**67340**	**68116**	**68190**	**68190**
调查户常住人口	**人**	**321429**	**301878**	**286162**	**273695**	**271403**
平均每户常住人口	人	4.80	4.48	4.20	4.01	3.98
平均每户整、半劳动力	人	2.92	2.88	2.76	2.85	2.85
平均每个劳动力负担人口(含本人)	人	1.64	1.56	1.52	1.41	1.40
平均每户生产性固定资产原值	元	1258	2774	4673	9055	9971
平均每人经营耕地面积	亩	2.10	2.17	1.98	2.18	2.26
平均每人年收入						
总收入	**元**	**990.4**	**2337.9**	**3146.2**	**6700.7**	**7115.6**
工资性收入	元	138.8	353.7	702.3	1853.7	2061.3
家庭经营收入	元	815.8	1877.4	2251.3	4302.1	4404.0
财产性收入	元	35.8	41.0	45.0	148.1	167.2
转移性收入	元		65.8	147.6	396.8	483.1
纯收入	**元**	**686.3**	**1577.7**	**2253.4**	**4760.6**	**5153.2**
工资性收入	元	138.8	353.7	702.3	1853.7	2061.3
家庭经营收入	元	518.6	1125.8	1427.3	2435.6	2526.8
财产性收入	元	29.0	41.0	45.0	148.1	167.2
转移性收入	元		57.3	78.8	323.2	398.0
现金收入	**元**	**676.7**	**1595.6**	**2381.6**	**5737.0**	**6270.2**
工资性收入	元	136.4	352.9	700.4	1850.6	2057.8
家庭经营收入	元	481.2	1116.7	1498.8	3370.5	3590.8
财产性收入	元	59.1	38.2	38.9	127.0	148.4
转移性收入	元		87.8	143.5	389.0	473.2
平均每人年支出						
总支出	元	903.5	2138.3	2652.4	5915.7	6333.9
#生活消费支出	元	584.6	1310.4	1670.1	3660.7	3993.5
恩格尔系数	%	58.8	58.6	49.1	43.7	41.0
现金支出	元	639.1	1545.8	2140.4	5257.9	5694.8
房屋使用情况						
平均每人年内新建房屋面积	平方米	0.82	0.78	0.87	0.99	1.21
平均每人年末住房面积	平方米	17.83	21.01	24.82	32.42	33.58

农村居民家庭平均每人全年支出和主要食品消费量

项　　目	单位	2004年	2005年	2006年	2007年	2008年	2009年
平均每人总支出	**元**	**3430.1**	**4126.9**	**4485.4**	**5137.7**	**5915.7**	**6333.9**
#家庭经营费用支出	元	923.9	1189.7	1242.3	1432.7	1704.5	1700.1
购置生产性固定资产支出	元	107.7	131.1	139.6	147.2	161.6	201.0
税费支出	元	37.5	13.1	10.9	11.9	11.6	10.1
#缴纳生产税	元	29.6	4.7	2.9	3.5	3.5	3.5
#生活消费支出	元	2184.7	2555.4	2829.0	3223.9	3660.7	3993.5
食品	元	1031.9	1162.2	1217.0	1389.0	1598.7	1636.0
衣着	元	120.2	148.6	168.0	193.5	211.8	232.5
居住	元	324.3	370.2	469.0	573.8	678.8	805.0
家庭设备用品及服务	元	89.2	111.4	126.6	149.1	174.0	204.8
交通和通讯	元	192.6	245.0	288.8	328.4	360.2	402.9
文化教育娱乐用品及服务	元	247.6	295.5	305.1	305.7	314.5	340.6
医疗保健	元	130.6	168.1	191.5	210.2	246.0	287.5
其他商品及服务	元	48.3	54.5	63.1	74.2	76.7	84.1
平均每人现金支出	**元**	**2862.5**	**3567.3**	**3931.8**	**4533.1**	**5257.9**	**5694.8**
#家庭经营费用支出	元	788.5	1052.5	1104.1	1287.2	1551.0	1554.6
生活消费支出	元	1754.5	2134.6	2415.5	2767.1	3159.4	3504.8
#食品	元	629.9	770.7	835.5	967.6	1135.2	1180.7
衣着	元	119.6	147.9	167.3	192.6	211.1	231.9
居住	元	297.2	342.3	438.3	540.1	642.3	772.6
主要食品消费量							
粮食(原粮)	千克	218.3	208.9	205.6	199.5	199.1	189.3
#细粮	千克	189.8	181.8	178.0	173.8	173.7	165.2
蔬菜	千克	106.6	102.3	100.5	99.0	99.7	98.4
食油	千克	5.3	6.0	5.8	6.0	6.2	6.3
猪牛羊肉	千克	14.8	17.1	17.0	14.9	13.9	15.3
家禽	千克	3.1	3.7	3.5	3.9	4.4	4.3
蛋及制品	千克	4.6	4.7	5.0	4.7	5.4	5.3
水产品	千克	4.5	4.9	5.0	5.4	5.2	5.3
食糖	千克	1.1	1.1	1.1	1.1	1.1	1.1
酒	千克	7.8	9.6	10.0	10.2	9.7	10.1

农村居民家庭平均每百户主要耐用消费品年底拥有量

项目	单位	2003年	2004年	2005年	2006年	2007年	2008年	2009年
电视机	台	110.6	113.0	105.9	106.9	106.5	109.1	116.6
#彩电	台	67.8	75.1	84.1	89.4	94.4	99.2	108.9
电冰箱	台	15.9	17.8	20.1	22.5	26.1	30.2	37.1
摩托车	辆	31.8	36.2	40.7	44.6	48.5	52.5	56.6
洗衣机	台	34.3	37.3	40.2	43.0	45.9	49.1	53.1
空调机	台	3.5	4.7	6.4	7.3	8.5	9.8	12.2
电话机	部	49.1	54.5	58.4	64.1	68.4	67.0	62.7
移动电话	部	23.7	34.7	50.2	62.1	77.8	96.1	115.2
家用计算机	台	1.4	1.9	2.1	2.7	3.7	5.4	7.5

按五等份分组的农村居民家庭纯收入与生活消费支出

单位：元

项目	2003年	2004年	2005年	2006年	2007年	2008年	2009年
平均每人全年纯收入	**2622**	**2936**	**3255**	**3587**	**4140**	**4761**	**5153**
低收入户	866	1007	1067	1182	1347	1500	1549
中低收入户	1607	1842	2018	2222	2582	2935	3110
中等收入户	2273	2579	2851	3149	3659	4203	4502
中高收入户	3207	3608	4003	4447	5130	5929	6468
高收入户	6347	6931	7747	8475	9791	11290	12319
平均每人生活消费支出	**1943**	**2185**	**2555**	**2829**	**3224**	**3661**	**3993**
低收入户	1065	1248	1548	1625	1851	2145	2355
中低收入户	1378	1581	1913	2039	2358	2653	2871
中等收入户	1733	1951	2328	2568	2938	3286	3546
中高收入户	2189	2460	2879	3230	3683	4191	4592
高收入户	3756	4129	4593	5277	5994	6854	7486

各地区农村居民家庭人均纯收入

单位：元

地　区	2003年	2004年	2005年	2006年	2007年	2008年	2009年
全国总计	**2622.2**	**2936.4**	**3254.9**	**3587.0**	**4140.4**	**4760.6**	**5153.2**
北　京	5601.6	6170.3	7346.3	8275.5	9439.6	10661.9	11668.6
天　津	4566.0	5019.5	5579.9	6227.9	7010.1	7910.8	8687.6
河　北	2853.4	3171.1	3481.6	3801.8	4293.4	4795.5	5149.7
山　西	2299.2	2589.6	2890.7	3180.9	3665.7	4097.2	4244.1
内蒙古	2267.7	2606.4	2988.9	3341.9	3953.1	4656.2	4937.8
辽　宁	2934.4	3307.1	3690.2	4090.4	4773.4	5576.5	5958.0
吉　林	2530.4	2999.6	3264.0	3641.1	4191.3	4932.7	5265.9
黑龙江	2508.9	3005.2	3221.3	3552.4	4132.3	4855.6	5206.8
上　海	6653.9	7066.3	8247.8	9138.7	10144.6	11440.3	12482.9
江　苏	4239.3	4753.9	5276.3	5813.2	6561.0	7356.5	8003.5
浙　江	5389.0	5944.1	6660.0	7334.8	8265.2	9257.9	10007.3
安　徽	2127.5	2499.3	2641.0	2969.1	3556.3	4202.5	4504.3
福　建	3733.9	4089.4	4450.4	4834.8	5467.1	6196.1	6680.2
江　西	2457.5	2786.8	3128.9	3459.5	4044.7	4697.2	5075.0
山　东	3150.5	3507.4	3930.5	4368.3	4985.3	5641.4	6118.8
河　南	2235.7	2553.2	2870.6	3261.0	3851.6	4454.2	4807.0
湖　北	2566.8	2890.0	3099.2	3419.4	3997.5	4656.4	5035.3
湖　南	2532.9	2837.8	3117.7	3389.6	3904.2	4512.5	4909.0
广　东	4054.6	4365.9	4690.5	5079.8	5624.0	6399.8	6906.9
广　西	2094.5	2305.2	2494.7	2770.5	3224.1	3690.3	3980.4
海　南	2588.1	2817.6	3004.0	3255.5	3791.4	4390.0	4744.4
重　庆	2214.6	2510.4	2809.3	2873.8	3509.3	4126.2	4478.4
四　川	2229.9	2518.9	2802.8	3002.4	3546.7	4121.2	4462.1
贵　州	1564.7	1721.6	1877.0	1984.6	2374.0	2796.9	3005.4
云　南	1697.1	1864.2	2041.8	2250.5	2634.1	3102.6	3369.3
西　藏	1690.8	1861.3	2077.9	2435.0	2788.2	3175.8	3531.7
陕　西	1675.7	1866.5	2052.6	2260.2	2644.7	3136.5	3437.6
甘　肃	1673.1	1852.2	1979.9	2134.1	2328.9	2723.8	2980.1
青　海	1794.1	1957.7	2151.5	2358.4	2683.8	3061.2	3346.2
宁　夏	2043.3	2320.1	2508.9	2760.1	3180.8	3681.4	4048.3
新　疆	2106.2	2244.9	2482.2	2737.3	3183.0	3502.9	3883.1

注：本表按当年价格计算。

各地区农村居民家庭人均收支情况

(2009年)　　　　单位：元

地　区	总收入	#纯收入	#现金收入	总支出	#生活消费	#现金支出	恩格尔系数(%)
全国总计	**7115.6**	**5153.2**	**6270.2**	**6333.9**	**3993.5**	**5694.8**	**41.0**
北　京	13844.9	11668.6	13496.9	11607.4	8897.6	11522.4	31.6
天　津	11688.6	8687.6	11070.5	7462.2	4273.2	7338.0	43.2
河　北	7228.5	5149.7	6526.5	5618.9	3349.7	5265.6	35.7
山　西	5496.7	4244.1	4939.9	4875.8	3304.8	4532.8	37.1
内蒙古	8403.4	4937.8	7155.3	8146.5	3968.4	7072.2	39.8
辽　宁	9912.6	5958.0	9219.6	9146.2	4254.0	8508.9	36.7
吉　林	8644.0	5265.9	7977.9	8689.5	3902.9	8129.7	35.1
黑龙江	9385.2	5206.8	8779.9	9729.2	4241.3	9265.5	31.4
上　海	13186.5	12482.9	13022.8	11435.8	9804.4	11261.7	37.1
江　苏	9746.9	8003.5	9019.7	8027.6	5804.5	7467.9	39.2
浙　江	13421.9	10007.3	13133.7	11730.1	7731.7	11472.6	36.4
安　徽	6000.6	4504.3	5224.7	5378.0	3655.0	4899.2	40.9
福　建	8204.9	6680.2	7459.0	6850.5	5015.7	6310.0	45.9
江　西	6552.7	5075.0	5627.6	5306.2	3532.7	4675.1	45.6
山　东	8683.8	6118.8	8057.9	7258.2	4417.2	6886.8	36.6
河　南	6414.4	4807.0	5232.5	5220.1	3388.5	4773.4	36.0
湖　北	6663.1	5035.3	5718.4	5537.6	3725.2	4723.5	44.8
湖　南	6628.3	4909.0	5763.1	6024.2	4020.9	5130.9	48.9
广　东	8264.5	6906.9	7543.1	6556.2	5019.8	5934.0	48.3
广　西	5535.1	3980.4	4537.1	4957.7	3231.1	4146.3	48.7
海　南	6195.8	4744.4	5411.7	4569.0	3088.6	3879.0	53.1
重　庆	5798.8	4478.4	4624.9	4753.3	3142.1	3750.9	49.1
四　川	6238.5	4462.1	4978.6	6330.5	4141.4	5217.9	42.0
贵　州	4050.4	3005.4	3188.3	3862.8	2422.0	3039.2	45.2
云　南	5105.3	3369.3	3876.0	4855.5	2924.9	3781.3	48.2
西　藏	4497.4	3531.7	3395.8	3304.9	2399.5	2489.9	49.6
陕　西	4830.7	3437.6	4270.4	5245.8	3349.2	4847.6	35.1
甘　肃	4291.0	2980.1	3517.2	4255.0	2766.5	3540.8	41.3
青　海	4430.6	3346.2	3752.6	4626.5	3209.4	3934.9	36.3
宁　夏	6627.3	4048.3	5379.9	6411.0	3347.9	5423.5	41.7
新　疆	7269.5	3883.1	6231.8	6847.5	2950.6	6218.9	41.5

农业基本情况

项　　目	单 位	1990年	1995年	2000年	2008年	2009年
农业机械拥有量						
农用机械总动力	万千瓦	28708	36118	52574	82190	
大中型拖拉机	万台	81.4	67.2	97.5	299.5	
大中型拖拉机动力	万千瓦	2746	2404	3161	8187	
小型拖拉机	万台	698	865	1264	1722	
小型拖拉机动力	万千瓦	6231	7848	11664	16648	
大中型拖拉机配套农具	万部	97	99	140	435	
小型拖拉机配套农具	万部	649	958	1789	2795	
农用排灌柴油机	万台	411.1	491.2	688.1	898.4	
农用排灌柴油机动力	万千瓦	3348.5	3839.0	5232.6	6561.7	
渔用机动船	万艘	32.1	37.7	46.0		
渔用机动船动力	万千瓦	696.0	965.7	1338.7		
灌溉、施肥、用电量						
有效灌溉面积	万公顷	4740.3	4928.2	5382.0	5847.2	
农用化肥施用量(折纯)	万吨	2590.3	3593.7	4146.4	5239.0	5404.4
乡村办水电站个数	个	52387	40699	29962	44433	
乡村办水电站发电能力	万千瓦	428.8	519.5	698.5	5127.4	
农村用电量	亿千瓦小时	844.5	1655.7	2421.3	5713.2	6104.4
农作物总播种面积	**万公顷**	**14836**	**14988**	**15630**	**15627**	**15864**
粮食	万公顷	11347	11006	10846	10679	10899
谷物	万公顷		8931	8526	8625	8840
豆类	万公顷		1123	1266	1212	1195
薯类	万公顷	912	952	1054	843	864
油料	万公顷	1090	1310	1540	1283	1365
棉花	万公顷	559	542	404	575	495
麻类	万公顷	50	38	26	22	16
糖料	万公顷	168	182	151	199	188
烟叶	万公顷	159	147	144	133	139
蔬菜	万公顷	634	952	1524	1788	1841
茶园面积	**万公顷**	**106**	**112**	**109**	**172**	**185**
果园面积	**万公顷**	**518**	**810**	**893**	**1073**	**1114**
受灾面积和成灾面积						
受灾面积	万公顷	3847	4582	5469	3999	4721
成灾面积	万公顷	1782	2227	3437	2228	2123
成灾占受灾面积的比重	%	46.3	48.6	62.9	55.7	45.0

注：2009年农机、水利部门数据正在审核中。

农林牧渔业总产值

单位：亿元

年 份	农林牧渔业总产值	#农 业	#林 业	#牧 业	#渔 业
1978	1397.0	1117.5	48.1	209.3	22.1
1980	1922.6	1454.1	81.4	354.2	32.9
1985	3619.5	2506.4	188.7	798.3	126.1
1990	7662.1	4954.3	330.3	1967.0	410.6
1991	8157.0	5146.4	367.9	2159.2	483.5
1992	9084.7	5588.0	422.6	2460.5	613.6
1993	10995.5	6605.1	494.0	3014.4	882.0
1994	15750.5	9169.2	611.1	4672.0	1298.2
1995	20340.9	11884.6	709.9	6045.0	1701.3
1996	22353.7	13539.8	778.0	6015.5	2020.4
1997	23788.4	13852.5	817.8	6835.4	2282.7
1998	24541.9	14241.9	851.3	7025.8	2422.9
1999	24519.1	14106.2	886.3	6997.6	2529.0
2000	24915.8	13873.6	936.5	7393.1	2712.6
2001	26179.6	14462.8	938.8	7963.1	2815.0
2002	27390.8	14931.5	1033.5	8454.6	2971.7
2003	29691.8	14870.1	1239.9	9538.8	3137.6
2004	36239.0	18138.4	1327.1	12173.8	3605.6
2005	39450.9	19613.4	1425.5	13310.8	4016.1
2006	40810.8	21522.0	1611.0	12084.0	3971.0
2007	48893.0	24658.8	1861.6	16125.2	4457.5
2008	58002.2	28044.2	2152.9	20583.6	5203.4
2009	60361.0	30611.1	2359.4	19468.4	5626.4

注：本表按当年价格计算，从2003年起执行新国民经济行业分类标准，总产值包括农林牧渔服务业产值(下表同)。

农林牧渔业总产值指数

(1978年=100)

年 份	农林牧渔业总产值	#农 业	#林 业	#牧 业	#渔 业
1978	100.0	100.0	100.0	100.0	100.0
1980	109.1	106.4	113.7	122.6	103.9
1985	161.6	152.2	176.2	203.4	185.1
1990	203.9	186.5	179.5	282.0	346.7
1991	211.4	188.2	193.7	306.9	373.2
1992	224.9	196.2	208.6	333.9	430.3
1993	242.5	206.5	225.4	369.8	509.5
1994	263.3	213.2	245.3	431.4	611.4
1995	291.9	230.1	257.7	495.4	730.3
1996	319.3	248.0	272.2	551.6	832.4
1997	340.8	259.1	281.2	607.3	928.2
1998	361.1	271.9	289.4	651.9	1009.9
1999	377.9	283.6	298.6	681.6	1082.5
2000	391.5	287.6	314.7	724.5	1152.9
2001	408.1	297.7	315.2	770.1	1197.8
2002	428.1	309.3	337.6	816.3	1270.9
2003	444.8	310.8	360.9	875.9	1338.3
2004	478.2	337.2	368.2	939.0	1418.6
2005	505.5	351.0	380.0	1012.2	1510.8
2006	532.8	370.0	401.3	1062.8	1601.4
2007	553.6	384.8	429.0	1087.3	1678.3
2008	585.3	403.1	463.6	1160.7	1778.4
2009	612.2	418.2	496.7	1228.2	1879.6

注：本表按可比价格计算。

各地区农林牧渔业总产值及增长速度

(2009年)

地　区	农林牧渔业总产值(亿元)	#农　业	#林　业	#牧　业	#渔　业	农林牧渔业总产值比上年增长(%)
全国总计	**60361.0**	**30611.1**	**2359.4**	**19468.4**	**5626.4**	**4.6**
北　京	315.0	140.4	22.9	136.1	10.3	5.5
天　津	281.7	139.7	2.2	83.6	47.5	3.7
河　北	3640.9	1927.8	70.7	1350.1	108.4	3.2
山　西	908.7	556.3	66.7	230.9	5.3	4.4
内蒙古	1570.6	731.9	78.2	721.4	12.7	2.4
辽　宁	2704.6	913.5	70.0	1171.4	441.9	3.3
吉　林	1734.3	777.5	58.9	825.5	23.5	5.3
黑龙江	2251.1	1206.8	85.2	870.2	45.2	5.4
上　海	283.2	147.5	9.0	64.6	53.5	-0.5
江　苏	3816.0	1948.2	70.8	874.0	719.2	4.6
浙　江	1873.4	879.0	117.6	404.9	435.5	2.4
安　徽	2569.5	1289.8	125.1	795.8	257.6	5.5
福　建	2001.2	826.2	162.2	366.9	565.6	5.0
江　西	1733.8	729.7	161.8	541.5	231.2	4.6
山　东	6003.1	3224.0	101.3	1683.8	747.4	4.3
河　南	4871.5	2833.3	134.1	1654.3	64.9	4.5
湖　北	2985.2	1511.5	57.7	881.8	413.1	5.4
湖　南	3207.9	1596.6	174.2	1100.4	188.5	5.2
广　东	3337.6	1551.0	88.3	917.1	661.2	5.0
广　西	2377.2	1135.0	129.0	812.5	216.9	5.4
海　南	705.0	307.6	79.6	142.8	154.5	7.2
重　庆	913.1	522.8	34.1	319.4	24.3	6.4
四　川	3689.8	1806.1	112.5	1596.7	119.1	4.2
贵　州	875.2	501.5	36.9	281.5	11.1	4.6
云　南	1706.2	850.7	196.1	557.8	42.0	5.8
西　藏	93.4	39.1	7.1	44.3	0.2	3.6
陕　西	1337.2	823.6	45.6	387.9	6.5	5.0
甘　肃	876.3	587.3	24.2	171.9	1.1	5.8
青　海	157.3	61.3	2.3	90.1	0.1	5.8
宁　夏	243.5	146.8	8.4	70.7	7.0	8.2
新　疆	1297.6	898.6	26.6	318.4	11.1	5.1

注：本表绝对数按当年价格计算，增长速度按可比价格计算。

化肥施用量、小水电站、农村用电量和灌溉面积

年份	化肥施用量（万吨）	乡村办水电站 个数（个）	乡村办水电站 装机容量（万千瓦）	农村用电量（亿千瓦小时）	有效灌溉面积（万公顷）	#机电排灌	机电排灌面积占灌溉面积比重（%）
1978	884	82387	228.4	253.1	4496.5	2489.5	55.4
1980	1269	80319	304.1	320.8	4488.8	2531.5	56.4
1985	1776	55754	380.2	508.9	4403.6	2462.9	55.9
1990	2590	52387	428.8	844.5	4740.3	2714.8	57.3
1991	2805	49644	456.9	963.2	4782.2	2762.9	57.8
1992	2930	48082	478.7	1106.9	4859.0	2828.3	58.2
1993	3152	45153	481.9	1244.8	4872.8	3162.5	65.0
1994	3318	48722	503.6	1473.9	4875.9	3152.8	64.7
1995	3594	40699	519.5	1655.7	4928.1	3220.5	65.3
1996	3828	37743	533.7	1812.7	5038.1	3289.1	65.3
1997	3981	36117	562.5	1980.1	5123.9	3437.0	67.1
1998	4084	33185	634.8	2042.1	5229.6	3471.6	66.4
1999	4124	31678	664.1	2173.4	5315.8	3563.9	67.0
2000	4146	29962	698.5	2421.3	5382.0	3595.4	66.7
2001	4254	29183	896.6	2610.8	5424.9	3621.2	66.8
2002	4339	27633	812.2	2993.4	5435.5	3621.3	66.6
2003	4412	26696	862.3	3432.9	5401.4	3616.1	67.0
2004	4637	27115	993.8	3933.0	5447.8	3605.5	66.2
2005	4766	26726	1099.2	4375.7	5502.9	3671.5	66.7
2006	4928	27493	1243.0	4895.8	5575.1	3691.3	66.2
2007	5108	27664	1366.6	5509.9	5651.8	3776.2	66.8
2008	5239	44433	5127.4	5713.2	5847.2	4202.5	71.9
2009	5404			6104.4			

注：1.化肥施用量按有效成分100%计算。

2.农村用电量包括国家电网的供电量和农村自办电站供电量，不包括在农村的国有单位的用电量。

主要农作物播种面积及比例

年份	农作物总播种面积（万公顷）	#粮食	#油料	#棉花	占总播种面积比例（%） 粮食	油料	棉花
1978	15010.4	12058.7	622.2	486.6	80.3	4.1	3.2
1980	14638.0	11723.4	792.8	492.0	80.1	5.4	3.4
1985	14362.6	10884.5	1180.0	514.0	75.8	8.2	3.6
1990	14836.2	11346.6	1090.0	558.8	76.5	7.3	3.8
1991	14958.6	11231.4	1153.0	653.8	75.1	7.7	4.4
1992	14900.7	11056.0	1148.9	683.5	74.2	7.7	4.6
1993	14774.1	11050.9	1114.2	498.5	74.8	7.5	3.4
1994	14824.1	10954.4	1208.1	552.8	73.9	8.2	3.7
1995	14987.9	11006.0	1310.2	542.2	73.4	8.7	3.6
1996	15238.1	11254.8	1255.5	472.2	73.9	8.2	3.1
1997	15396.9	11291.2	1238.1	449.1	73.3	8.0	2.9
1998	15570.6	11378.7	1291.9	445.9	73.1	8.3	2.9
1999	15637.3	11316.1	1390.6	372.6	72.4	8.9	2.4
2000	15630.0	10846.3	1540.0	404.1	69.4	9.9	2.6
2001	15570.8	10608.0	1463.1	481.0	68.1	9.4	3.1
2002	15463.6	10389.1	1476.6	418.4	67.2	9.5	2.7
2003	15241.5	9941.0	1499.0	511.1	65.2	9.8	3.4
2004	15355.3	10160.6	1443.1	569.3	66.2	9.4	3.7
2005	15548.8	10427.8	1431.8	506.2	67.1	9.2	3.3
2006	15301.9	10506.8	1173.7	581.6	68.7	7.7	3.8
2007	15346.4	10563.8	1131.6	592.6	68.8	7.4	3.9
2008	15626.6	10679.3	1282.5	575.4	68.3	8.2	3.7
2009	15863.9	10898.6	1365.2	495.2	68.7	8.6	3.1

主要农产品产量（一）

单位：万吨

年份	粮食	谷物	#稻谷	#小麦	#玉米	豆类	薯类
1978	30477		13693	5384	5595		3174
1980	32056		13991	5521	6260		2873
1985	37911		16857	8581	6383		2604
1990	44624		18933	9823	9682		2743
1991	43529	39566	18381	9595	9877	1247	2716
1992	44266	40170	18622	10159	9538	1252	2844
1993	45649	40517	17751	10639	10270	1950	3181
1994	44510	39389	17593	9930	9928	2096	3025
1995	46662	41612	18523	10221	11199	1788	3263
1996	50454	45127	19510	11057	12747	1790	3536
1997	49417	44349	20073	12329	10431	1876	3192
1998	51230	45625	19871	10973	13295	2001	3604
1999	50839	45304	19849	11388	12809	1894	3641
2000	46218	40522	18791	9964	10600	2010	3685
2001	45264	39648	17758	9387	11409	2053	3563
2002	45706	39799	17454	9029	12131	2241	3666
2003	43070	37429	16066	8649	11583	2128	3513
2004	46947	41157	17909	9195	13029	2232	3558
2005	48402	42776	18059	9745	13937	2158	3469
2006	49804	45099	18172	10847	15160	2004	2701
2007	50160	45632	18603	10930	15230	1720	2808
2008	52871	47847	19190	11246	16591	2043	2980
2009	53082	48156	19510	11512	16397	1930	2995

主要农产品产量（二）

单位：万吨

年份	油料	#花生	#油菜籽	#芝麻	棉花	麻类	#黄红麻
1978	521.8	237.7	186.8	32.2	216.7	135.1	108.8
1980	769.1	360.0	238.4	25.9	270.7	143.6	109.8
1985	1578.4	666.4	560.7	69.1	414.7	444.8	411.9
1990	1613.2	636.8	695.8	46.9	450.8	109.7	72.6
1991	1638.3	630.3	743.6	43.5	567.5	88.4	51.3
1992	1641.2	595.3	765.3	51.6	450.8	93.8	61.9
1993	1803.9	842.1	693.9	56.3	373.9	96.0	67.2
1994	1989.6	968.2	749.2	54.8	434.1	74.7	35.5
1995	2250.3	1023.5	977.7	58.3	476.8	89.7	37.1
1996	2210.6	1013.8	920.1	57.5	420.3	79.5	36.5
1997	2157.4	964.8	957.8	56.6	460.3	74.9	43.0
1998	2313.9	1188.6	830.1	65.6	450.1	49.5	24.8
1999	2601.2	1263.9	1013.2	74.3	382.9	47.2	16.4
2000	2954.8	1443.7	1138.1	81.1	441.7	52.9	12.6
2001	2864.9	1441.6	1133.1	80.4	532.4	68.1	10.6
2002	2897.2	1481.8	1055.2	89.5	491.6	96.4	15.9
2003	2811.0	1342.0	1142.0	59.3	486.0	85.3	10.0
2004	3065.9	1434.2	1318.2	70.4	632.4	107.4	8.7
2005	3077.1	1434.2	1305.2	62.5	571.4	110.5	8.3
2006	2640.3	1273.8	1096.6	66.2	753.3	89.1	8.7
2007	2568.7	1302.7	1057.3	55.7	762.4	72.8	9.9
2008	2952.8	1428.6	1210.2	58.6	749.2	62.5	8.4
2009	3154.3	1470.8	1365.7	62.2	637.7	38.9	7.7

主要农产品产量（三）

单位：万吨

年 份	糖 料	甘 蔗	甜 菜	茶 叶	烟 叶	#烤 烟
1978	2381.9	2111.6	270.2	26.8	124.2	105.2
1980	2911.3	2280.7	630.5	30.4	84.5	71.7
1985	6046.8	5154.9	891.9	43.2	242.5	207.5
1990	7214.5	5762.0	1452.5	54.0	262.7	225.9
1991	8418.7	6789.8	1628.9	54.2	303.1	267.0
1992	8808.0	7301.1	1506.9	56.0	349.9	311.9
1993	7624.2	6419.4	1204.8	60.0	345.1	303.6
1994	7345.2	6092.7	1252.6	58.8	223.8	194.0
1995	7940.1	6541.7	1398.4	58.9	231.4	207.2
1996	8360.2	6818.7	1541.5	59.3	323.4	294.6
1997	9386.5	7889.7	1496.8	61.3	425.1	390.8
1998	9790.4	8343.8	1446.6	66.5	236.4	208.8
1999	8334.1	7470.3	863.9	67.6	246.9	218.5
2000	7635.3	6828.0	807.3	68.3	255.2	223.8
2001	8655.1	7566.3	1088.9	70.2	235.0	204.5
2002	10292.7	9010.7	1282.0	74.5	244.7	213.5
2003	9641.6	9023.5	618.2	76.8	225.7	201.5
2004	9570.7	8984.9	585.7	83.5	240.6	216.3
2005	9451.9	8663.8	788.1	93.5	268.3	243.5
2006	10010.0	9259.2	750.8	102.8	249.1	224.0
2007	12188.2	11295.1	893.1	116.5	239.5	217.8
2008	13419.6	12415.2	1004.4	125.8	283.8	262.3
2009	12276.6	11558.7	717.9	135.9	306.6	281.4

主要农产品产量（四）

单位：万吨

年 份	水 果	#苹 果	#柑 橘	#梨	#香 蕉	蔬 菜
1978	657.0	227.5	38.3	151.7	8.5	
1980	679.3	236.3	71.3	146.6	6.1	
1985	1163.9	361.4	180.8	213.7	63.1	
1990	1874.4	431.9	485.5	235.3	145.6	
1991	2176.1	454.0	633.3	249.8	198.1	
1992	2440.1	655.6	516.0	284.6	245.1	
1993	3011.2	907.0	656.1	321.7	270.1	
1994	3499.8	1112.9	680.5	404.3	289.8	
1995	4214.6	1400.8	822.5	494.2	312.5	
1996	4652.8	1704.7	845.7	580.7	253.6	
1997	5089.3	1721.9	1010.2	641.5	289.2	
1998	5452.9	1948.1	859.0	727.5	351.8	
1999	6237.6	2080.2	1078.7	774.2	419.4	
2000	6225.1	2043.1	878.3	841.2	494.1	
2001	6658.0	2001.5	1160.7	879.6	527.2	48422.4
2002	6952.0	1924.1	1199.0	930.9	555.7	52860.6
2003	14517.4	2110.2	1345.4	979.8	590.3	54032.3
2004	15340.9	2367.5	1495.8	1064.2	605.6	55064.7
2005	16120.1	2401.1	1591.9	1132.4	651.8	56451.5
2006	17102.0	2605.9	1789.8	1198.6	690.1	54004.0
2007	18136.3	2786.0	2058.3	1289.5	779.7	56452.0
2008	19220.2	2984.7	2331.3	1353.8	783.5	59240.3
2009	20395.5	3168.1	2521.1	1426.3	883.4	61823.8

注：2003年起水果产量含果用瓜。

主要林产品产量

年 份	木 材 (万立方米)	橡 胶 (万吨)	松 脂 (万吨)	生 漆 (万吨)	油桐籽 (万吨)	油茶籽 (万吨)	核 桃 (万吨)	板 栗 (万吨)
1978	5162	10.2	33.8	0.2	39.1	47.9	11.9	6.2
1980	5359	11.3	42.1	0.3	30.3	49.0	11.9	6.7
1985	6323	18.8	34.4	0.2	37.9	61.9	12.2	8.3
1990	5571	26.4	43.5	0.3	35.1	52.3	15.0	11.5
1991	5807	29.6	44.0	0.3	32.8	62.1	15.2	13.6
1992	6174	30.9	46.9	0.3	43.7	62.9	16.4	13.9
1993	6392	32.6	58.1	0.3	42.1	48.8	19.2	16.2
1994	6615	37.4	56.9	0.3	43.5	63.1	21.0	22.0
1995	6767	42.4	54.8	0.3	40.5	62.3	23.1	24.7
1996	6710	40.2	58.1	0.4	40.8	69.7	23.8	34.0
1997	6395	45.2	70.1	0.4	45.4	85.7	25.0	37.7
1998	5966	46.2	54.3	0.5	43.9	72.3	26.5	46.9
1999	5237	49.0	57.1	0.5	44.8	79.3	27.4	53.5
2000	4724	48.0	55.1	0.5	45.3	82.3	31.0	59.8
2001	4552	47.7	56.4	0.5	40.7	82.5	25.2	59.9
2002	4436	52.7	56.4	0.6	38.9	85.5	34.0	70.5
2003	4759	56.5	62.6	0.9	37.3	78.0	39.4	79.2
2004	5197	57.5	67.3	1.0	38.1	87.5	43.7	92.3
2005	5560	51.4	76.7	1.4	36.9	87.5	49.9	103.2
2006	6612	53.8	90.9	2.1	38.3	92.0	47.5	114.0
2007	6977	58.8	96.6	1.3	36.1	93.9	63.0	126.7
2008	8108	54.8	84.9	1.6	37.1	99.0	82.9	145.0
2009	7068	61.9	104.7	2.0	36.5	116.9	97.9	162.8

水产品产量

单位：万吨

年 份	水产品总产量	海水产品			淡水产品		
			天然生产	人工养殖		天然生产	人工养殖
1978	465.4	359.5	314.5	45.0	105.9	29.6	76.2
1980	449.7	325.7	281.3	44.4	124.0	33.9	90.2
1985	705.2	419.7	348.5	71.2	285.4	47.6	237.8
1990	1237.0	713.3	550.9	162.4	523.7	78.3	445.4
1991	1350.8	800.1	609.6	190.5	550.7	91.5	459.2
1992	1557.1	933.7	691.2	242.4	623.5	90.1	533.4
1993	1823.0	1076.0	767.3	308.7	747.0	102.9	644.1
1994	2143.2	1241.5	895.8	345.7	901.7	116.7	785.0
1995	2517.2	1439.1	1026.8	412.3	1078.1	137.3	940.8
1996	3288.1	2012.9	1249.0	763.9	1275.2	176.3	1099.0
1997	3118.6	1888.1	1196.4	691.7	1230.5	163.5	1067.0
1998	3382.7	2044.5	1292.6	752.0	1338.1	197.5	1140.6
1999	3570.1	2145.3	1293.4	851.9	1424.9	198.0	1226.9
2000	3706.2	2203.9	1275.9	928.0	1502.3	193.4	1308.9
2001	3795.9	2233.5	1244.1	989.4	1562.4	186.2	1376.2
2002	3954.9	2298.5	1238.0	1060.5	1656.4	194.7	1461.7
2003	4077.0	2332.8	1237.0	1095.9	1744.2	213.3	1530.9
2004	4246.6	2404.5	1253.2	1151.3	1842.1	209.6	1632.5
2005	4419.9	2465.9	1255.1	1210.8	1954.0	221.0	1733.0
2006	4583.6	2509.6	1245.4	1264.2	2074.0	220.4	1853.6
2007	4747.5	2550.9	1243.6	1307.3	2196.6	225.6	1971.0
2008	4895.6	2598.3	1258.0	1340.3	2297.3	224.8	2072.5
2009	5120.0						

牲畜饲养情况

单位: 万头(只)

年　份	大牲畜年底头数	牛	马	驴	骡	骆驼
1996	13360.6	11031.8	871.5	944.4	478.0	34.5
1997	14541.8	12182.2	891.2	952.8	480.6	35.0
1998	14803.2	12441.9	898.1	955.8	473.9	33.5
1999	15024.8	12698.3	891.4	934.8	467.3	33.0
2000	14638.1	12353.2	876.6	922.7	453.0	32.6
2001	13980.8	11809.2	826.0	881.5	436.2	27.9
2002	13672.3	11567.8	808.8	849.9	419.4	26.4
2003	13467.3	11434.4	790.0	820.7	395.7	26.5
2004	13191.4	11235.4	763.9	791.9	374.0	26.2
2005	12894.8	10990.8	740.0	777.2	360.4	26.6
2006	12287.1	10465.1	719.5	730.6	345.1	26.9
2007	12309.3	10594.8	702.8	689.1	298.5	24.2
2008	12250.7	10576.0	682.1	673.1	295.5	24.0
2009	12357.2	10726.1	678.5	648.4	279.3	24.8

年　份	肉猪出栏头数	牛出栏头数	猪年底头数	羊年底只数	山羊	绵羊
1996	41225.1	2685.9	36283.6	23728.3	12315.8	11412.5
1997	46483.7	3283.9	40034.8	25575.7	13480.1	12095.6
1998	50215.1	3587.1	42256.3	26903.5	14168.3	12735.2
1999	51977.2	3766.2	43144.2	27925.8	14816.3	13109.5
2000	51862.3	3806.9	41633.6	27948.2	14945.6	13002.6
2001	53281.1	3794.8	41950.5	27625.0	14562.3	13062.8
2002	54143.9	3896.2	41776.2	28240.9	14841.2	13399.7
2003	55701.8	4000.1	41381.8	29307.4	14967.9	14339.5
2004	57278.5	4101.0	42123.4	30426.0	15195.5	15230.5
2005	60367.4	4148.7	43319.1	29792.7	14659.0	15133.7
2006	61207.3	4222.0	41850.4	28369.8	13768.0	14601.8
2007	56508.3	4359.5	43989.5	28564.7	14921.1	13643.6
2008	61016.6	4446.1	46291.3	28084.9	15229.2	12855.7
2009	64527.1	4602.2	46983.4	28453.0	15799.6	12653.4

注：2000-2006年数据根据第二次全国农业普查结果进行了调整（下表同）。

畜产品产量

年份	肉类产量（万吨）	#猪牛羊肉	猪肉	牛肉	羊肉	奶类（万吨）	#牛奶
1996	4584.0	3694.7	3158.0	355.7	181.0	735.8	629.4
1997	5268.8	4249.9	3596.3	440.9	212.8	681.1	601.1
1998	5723.8	4598.2	3883.7	479.9	234.6	745.4	662.9
1999	5949.0	4762.3	4005.6	505.4	251.3	806.9	717.6
2000	6013.9	4743.2	3966.0	513.1	264.1	919.1	827.4
2001	6105.8	4832.1	4051.7	508.6	271.8	1122.9	1025.5
2002	6234.3	4928.4	4123.1	521.9	283.5	1400.4	1299.8
2003	6443.3	5089.8	4238.6	542.5	308.7	1848.6	1746.3
2004	6608.7	5234.3	4341.0	560.4	332.9	2368.4	2260.6
2005	6938.9	5473.5	4555.3	568.1	350.1	2864.8	2753.4
2006	7089.0	5591.0	4650.5	576.7	363.8	3302.5	3193.4
2007	6865.7	5283.8	4287.8	613.4	382.6	3633.4	3525.2
2008	7278.7	5614.0	4620.5	613.2	380.3	3781.5	3555.8
2009	7649.9	5915.5	4890.5	635.5	389.5	3734.6	3520.9

年份	绵羊毛（吨）	#细羊毛	#半细羊毛	山羊毛（吨）	羊绒（吨）	禽蛋（万吨）	蜂蜜（万吨）
1996	298102	121020	74099	35284	9585	1965.2	18.3
1997	255059	116054	55683	25865	8626	1897.1	21.1
1998	277545	115752	68775	31417	9799	2021.3	20.7
1999	283152	114103	73700	31849	10180	2134.7	23.0
2000	292502	117386	84921	33266	11057	2182.0	24.6
2001	298254	114651	88075	34241	10968	2210.1	25.2
2002	307588	112193	102419	35459	11765	2265.7	26.5
2003	338058	120263	110249	36692	13528	2333.1	28.9
2004	373902	130413	119514	37727	14515	2370.6	29.3
2005	393172	127862	123068	36904	15435	2438.1	29.3
2006	388777	131808	116098	40512	16395	2424.0	33.3
2007	363470	123920	106760	38382	18483	2529.0	35.4
2008	367687	123838	104838	44406	17184	2702.2	40.0
2009	364002	127352	113018	49453	16964	2740.6	40.2

各地区主要农产品产量（一）

(2009年)　　　　单位：万吨

地区	粮食	油料	棉花	糖料	蔬菜	水果
全国总计	**53082.1**	**3154.3**	**637.7**	**12276.6**	**61823.8**	**20395.5**
北　京	124.8	1.8	0.1		317.1	120.1
天　津	156.3	0.5	7.1		373.9	67.0
河　北	2910.2	143.3	60.5	30.7	6742.1	1578.6
山　西	942.0	17.0	8.4	15.4	893.1	449.2
内蒙古	1981.7	119.6	0.1	109.6	1380.6	208.7
辽　宁	1591.0	55.3	0.1	6.2	2604.4	655.6
吉　林	2460.0	50.4	0.2	6.6	968.4	253.5
黑龙江	4353.0	28.2		110.0	701.2	267.7
上　海	121.7	3.4	0.3	1.6	394.1	104.7
江　苏	3230.1	162.2	25.5	11.6	3837.8	715.7
浙　江	789.2	43.2	2.8	81.4	1764.8	712.4
安　徽	3069.9	240.3	34.6	21.8	2028.1	745.8
福　建	666.9	26.3		65.9	1521.5	645.0
江　西	2002.6	102.0	12.5	62.2	1088.6	497.5
山　东	4316.3	334.5	92.1	0.06	8937.2	2728.3
河　南	5389.0	533.0	51.7	28.3	6370.4	2228.1
湖　北	2309.1	314.1	48.1	34.4	2979.6	725.8
湖　南	2902.7	179.2	21.2	78.2	2844.2	715.7
广　东	1314.5	84.6		1253.5	2567.2	1160.8
广　西	1463.2	42.1	0.2	7509.4	2063.1	1010.7
海　南	187.6	9.1		479.2	410.0	350.4
重　庆	1137.2	40.5		11.6	1177.4	212.9
四　川	3194.6	261.8	1.5	94.1	3227.3	689.5
贵　州	1168.3	78.7	0.1	64.3	1079.5	119.7
云　南	1576.9	50.2		1761.4	1238.2	342.7
西　藏	90.5	5.8			55.1	1.2
陕　西	1131.4	54.4	8.6	0.2	1257.6	1366.1
甘　肃	906.2	58.5	9.5	20.4	1145.4	459.9
青　海	102.7	36.6		0.1	118.9	3.3
宁　夏	340.7	13.6		0.01	354.0	202.4
新　疆	1152.0	63.9	252.4	418.4	1383.2	1056.3

注：水果产量含果用瓜。

各地区主要农产品产量（二）

(2009年)　　　　　　　　　　　　　　单位：万吨

地　区	肉　类	#猪　肉	#牛　肉	#羊　肉	奶　类
全国总计	**7649.9**	**4890.5**	**635.5**	**389.5**	**3734.6**
北　京	47.2	24.1	2.1	1.4	67.4
天　津	39.5	25.7	3.6	1.5	68.7
河　北	426.6	253.6	55.3	28.0	461.0
山　西	69.8	50.7	4.8	5.6	74.1
内蒙古	234.0	68.6	47.4	88.2	934.0
辽　宁	389.2	218.8	40.2	7.8	115.6
吉　林	226.2	113.2	41.8	3.6	44.5
黑龙江	187.6	108.2	36.8	11.6	534.7
上　海	26.4	17.3		0.5	23.3
江　苏	344.4	204.5	3.3	7.5	55.4
浙　江	170.4	128.2	1.0	1.7	19.9
安　徽	362.5	229.8	17.5	13.8	20.1
福　建	175.1	142.9	2.2	1.7	15.6
江　西	276.0	210.8	10.9	1.1	11.2
山　东	684.1	341.3	69.6	32.9	258.1
河　南	615.0	389.6	84.0	25.9	301.3
湖　北	367.0	279.9	17.0	7.8	28.3
湖　南	476.3	395.4	15.7	11.0	7.7
广　东	427.0	262.1	6.1	0.9	14.4
广　西	371.3	232.3	13.4	3.2	8.1
海　南	66.0	39.7	2.3	1.1	0.4
重　庆	187.7	146.5	5.9	2.1	7.9
四　川	632.8	474.2	28.9	24.3	68.7
贵　州	169.6	140.1	11.4	3.2	4.5
云　南	304.6	230.8	28.0	12.1	105.9
西　藏	24.0	1.2	14.2	8.4	28.7
陕　西	98.7	75.0	7.8	7.3	185.8
甘　肃	82.9	45.8	15.1	15.6	37.7
青　海	26.9	9.2	8.1	8.8	25.3
宁　夏	25.6	9.2	7.3	6.8	81.1
新　疆	115.4	22.0	33.9	43.8	125.2

注：全国水产品产量包括中国农业发展集团总公司水产品产量24.8万吨，各地区数据中未包括。

受灾和成灾面积

年 份	受 灾 面 积 (万公顷)	#水 灾	#旱 灾	成 灾 面 积 (万公顷)	#水 灾	#旱 灾	成灾面积占受灾面积 (%)
1978	5081	311	3264	2446	201	356	48.1
1980	5003	969	2190	2978	607	388	59.5
1985	4437	1420	2299	2271	895	335	51.2
1990	3847	1180	1817	1782	560	342	46.3
1991	5547	2460	2491	2781	1461	202	50.1
1992	5133	942	3298	2590	446	232	50.4
1993	4883	1639	2110	2313	861	364	47.4
1994	5504	1733	3043	3138	1074	214	57.0
1995	4582	1273	2346	2227	760	208	48.6
1996	4699	1815	2015	2123	1086	212	45.2
1997	5343	1142	3352	3031	584	295	56.7
1998	5015	2229	1424	2518	1379	313	50.2
1999	4998	902	3016	2673	507	204	53.5
2000	5469	732	4054	3437	432	116	62.9
2001	5221	604	3847	3179	361	206	60.9
2002	4695	1229	2212	2716	739	383	57.9
2003	5451	1921	2485	3252	1229	293	59.7
2004	3711	731	1725	1630	375	219	43.9
2005	3882	1093	1603	1997	605	848	51.4
2006	4109	800	2074	2463	457	1341	59.9
2007	4899	1046	2939	2506	510	1617	51.2
2008	3999	648	1214	2228	366	680	55.7
2009	4721	761	2926	2123	316	1320	45.0

规模以上工业企业工业增加值增长速度

单位：%

分　　类	2003年	2004年	2005年	2006年	2007年	2008年	2009年
工业增加值	**17.0**	**16.7**	**16.4**	**16.6**	**18.5**	**12.9**	**11.0**
在总计中:							
#国有及国有控股企业	14.3	14.2	10.7	12.6	13.8	9.1	6.9
在总计中:							
#集体企业	11.5	9.9	12.4	11.6	11.5	8.1	10.2
股份合作企业	13.9	12.5	16.0	15.5	17.5	11.4	10.3
股份制企业	18.3	16.5	17.8	17.8	20.6	15.0	13.3
外商及港澳台投资企业	20.0	18.8	16.6	16.9	17.5	9.9	6.2
在总计中:							
#私营企业		22.8	25.3	24.4	26.7	20.4	18.7
在总计中:							
轻工业	14.6	14.7	15.2	13.8	16.3	12.3	9.7
重工业	18.6	18.2	17.0	17.9	19.6	13.2	11.5

注：工业增加值增长速度按可比价格计算。

规模以上工业企业出口交货值

分　　类	绝对数（亿元）					2009年比上年增长(%)
	2005年	2006年	2007年	2008年	2009年	
出口交货值	**47741.2**	**60559.7**	**73393.4**	**82498.4**	**72882.2**	**-10.1**
在总计中:						
#国有及国有控股企业	5543.2	5981.4	7218.3	8683.6	5958.7	-27.3
在总计中:						
#集体企业	638.8	626.4	617.8	476.7	477.1	-6.3
股份合作企业	309.5	309.0	334.8	265.8	233.9	-10.6
股份制企业	11359.8	14944.9	17915.6	21723.7	18491.7	-12.5
外商及港澳台投资企业	33304.3	42009.1	51787.5	57217.3	51145.2	-8.8
在总计中:						
#私营企业	5633.3	7094.7	8571.3	10507.9	9894.5	-1.1
在总计中:						
轻工业	20230.1	23614.5	27375.9	29147.6	27492.9	-4.2
重工业	27511.0	36945.2	46017.5	53350.8	45389.3	-13.3

注：本表2009年为快报数据，增长速度按可比口径计算。

规模以上工业企业主要经济指标（一）

年 份	企业单位数（万个）	工业增加值（亿元）	资产总计（亿元）	出口交货值（亿元）
1978	34.8		4525	
1980	37.7		4233	
1985	46.3		6972	
1990	50.4		15953	
1995	59.2	15446	79234	
1996	57.9	18209	90016	
1997	53.4	19835	103400	
1998	16.5	19422	108822	10842
1999	16.2	21565	116969	11545
2000	16.3	25395	126211	14575
2001	17.1	28329	135403	16245
2002	18.2	32995	146218	20055
2003	19.6	41990	168808	26942
2004	27.6	54805	215358	40484
2005	27.2	72187	244784	47741
2006	30.2	91076	291215	60560
2007	33.7		353037	73393
2008	42.6		431306	82498
2009	42.5		470701	72882

规模以上工业企业主要经济指标（二）

年 份	主营业务收 入（亿元）	利润总额（亿元）	税金总额（亿元）	全部从业人员年平均人数（万人）
1978				
1980	4459	692	367	5600
1985	7899	929	727	6605
1990	16793	560	1386	7663
1995	52936	1635	3415	8360
1996	57970	1490	3657	8187
1997	63451	1703	4037	7873
1998	64149	1458	4064	6196
1999	69852	2288	4414	5805
2000	84152	4393	5119	5559
2001	93733	4733	5572	5441
2002	109486	5784	6238	5521
2003	143172	8337	7537	5749
2004	198909	11929	9529	6622
2005	248544	14803	11518	6896
2006	313592	19504	14454	7358
2007	399717	27155	18422	7875
2008	500020	30562	23968	8838
2009	474609	25891	21129	8346

注：1.1997年及以前为乡及乡以上独立核算工业企业数据；1998-2006年为全部国有及年主营业务收入在500万元以上非国有工业企业数据；2007年以后为年主营业务收入在500万元以上工业企业(即规模以上工业企业)。

2.2008年以前为年报数据；2009年企业单位数和出口交货值为快报数，其他为1-11月财务快报数据。

按经济类型分规模以上工业企业主要经济指标(一)

(2009年)

指　　标	单 位	合　计	#大　型企　业	#中　型企　业	#国有及国有控股企业
企业单位数	个	422588	3136	35295	20528
#亏损企业数	个	73414	576	7590	6368
应收账款净额	亿元	52555.8	15534.3	17294.7	12454.0
产成品	亿元	23636.3	5551.2	7569.3	5312.0
流动资产平均余额	亿元	210242.5	74965.1	67297.8	72049.3
资产总计	亿元	470700.8	182433.3	146647.3	206873.9
负债合计	亿元	278667.5	109596.1	87274.1	127030.0
主营业务收入	亿元	474608.6	152321.0	129689.9	131621.2
主营业务成本	亿元	403816.3	128574.7	109537.1	108628.4
主营业务税金及附加	亿元	7292.8	4457.8	1595.0	5465.9
营业费用	亿元	11991.7	3856.2	3849.7	2620.4
管理费用	亿元	17581.4	6056.5	5051.6	6272.4
财务费用	亿元	5282.2	1717.3	1735.5	2231.6
#利息支出	亿元	4548.8	1646.5	1520.4	2147.7
利润总额	亿元	25890.8	8438.5	7838.5	7513.8
亏损企业亏损总额	亿元	3270.3	938.3	1131.7	1453.6
税金总额	亿元	21129.2	9475.2	5501.5	11073.2
应交增值税	亿元	13836.4	5017.4	3906.5	5607.3
全部从业人员平均人数	万人	8346.3	1849.3	2507.7	1739.4

注：本表为2009年1－11月快报数据(下表同)。

按经济类型分规模以上工业企业主要经济指标(二)

(2009年)

指　　标	单 位	#集　体企　业	#股份制企　业	#外商及港澳台投资企业	#私　营企　业
企业单位数	个	11593	252570	76249	241226
#亏损企业数	个	2044	40088	22198	30195
应收账款净额	亿元	707.0	25050.0	20890.1	11173.0
产成品	亿元	346.1	13902.6	6703.5	6784.3
流动资产平均余额	亿元	2863.0	113040.1	64330.1	41923.3
资产总计	亿元	5317.4	256210.4	120477.7	81269.2
负债合计	亿元	2933.7	154870.8	68377.8	46608.4
主营业务收入	亿元	9158.7	254502.7	131724.3	135312.3
主营业务成本	亿元	7795.2	216438.2	112742.5	117204.7
主营业务税金及附加	亿元	71.4	3872.2	816.3	923.6
营业费用	亿元	218.2	6014.0	4341.5	2861.8
管理费用	亿元	309.2	9405.1	5019.7	3764.4
财务费用	亿元	64.1	3114.8	1029.1	1177.9
#利息支出	亿元	46.8	2726.5	807.8	880.7
利润总额	亿元	544.6	13890.0	7511.5	6848.7
亏损企业亏损总额	亿元	32.5	1498.3	1118.5	401.8
税金总额	亿元	324.3	11494.0	3779.5	4312.1
应交增值税	亿元	252.8	7621.8	2963.1	3388.5
全部从业人员平均人数	万人	205.9	4427.7	2364.0	2687.0

各地区规模以上工业企业主要经济指标(一)

(2009年) 单位：亿元

地区	主营业务收入	主营业务成本	主营业务税金及附加	营业费用	税金总额	利润总额
全国总计	**474608.6**	**403816.3**	**7292.8**	**11991.7**	**21129.2**	**25890.8**
北京	10606.3	9096.2	149.6	402.7	451.9	561.1
天津	11470.2	10034.2	121.2	279.2	338.4	612.1
河北	21213.0	18621.6	228.9	360.8	777.1	1112.7
山西	7968.8	6559.8	89.5	262.8	588.7	339.8
内蒙古	9366.2	7644.1	133.8	225.7	534.2	653.2
辽宁	24322.9	21030.2	505.2	420.6	989.6	781.8
吉林	8007.9	6921.1	195.4	240.7	432.2	455.5
黑龙江	6612.3	5072.7	204.9	156.0	556.2	761.4
上海	22271.9	18847.7	382.0	777.1	940.8	1246.0
江苏	64061.9	56505.7	486.2	1356.3	2137.2	3198.2
浙江	33972.0	29193.4	393.4	863.4	1283.6	1742.5
安徽	10737.2	9179.0	190.2	328.0	516.2	416.4
福建	14438.6	12439.1	164.9	374.6	451.4	652.2
江西	8618.3	7371.8	121.9	163.6	392.9	402.6
山东	64463.1	55217.4	742.2	1259.9	2581.8	3936.7
河南	25153.6	21276.8	347.1	552.6	1212.5	2062.3
湖北	13235.1	11015.2	312.5	397.6	697.6	675.8
湖南	11141.0	8871.9	357.5	288.2	715.6	488.5
广东	56467.7	48160.1	540.7	1842.2	1789.5	2643.1
广西	5486.2	4691.8	91.5	151.5	299.2	196.8
海南	886.7	668.6	68.4	26.6	119.1	85.3
重庆	5796.8	4834.9	87.6	194.9	267.4	269.7
四川	15299.5	12808.1	203.3	459.0	729.1	794.3
贵州	2727.4	2149.1	111.5	92.2	257.7	153.2
云南	4367.2	3257.5	417.8	124.4	676.3	265.4
西藏	42.5	32.8	0.7	2.8	4.5	5.6
陕西	6985.4	5271.1	263.8	188.0	616.8	679.6
甘肃	3351.1	2778.8	163.6	61.0	294.0	140.8
青海	939.6	756.1	20.0	19.6	67.3	80.8
宁夏	1207.9	1008.5	25.1	42.8	71.2	57.3
新疆	3390.4	2500.8	172.7	77.1	339.2	420.3

注：本表为2009年1-11月快报数据(下表同)。

各地区规模以上工业企业主要经济指标(二)

(2009年)　　　　单位：亿元

地　区	亏损企业 亏损总额	应收账款 净　额	产成品	资产总计	负债合计	全部从业人员 平均人数 (万人)
全国总计	**3270.3**	**52555.8**	**23636.3**	**470700.8**	**278667.5**	**8346.3**
北　京	159.9	1901.1	529.9	19009.2	9676.7	120.8
天　津	102.3	1426.8	445.6	11619.6	7584.2	128.4
河　北	130.1	1457.5	974.3	19325.1	12025.0	308.5
山　西	209.6	940.4	636.2	15330.2	10365.4	210.3
内蒙古	73.5	729.8	412.3	11491.6	7163.9	106.0
辽　宁	208.0	2309.8	1207.6	23436.4	14335.7	346.9
吉　林	77.3	759.5	345.8	8299.0	4864.2	122.8
黑龙江	67.0	745.5	368.5	8744.0	5284.5	141.3
上　海	218.1	4028.3	1235.9	24278.2	12895.4	278.5
江　苏	293.7	8316.5	2783.5	51430.9	30341.5	972.8
浙　江	176.9	5461.4	2333.7	38224.1	23576.9	769.8
安　徽	63.6	1126.9	623.7	11458.8	7181.7	214.7
福　建	94.0	1659.2	790.1	12993.5	7050.1	347.2
江　西	29.6	483.1	310.5	6494.3	3741.6	165.6
山　东	133.4	3135.2	2276.0	43324.1	23420.2	877.0
河　南	155.7	1454.2	700.6	19096.0	11003.7	417.4
湖　北	81.4	1306.3	777.7	16145.5	9003.4	242.1
湖　南	75.6	829.6	495.0	9396.4	5732.8	221.0
广　东	349.7	8819.6	3044.2	49171.1	29459.8	1351.5
广　西	65.4	533.7	419.6	6484.3	4165.6	112.8
海　南	11.6	90.2	53.7	1264.2	732.0	11.2
重　庆	28.9	653.9	311.0	6283.0	3869.7	130.3
四　川	96.5	1581.1	820.6	16771.9	10655.3	290.7
贵　州	68.4	362.9	194.9	4864.6	3245.8	74.3
云　南	63.6	512.5	344.6	7973.6	4702.8	83.0
西　藏	3.4	9.2	4.0	247.1	59.0	1.7
陕　西	94.5	988.9	467.8	11423.4	6724.5	129.4
甘　肃	42.4	279.0	261.1	4849.9	2995.5	66.7
青　海	15.0	122.3	113.8	2528.4	1681.5	17.6
宁　夏	24.8	159.6	122.1	2589.2	1767.0	26.2
新　疆	56.5	371.8	232.4	6153.3	3362.0	60.0

各地区规模以上工业企业主要经济效益指标

(2009年)

地 区	总资产贡献率(%)	资本保值增值率(%)	资产负债率(%)	流动资产周转次数(次)	成本费用利润率(%)	产品销售率(%)
全国总计	**12.9**	**114.2**	**59.2**	**2.5**	**5.9**	**97.5**
北 京	6.8	108.7	50.9	1.6	5.6	99.2
天 津	10.4	115.2	65.3	2.2	5.7	97.2
河 北	12.8	115.6	62.2	3.0	5.6	97.0
山 西	8.4	112.2	67.6	1.5	4.5	96.4
内蒙古	13.8	125.1	62.3	2.9	7.9	96.6
辽 宁	9.7	102.8	61.2	2.5	3.5	97.2
吉 林	13.7	114.3	58.6	2.9	6.0	97.3
黑龙江	18.0	109.0	60.4	2.1	13.5	97.2
上 海	11.1	109.6	53.1	2.0	6.0	98.9
江 苏	13.1	113.5	59.0	2.7	5.3	98.1
浙 江	10.6	113.5	61.7	1.8	5.4	97.2
安 徽	10.9	126.0	62.7	2.5	4.1	97.1
福 建	11.4	116.0	54.3	2.6	4.8	97.2
江 西	16.0	123.9	57.6	3.6	5.2	98.7
山 东	19.1	120.9	54.1	3.8	6.7	98.4
河 南	21.8	118.3	57.6	3.6	9.1	97.8
湖 北	11.1	114.9	55.8	2.3	5.6	97.2
湖 南	16.5	115.8	61.0	3.5	5.0	98.6
广 东	11.5	110.0	59.9	2.3	5.0	96.5
广 西	10.8	115.8	64.2	2.4	3.8	95.7
海 南	20.8	114.5	57.9	2.3	11.5	98.2
重 庆	11.3	115.2	61.6	2.3	5.0	97.8
四 川	12.3	120.8	63.5	2.4	5.6	97.6
贵 州	11.5	117.4	66.7	1.7	6.2	94.5
云 南	14.6	111.9	59.0	1.6	7.2	95.7
西 藏	5.4	114.8	23.9	0.7	14.3	94.0
陕 西	14.7	124.4	58.9	1.6	11.4	96.6
甘 肃	11.5	108.4	61.8	1.9	4.6	96.2
青 海	8.9	114.1	66.5	1.4	9.5	93.6
宁 夏	7.7	121.8	68.2	1.6	5.0	94.0
新 疆	15.4	107.7	54.6	1.9	15.1	94.8

主要工业产品产量(一)

年 份	化学纤维 (万吨)	纱 (万吨)	布 (亿米)	卷 烟 (亿支)	成品糖 (万吨)	原 盐 (万吨)
1978	28.5	238.2	110.3	1182.0	227.0	1953.0
1980	45.0	292.6	134.7	1520.0	257.0	1728.0
1985	94.8	353.5	146.7	2370.0	451.0	1479.0
1990	165.4	462.6	188.8	3298.0	582.0	2023.0
1991	191.0	460.8	181.7	3226.0	640.0	2410.0
1992	213.0	501.7	190.7	3285.0	829.0	2838.0
1993	237.4	501.5	203.0	3376.0	771.0	2943.0
1994	280.3	489.5	211.3	3432.0	592.0	2996.0
1995	341.2	542.2	260.2	3485.0	558.6	2977.7
1996	375.5	512.2	209.1	3401.9	640.2	2903.6
1997	471.6	559.8	248.8	3377.4	702.6	3082.7
1998	510.0	542.0	241.0	3374.0	826.0	2242.5
1999	600.0	567.0	250.0	3340.0	861.0	2812.4
2000	694.0	657.0	277.0	3397.0	700.0	3128.0
2001	841.4	760.7	290.0	3402.1	653.1	3410.5
2002	991.2	850.0	322.4	3467.1	926.0	3602.4
2003	1181.2	983.6	353.5	3580.9	1083.9	3437.7
2004	1699.8	1291.3	482.1	18736.4	1033.7	4043.4
2005	1664.8	1450.5	484.4	19389.1	912.4	4661.1
2006	2073.2	1743.0	598.6	20218.1	949.1	5663.1
2007	2413.8	2068.2	675.3	21438.8	1271.4	6167.0
2008	2453.3	2170.9	723.1	22199.2	1432.6	6664.4
2009	2730.0	2393.5	740.0	22901.5	1321.2	5845.1

注：1.成品糖指标名称1997年及以前为糖，1998-2004年为机制糖，产量包括土糖。

2.卷烟2003年及以前计量单位为万箱。

主要工业产品产量(二)

年 份	家 用 电冰箱 (万台)	彩 色 电视机 (万台)	房 间 空调器 (万台)	汽 车 (万辆)	#轿 车	大中型 拖拉机 (万台)
1978	2.8	0.4	0.02	14.9		11.4
1980	4.9	3.2	1.3	22.2	0.5	9.8
1985	144.8	435.3	12.4	43.7	0.9	4.5
1990	463.1	1033.0	24.1	51.4	3.5	3.9
1991	469.9	1205.1	63.0	71.4	6.9	5.3
1992	485.8	1333.1	158.0	106.7	16.2	5.7
1993	596.7	1435.8	346.4	129.9	22.3	3.8
1994	768.1	1689.2	393.4	136.7	26.9	4.7
1995	918.5	2057.7	682.6	145.3	33.7	6.3
1996	979.7	2537.6	786.2	147.5	38.3	8.4
1997	1044.4	2711.3	974.0	158.3	48.6	8.2
1998	1060.0	3497.0	1156.9	163.0	50.7	6.8
1999	1210.0	4262.0	1337.6	183.2	57.1	6.5
2000	1279.0	3936.0	1826.7	207.0	60.7	4.1
2001	1351.3	4093.7	2333.6	234.2	70.4	3.8
2002	1598.9	5155.0	3135.1	325.1	109.2	4.5
2003	2242.6	6541.4	4820.9	444.4	207.1	4.9
2004	3007.6	7431.8	6390.3	509.1	227.6	11.4
2005	2987.1	8283.2	6764.6	570.5	277.0	16.3
2006	3530.9	8375.4	6849.4	727.9	386.9	19.9
2007	4397.1	8478.0	8014.3	888.9	479.8	20.3
2008	4800.0	9187.1	8147.4	930.6	503.8	28.4
2009	5930.5	9898.8	8078.2	1379.5	748.5	37.1

主要工业产品产量(三)

年　份	原　煤 (亿吨)	原　油 (万吨)	天然气 (亿立方米)	发电量 (亿千瓦小时)		
					#火　电	#水　电
1978	6.18	10405.0	137.3	2566.0	2120.0	446.0
1980	6.20	10595.0	142.7	3006.0	2424.0	582.0
1985	8.72	12490.0	129.3	4107.0	3183.0	924.0
1990	10.80	13831.0	153.0	6212.0	4945.0	1267.0
1991	10.87	14099.0	160.7	6775.0	5525.0	1247.0
1992	11.16	14210.0	157.9	7539.0	6215.0	1307.0
1993	11.50	14524.0	167.7	8395.0	6839.0	1518.0
1994	12.40	14608.0	175.6	9281.0	7464.0	1674.0
1995	13.61	15005.0	179.5	10070.3	8024.0	1905.8
1996	13.97	15733.4	201.1	10813.1	8777.0	1879.7
1997	13.88	16074.1	227.0	11355.5	9241.0	1959.8
1998	13.32	16100.0	232.8	11670.0	9267.0	1988.9
1999	13.64	16000.0	252.0	12393.0	9868.0	1965.8
2000	13.84	16300.0	272.0	13556.0	10885.0	2224.1
2001	14.72	16395.9	303.3	14808.0	11768.0	2774.3
2002	15.50	16700.0	326.6	16540.0	13274.0	2879.7
2003	18.35	16960.0	350.2	19105.8	15804.0	2836.8
2004	21.23	17587.3	414.6	22033.1	17956.0	3535.4
2005	23.50	18135.3	493.2	25002.6	20473.4	3970.2
2006	25.29	18476.6	585.5	28657.3	23696.0	4357.9
2007	26.92	18631.8	692.4	32815.5	27229.3	4852.6
2008	28.02	19505.0	803.0	34957.6	27072.3	6369.6
2009	29.73	18949.0	851.7	37146.5	29827.8	6156.4

注：原煤包括无烟煤、褐煤、烟煤，不包括石煤。原煤1997-2007年产量为第二次全国经济普查后修订数据。

主要工业产品产量(四)

年　份	生　铁 (万吨)	粗　钢 (万吨)	钢　材 (万吨)	焦　炭 (万吨)	水　泥 (万吨)	平板玻璃 (万重量箱)
1978	3479.0	3178.0	2208.0	4690.0	6524.0	1784.0
1980	3802.0	3712.0	2716.0	4343.0	7986.0	2466.0
1985	4384.0	4679.0	3693.0	4802.0	14595.0	4942.0
1990	6238.0	6635.0	5153.0	7328.0	20971.0	8067.0
1991	6765.0	7100.0	5638.0	7352.0	25261.0	8712.0
1992	7589.0	8094.0	6697.0	7984.0	30822.0	9359.0
1993	8739.0	8956.0	7716.0	9320.0	36788.0	11086.0
1994	9741.0	9261.0	8428.0	11477.0	42118.0	11925.0
1995	10529.3	9536.0	8979.8	13510.0	47560.6	15731.7
1996	10722.5	10124.1	9338.0	13643.0	49118.9	16069.4
1997	11511.4	10894.2	9978.9	13731.0	51173.8	16630.7
1998	11863.7	11559.0	10737.8	12806.0	53600.0	17194.0
1999	12539.2	12426.0	12109.8	12073.7	57300.0	17419.8
2000	13101.5	12850.0	13146.0	12184.0	59700.0	18352.2
2001	15554.3	15163.4	16067.6	13130.7	66104.0	20964.1
2002	17084.6	18236.6	19251.6	14279.8	72500.0	23445.6
2003	21366.7	22233.6	24108.0	17775.7	86208.1	27702.6
2004	26831.0	28291.1	31975.7	20619.0	96682.0	37026.2
2005	34375.2	35324.0	37771.1	25411.7	106884.8	40210.2
2006	41245.2	41914.9	46893.4	29768.3	123676.5	46574.7
2007	47651.6	48928.8	56560.9	33553.4	136117.3	53918.1
2008	47824.4	50305.8	60460.3	32031.5	142355.7	59890.4
2009	54374.8	56803.3	69626.3	35510.1	165000.0	56073.3

主要工业产品产量(五)

年 份	硫 酸 (万吨)	农用化肥 (万吨)	乙 烯 (万吨)	纯 碱 (万吨)	烧 碱 (万吨)	原 铝 (万吨)
1978	661.0	869.3	38.0	132.9	164.0	29.6
1980	764.3	1232.1	49.0	161.3	192.3	39.6
1985	676.4	1322.2	65.2	201.1	235.3	52.3
1990	1196.9	1879.7	157.2	379.5	335.4	84.7
1991	1332.9	1979.5	176.1	393.6	354.1	95.5
1992	1408.7	2047.9	200.3	455.0	379.5	109.1
1993	1336.5	1956.3	202.7	534.9	395.4	124.2
1994	1536.5	2272.8	212.9	581.4	429.6	146.2
1995	1811.0	2548.1	240.1	597.7	531.8	167.6
1996	1883.6	2809.0	304.0	669.3	573.8	177.1
1997	2036.9	2821.0	358.6	725.8	574.4	203.5
1998	2171.0	3010.0	377.3	744.0	539.4	233.6
1999	2356.0	3251.0	435.0	766.0	580.1	259.9
2000	2427.0	3186.0	470.0	834.0	667.9	279.4
2001	2696.3	3383.0	480.6	914.4	788.0	337.1
2002	3050.4	3791.0	543.0	1033.2	878.0	432.1
2003	3371.2	3881.3	611.8	1133.6	945.3	554.7
2004	3928.9	4804.8	629.9	1334.7	1041.1	669.0
2005	4544.7	5177.9	755.5	1421.1	1240.0	778.7
2006	5033.2	5345.1	940.5	1560.0	1511.8	926.6
2007	5412.6	5825.0	1027.8	1765.0	1759.3	1234.0
2008	5097.9	6028.1	987.6	1854.6	1926.0	1316.5
2009	5960.2	6599.7	1066.3	1938.4	1832.4	1296.5

注：农用化肥按有效成分100%计算。2009年起电解铝指标名称改为原铝。

主要工业产品产量(六)

年 份	微型计算机设备 (万台)	复印和胶版印刷设备 (万台)	程 控 交换机 (万线)	传真机 (万台)	集成电路 (亿块)	移动通信手持机 (万台)
1978					0.3	
1980					0.2	
1985					0.6	
1990	8.2	2.4			1.1	
1991	16.3	3.0			1.7	
1992	12.6	4.4			1.6	
1993	14.7	6.1	981.4		2.0	
1994	24.6	4.1	1340.3		4.8	
1995	83.6	21.8	2091.6	136.1	55.2	
1996	138.8	63.9	2274.8	137.9	38.9	
1997	206.6	107.8	2787.3	162.5	25.5	
1998	291.4	117.9	4219.9	128.7	26.3	
1999	405.0	210.3	4726.0	160.0	41.5	
2000	672.0	156.6	7136.0	196.3	58.8	5247.9
2001	877.7	144.1	7223.5	318.2	63.6	8031.7
2002	1463.5	207.4	5860.7	297.3	96.3	12146.4
2003	3216.7	264.2	7379.9	746.6	148.3	18231.4
2004	5974.9	324.6	7625.2	851.2	235.5	23751.6
2005	8084.9	403.6	7720.9	1068.2	270.0	30354.2
2006	9336.4	467.8	7404.6	1188.6	335.7	48013.8
2007	12073.4	452.4	5387.1	888.5	411.6	54857.9
2008	15853.7	517.7	4584.0	749.4	438.8	55945.1
2009	18215.1	420.7	4147.4	679.8	414.4	61924.5

注：2009年起微型电子计算机指标名称改为微型计算机设备，复印机械指标名称改为复印和胶版印刷设备。

各地区主要工业产品产量（一）

(2009年)

地 区	原 煤 (万吨)	原 油 (万吨)	发电量 (亿千瓦小时)	生 铁 (万吨)	粗 钢 (万吨)	钢 材 (万吨)	水 泥 (万吨)
全国总计	**297300.0**	**18949.0**	**37146.5**	**54374.8**	**56803.3**	**69626.3**	**165000.0**
北 京	641.3		242.7	442.7	464.9	769.6	1077.4
天 津		2297.0	415.8	1763.4	2124.2	4079.5	690.2
河 北	8494.6	599.1	1742.5	13084.9	13536.3	15134.5	10611.5
山 西	59354.0		1873.8	3127.5	2648.5	2288.4	2482.5
内蒙古	60058.5		2242.4	1381.3	1261.9	1294.9	4275.5
辽 宁	6624.2	1000.0	1162.5	5061.3	4783.0	4937.3	4693.4
吉 林	4401.5	639.9	541.8	648.3	792.6	856.0	3673.1
黑龙江	8748.7	4000.7	723.0	494.6	566.0	505.0	2598.0
上 海		9.1	778.2	1787.5	2032.2	2181.4	754.2
江 苏	2397.4	184.0	2928.4	4590.2	5489.9	7859.7	14434.1
浙 江	13.2		2246.3	536.0	1045.6	2359.4	10796.5
安 徽	12848.6		1320.2	1661.6	1759.7	2112.0	7056.1
福 建	2466.1		1170.7	552.9	765.0	1341.9	5446.5
江 西	2982.5		532.9	1447.0	1620.9	1647.4	6153.2
山 东	14377.7	2828.2	2859.9	5273.2	4857.3	5854.3	14036.7
河 南	23018.1	474.5	2055.5	1944.6	2329.0	2882.5	11710.7
湖 北	1058.5	80.9	1818.1	1956.7	1985.3	2172.3	6983.8
湖 南	6572.9		1028.0	1380.5	1436.6	1503.6	7539.0
广 东		1345.1	2757.6	755.9	1126.6	2285.5	10028.9
广 西	519.7	2.9	944.5	967.7	1000.0	1174.9	6411.2
海 南		18.4	127.6	2.1	23.2	10.7	925.7
重 庆	4290.8		474.3	324.9	333.8	477.4	3611.0
四 川	8997.3	21.7	1578.8	1532.6	1509.1	1830.6	8887.0
贵 州	13690.7		1380.0	374.8	343.1	337.6	2664.8
云 南	5571.3		1170.9	1280.9	1049.1	971.8	4868.4
西 藏			18.0				187.7
陕 西	29611.1	2695.9	908.9	512.5	522.5	887.3	4464.7
甘 肃	3875.6	49.2	696.7	612.1	626.4	644.5	1816.1
青 海	1283.6	186.4	377.9	109.5	126.7	125.1	610.0
宁 夏	5509.5	3.1	479.9	36.2		38.0	1064.5
新 疆	7646.0	2512.9	549.1	731.6	625.0	687.3	2029.3

各地区主要工业产品产量（二）

(2009年)

地　区	布 (亿米)	家　用 电冰箱 (万台)	农　用 化　肥 (万吨)	汽　车 (万辆)	程　控 交换机 (万线)	移动通信 手持机 (万台)	微型计算机 设备 (万台)
全国总计	**740.0**	**5930.5**	**6599.7**	**1379.5**	**4147.4**	**61924.5**	**18215.1**
北　京	0.1		0.2	127.1	1508.8	21355.3	842.7
天　津	2.5	53.9	14.7	60.2	2.4	8558.7	1.5
河　北	38.1		214.4	51.4	11.8		
山　西	0.3		375.2	0.2			0.1
内蒙古	0.8		261.5	3.3			
辽　宁	4.3	96.2	82.1	50.9	37.8	46.7	0.2
吉　林	0.4		20.3	110.6		49.8	
黑龙江	0.4		59.6	28.4			2.9
上　海	1.2	189.2	2.7	125.0	387.0	315.8	7320.2
江　苏	79.0	667.1	317.2	50.6	4.7	2044.7	8180.9
浙　江	139.2	761.8	46.2	28.2	110.3	2777.7	89.2
安　徽	5.6	1565.8	284.9	86.3		12.1	0.0
福　建	27.1		59.7	13.5	0.8	671.5	607.2
江　西	6.8	91.3	48.7	28.5	0.9	590.9	5.3
山　东	129.3	825.1	864.9	55.8	274.3	5454.6	25.4
河　南	31.7	319.2	531.2	12.5			
湖　北	38.6	39.5	798.5	108.2	0.1	831.5	87.4
湖　南	4.9	15.6	365.8	12.0		0.1	
广　东	29.1	1058.5	61.7	113.1	1808.2	18091.8	1047.0
广　西	0.1		92.4	118.5			1.0
海　南			60.6	9.2			
重　庆	7.9	0.2	150.4	118.7		374.9	0.2
四　川	10.9	51.9	463.0	7.6		630.5	
贵　州	0.2	168.2	347.3	0.2		118.2	
云　南	0.0		355.2	7.3	0.3		
西　藏							
陕　西	7.5	27.1	86.8	50.7			3.9
甘　肃	0.2	0.1	81.0	1.9			
青　海			277.9				
宁　夏			91.8				
新　疆	1.2		183.8	0.1			

能源生产总量和构成

年份	能源生产总量(万吨标准煤)	构成(能源生产总量=100)			
		原煤	原油	天然气	水电、核电、风电
1978	62770	70.3	23.7	2.9	3.1
1980	63735	69.4	23.8	3.0	3.8
1985	85546	72.8	20.9	2.0	4.3
1990	103922	74.2	19.0	2.0	4.8
1991	104844	74.1	19.2	2.0	4.7
1992	107256	74.3	18.9	2.0	4.8
1993	111059	74.0	18.7	2.0	5.3
1994	118729	74.6	17.6	1.9	5.9
1995	129034	75.3	16.6	1.9	6.2
1996	133032	75.0	16.9	2.0	6.1
1997	133460	74.2	17.3	2.1	6.5
1998	129834	73.3	17.7	2.2	6.8
1999	131935	73.9	17.3	2.5	6.3
2000	135048	73.2	17.2	2.7	6.9
2001	143875	73.0	16.3	2.8	7.9
2002	150656	73.5	15.8	2.9	7.8
2003	171906	76.2	14.1	2.7	7.0
2004	196648	77.1	12.8	2.8	7.3
2005	216219	77.6	12.0	3.0	7.4
2006	232167	77.8	11.3	3.4	7.5
2007	247279	77.7	10.8	3.7	7.8
2008	261210	76.6	10.7	4.1	8.6
2009	275000	77.2	9.9	4.1	8.8

注：2008年及以前年份根据经济普查调整，2009年为初步统计数（以下相关表同）。

能源消费总量和构成

年份	能源消费总量(万吨标准煤)	构成(能源消费总量=100)			
		煤炭	石油	天然气	水电、核电、风电
1978	57144	70.7	22.7	3.2	3.4
1980	60275	72.2	20.7	3.1	4.0
1985	76682	75.8	17.1	2.2	4.9
1990	98703	76.2	16.6	2.1	5.1
1991	103783	76.1	17.1	2.0	4.8
1992	109170	75.7	17.5	1.9	4.9
1993	115993	74.7	18.2	1.9	5.2
1994	122737	75.0	17.4	1.9	5.7
1995	131176	74.6	17.5	1.8	6.1
1996	135192	73.5	18.7	1.8	6.0
1997	135909	71.4	20.4	1.8	6.4
1998	136184	70.9	20.8	1.8	6.5
1999	140569	70.6	21.5	2.0	5.9
2000	145531	69.2	22.2	2.2	6.4
2001	150406	68.3	21.8	2.4	7.5
2002	159431	68.0	22.3	2.4	7.3
2003	183792	69.8	21.2	2.5	6.5
2004	213456	69.5	21.3	2.5	6.7
2005	235997	70.8	19.8	2.6	6.8
2006	258676	71.1	19.3	2.9	6.7
2007	280508	71.1	18.8	3.3	6.8
2008	291448	70.3	18.3	3.7	7.7
2009	306600	70.3	18.0	3.9	7.8

综合能源平衡表

单位：万吨标准煤

项　　目	1990年	1995年	2000年	2005年	2006年	2007年	2008年
可供消费的能源总量	**96138**	**129535**	**142605**	**232225**	**256034**	**274800**	**287011**
一次能源生产量	103922	129034	135048	216219	232167	247279	261210
回收能		2312	1760	2939	3725	6166	6511
进口量	1310	5456	14334	26952	31171	35062	36764
出口量(-)	5875	6776	9633	11448	10925	9995	9955
年初年末库存差额	-3219	-491	1096	-2436	-104	-3712	-7519
能源消费总量	**98703**	**131176**	**145531**	**235997**	**258676**	**280508**	**291448**
在总量中:							
1.农、林、牧、渔、水利业	4852	5505	3914	6071	6331	6228	6013
2.工　业	67578	96191	103773	168724	184945	200532	209302
3.建筑业	1213	1335	2179	3403	3761	4128	3813
4.交通运输、仓储和邮政业	4541	5863	11242	18391	20284	21959	22917
5.批发、零售业和住宿、餐饮业	1247	2018	3047	4848	5314	5689	5734
6.其　他	3473	4519	5762	9255	10276	11158	11771
7.生活消费	15799	15745	15614	25305	27765	30814	31898
在总量中:							
(一) 终端消费	94289	124252	139008	225690	247520	268610	278546
#工　业	63239	89473	97597	158767	174225	189032	196832
(二) 加工转换损失量	2264	3634	2461	3823	4056	4241	5166
#炼　焦	905		525	702	734	854	819
炼　油	326		781	1305	1391	1325	1380
(三) 损失量	2150	3289	4062	6483	7100	7657	7736
平衡差额	**-2565**	**-1641**	**-2926**	**-3772**	**-2642**	**-5708**	**-4437**

注：1.电力、热力按等价热值折算,因此加工转换损失量中不包括发电、供热损失量。

2.进口量包括我国飞机、轮船在国外加油量;出口量包括外国飞机、轮船在我国加油量。

能源生产弹性系数

年　份	能源生产比上年增长（%）	电力生产比上年增长（%）	国内生产总值比上年增长（%）	能源生产弹性系数	电力生产弹性系数
1985	9.9	8.9	13.5	0.73	0.66
1989	6.1	7.3	4.1	1.49	1.77
1990	2.2	6.2	3.8	0.58	1.63
1991	0.9	9.1	9.2	0.10	0.99
1992	2.3	11.3	14.2	0.16	0.80
1993	3.6	15.3	14.0	0.26	1.09
1994	6.9	10.7	13.1	0.53	0.82
1995	8.7	8.6	10.9	0.80	0.79
1996	3.1	7.2	10.0	0.31	0.72
1997	0.3	5.1	9.3	0.03	0.55
1998	-2.7	2.7	7.8		0.35
1999	1.6	6.3	7.6	0.21	0.83
2000	2.4	9.4	8.4	0.28	1.12
2001	6.5	9.2	8.3	0.79	1.11
2002	4.7	11.7	9.1	0.52	1.29
2003	14.1	15.5	10.0	1.41	1.55
2004	14.4	15.3	10.1	1.43	1.51
2005	10.0	13.5	11.3	0.88	1.19
2006	7.4	14.6	12.7	0.58	1.15
2007	6.5	14.5	14.2	0.46	1.02
2008	5.6	5.6	9.6	0.59	0.58
2009	5.2	6.3	8.7	0.60	0.72

注：国内生产总值增长速度按可比价格计算(下表同)。

能源消费弹性系数

年　份	能源消费比上年增长（%）	电力消费比上年增长（%）	国内生产总值比上年增长（%）	能源消费弹性系数	电力消费弹性系数
1985	8.1	9.0	13.5	0.60	0.67
1989	4.2	7.3	4.1	1.03	1.78
1990	1.8	6.2	3.8	0.47	1.63
1991	5.1	9.2	9.2	0.55	1.00
1992	5.2	11.5	14.2	0.37	0.81
1993	6.3	11.0	14.0	0.45	0.79
1994	5.8	9.9	13.1	0.44	0.76
1995	6.9	8.2	10.9	0.63	0.75
1996	3.1	7.4	10.0	0.31	0.74
1997	0.5	4.8	9.3	0.06	0.52
1998	0.2	2.8	7.8	0.03	0.36
1999	3.2	6.1	7.6	0.42	0.80
2000	3.5	9.5	8.4	0.42	1.13
2001	3.3	9.3	8.3	0.40	1.12
2002	6.0	11.8	9.1	0.66	1.30
2003	15.3	15.6	10.0	1.53	1.56
2004	16.1	15.4	10.1	1.60	1.52
2005	10.6	13.5	11.3	0.93	1.19
2006	9.6	14.6	12.7	0.76	1.15
2007	8.4	14.4	14.2	0.59	1.01
2008	3.9	5.6	9.6	0.41	0.58
2009	5.2	6.2	8.7	0.60	0.71

各地区电力消费量

单位：亿千瓦小时

地　区	2003年	2004年	2005年	2006年	2007年	2008年
北　京	467.6	513.2	570.5	611.6	667.0	689.7
天　津	305.6	340.0	384.8	433.7	494.9	515.9
河　北	1099.0	1291.4	1501.9	1734.8	2013.7	2095.0
山　西	725.2	833.0	946.3	1097.7	1348.8	1314.3
内蒙古	416.4	530.4	667.7	884.9	1160.2	1220.6
辽　宁	907.9	1019.8	1110.6	1228.3	1359.5	1412.0
吉　林	338.7	371.8	378.2	412.5	462.6	496.5
黑龙江	493.4	525.5	555.9	597.0	628.9	669.9
上　海	746.0	821.4	922.0	990.1	1072.4	1138.2
江　苏	1505.1	1820.1	2193.5	2569.8	2952.0	3118.3
浙　江	1232.5	1383.7	1642.3	1909.2	2189.4	2322.9
安　徽	445.4	515.7	582.2	662.2	769.1	858.9
福　建	585.7	664.4	756.6	866.8	1000.3	1073.5
江　西	299.5	335.5	392.0	446.2	511.1	545.9
山　东	1395.7	1639.9	1911.6	2272.1	2596.1	2727.0
河　南	1041.9	1191.0	1352.7	1523.5	1808.0	1970.8
湖　北	629.2	700.2	788.9	876.8	989.2	1058.5
湖　南	545.8	616.8	674.4	768.8	890.6	905.0
广　东	2031.3	2387.1	2673.6	3004.0	3394.0	3504.8
广　西	415.8	456.9	510.1	579.5	681.1	753.4
海　南	56.6	67.0	81.6	97.7	113.3	121.7
重　庆	269.3	302.6	347.7	405.2	449.2	484.4
四　川	759.8	857.0	942.6	1059.4	1177.5	1210.1
贵　州	399.6	458.7	487.0	582.0	669.1	679.2
云　南	370.3	454.5	557.3	645.6	745.5	829.4
西　藏	6.9	8.7	10.0	13.1	15.2	
陕　西	404.1	477.0	516.4	580.7	653.7	708.0
甘　肃	398.3	451.7	489.5	536.3	614.7	677.8
青　海	150.2	189.8	206.6	244.4	285.4	313.2
宁　夏	212.1	270.0	302.9	377.9	439.8	439.6
新　疆	236.1	266.4	310.1	356.2	413.3	479.4

注：本表数据由中国电力企业联合会提供。

各地区能源消耗指标

(2008年)

地　区	单位地区生产总值能耗(等价值)(吨标准煤/万元)	单位地区生产总值电耗(等价值)(千瓦小时/万元)	单位工业增加值能耗(规模以上，当量值)(吨标准煤/万元)
北　京	0.662	719.6	1.04
天　津	0.947	910.4	1.05
河　北	1.727	1492.8	3.32
山　西	2.554	2288.9	4.89
内蒙古	2.159	1887.3	4.19
辽　宁	1.617	1223.8	2.43
吉　林	1.444	885.9	1.98
黑龙江	1.290	865.9	1.90
上　海	0.801	884.1	0.96
江　苏	0.803	1149.4	1.27
浙　江	0.782	1202.1	1.18
安　徽	1.075	1106.8	2.34
福　建	0.843	1098.6	1.18
江　西	0.928	942.2	1.94
山　东	1.100	1001.1	1.70
河　南	1.219	1266.2	3.08
湖　北	1.314	1103.9	2.68
湖　南	1.225	975.5	1.98
广　东	0.715	1085.5	0.87
广　西	1.106	1254.2	2.34
海　南	0.875	979.2	2.61
重　庆	1.267	1090.2	2.11
四　川	1.381	1156.4	2.48
贵　州	2.875	2452.2	4.32
云　南	1.562	1654.9	2.85
西　藏			
陕　西	1.281	1256.0	2.01
甘　肃	2.013	2539.0	4.05
青　海	2.935	4061.6	3.24
宁　夏	3.686	5084.1	7.13
新　疆	1.963	1331.2	3.00

注：地区生产总值和工业增加值按2005年价格计算。

建筑业企业概况

年份	企业单位数(个)	从业人员(万人)	总产值		增加值	
			绝对数(亿元)	指数(上年=100)	绝对数(亿元)	指数(上年=100)
1980	6604	648.0	286.9			
1985	11150	911.5	675.1	130.5		
1990	13327	1010.7	1345.0	104.8		
1991	13825	1058.3	1564.3	116.3		
1992	14536	1157.5	2174.4	139.0		
1993	20998	1096.7	3253.5	149.6		
1994	23315	1445.9	4653.3	143.0	1322.1	
1995	24133	1497.9	5793.8	124.5	1668.6	126.2
1996	41364	2121.9	8282.2	142.9	2405.6	144.2
1997	44017	2101.5	9126.5	110.2	2540.5	105.6
1998	45634	2030.0	10062.0	110.3	2783.8	109.6
1999	47234	2020.1	11152.9	110.8	3022.3	108.6
2000	47518	1994.3	12497.6	112.1	3341.1	110.5
2001	45893	2110.7	15361.6	122.9	4023.6	120.4
2002	47820	2245.2	18527.2	120.6	3822.4	116.8
2003	48688	2414.3	23083.9	124.6	4654.7	121.8
2004	59018	2500.3	29021.5	125.7	5615.8	120.6
2005	58750	2699.9	34552.1	119.1	6899.7	122.9
2006	60166	2878.2	41557.2	120.3	8116.4	117.6
2007	62074	3133.7	51043.7	122.8	9944.4	122.5
2008	71095	3315.0	62036.8	121.5	12488.9	121.5
2009	68283	3597.4	75863.8	122.3	15272.5	122.3

注：1.本表1980-1992年为全民和集体所有制建筑业企业数据；1993-1995年为各种经济成分的建制镇以上企业数据；1996-2001年为资质等级（旧资质）四级及四级以上建筑业企业数据；2002年起为所有资质等级的施工总承包、专业承包建筑业企业（不含劳务分包建筑业企业）数据(下表同)。
2.本表2002年、2008年建筑业增加值统计口径调整，绝对数与上年度不可比，指数按可比口径计算。

建筑业企业生产完成情况

项目	单位	2004年	2005年	2006年	2007年	2008年	2009年
签订的合同额	亿元	46199	55947	67194	83412	104241	131931
上年结转合同额	亿元	16057	19588	24428	29918	37872	47033
本年新签合同额	亿元	30143	36359	42766	53495	66369	84899
竣工产值	亿元	20266	23866	28141	33604	39342	43798
房屋建筑施工面积	万平方米	310986	352745	410154	482006	530519	587279
#本年新开工面积	万平方米	179449	197743	230347	268401	271378	294430
#投标承包面积	万平方米	243704	287582	338919	401821	438752	487901
房屋建筑竣工面积	万平方米	147364	159406	179673	203993	223592	229576
#住宅	万平方米	81859	89471	102940	119325	133881	141063
房屋建筑竣工价值	亿元	11431	12990	15429	18433	21723	24085
#住宅	亿元	6011	6895	8467	10291	12521	14336

各地区建筑业总产值和房屋建筑面积

地区	总产值(亿元)		施工面积(万平方米)		竣工面积(万平方米)	
	2008年	2009年	2008年	2009年	2008年	2009年
全国总计	**62036.8**	**75863.8**	**530518.6**	**587278.8**	**223592.0**	**229576.1**
北京	3066.2	4059.8	19537.1	22720.6	4802.9	5225.5
天津	1453.8	1808.5	5947.6	6369.9	1643.7	2071.4
河北	2044.8	2489.2	15909.4	17908.6	7009.9	6966.4
山西	1355.4	1772.8	5716.7	5954.2	2320.7	1921.8
内蒙古	780.0	952.1	5277.4	5691.2	3238.7	2861.5
辽宁	2505.2	3373.8	14616.8	19652.5	6707.5	8285.2
吉林	994.7	1151.8	5435.7	5107.3	3378.1	2930.8
黑龙江	1036.8	1327.1	5480.6	4817.6	2414.5	2492.0
上海	3245.8	3827.8	18055.0	19032.6	5723.9	5397.2
江苏	8601.5	10181.3	90434.4	98494.0	40735.8	40538.7
浙江	8156.1	9351.0	92568.1	105436.2	37339.0	39521.5
安徽	1854.6	2269.7	16782.9	18258.2	7874.2	8402.7
福建	1852.7	2162.3	20028.3	21006.9	7637.8	6682.2
江西	1032.9	1285.0	10668.9	11910.7	5238.6	5690.5
山东	3821.9	4578.3	34106.0	39120.9	15540.9	16039.1
河南	2824.1	3560.9	21966.4	24421.1	10394.3	11138.0
湖北	2605.1	3409.0	18272.9	20771.2	9152.5	9371.7
湖南	2115.4	2504.9	21463.0	23540.9	9077.5	9924.8
广东	3270.3	3666.7	30295.7	29838.2	10913.8	10142.2
广西	753.2	927.0	8511.3	8958.8	3142.2	3331.5
海南	111.2	142.8	962.8	1144.4	340.7	381.2
重庆	1496.3	1887.2	15618.9	16416.4	6485.3	7049.1
四川	2592.9	3289.1	23862.2	26225.1	9853.9	10499.3
贵州	393.7	508.7	4223.6	4829.5	1211.0	1277.8
云南	906.9	1179.2	6671.9	7614.8	3336.7	3410.1
西藏	72.9	88.0	255.9	279.1	128.7	22.1
陕西	1651.2	2313.0	7741.1	9348.6	3020.1	2885.4
甘肃	481.3	576.4	3791.5	4689.0	1842.8	1618.7
青海	143.0	201.1	404.5	463.8	189.2	188.6
宁夏	191.5	259.2	1677.3	2113.4	741.2	923.3
新疆	625.4	760.6	4234.7	5143.1	2156.0	2386.0

各地区建筑业主要效益指标

(2009年)

地　区	企　业 个　数 (个)	计算劳动 生产率的 平均人数 (万人)	按建筑业总 产值计算的 劳动生产率 (元/人)	人　均 竣工产值 (元/人)	人　均 施工面积 (平方米/人)	人　均 竣工面积 (平方米/人)
全国总计	**68283**	**4153.6**	**182647**	**105446**	**141.4**	**55.3**
北　京	3229	162.6	249693	126916	139.7	32.1
天　津	1272	55.6	325246	159574	114.6	37.3
河　北	2077	129.9	191669	97089	137.9	53.6
山　西	1543	81.2	218438	66641	73.4	23.7
内蒙古	766	73.2	129986	84990	77.7	39.1
辽　宁	4184	191.4	176307	101125	102.7	43.3
吉　林	861	61.7	186807	100549	82.8	47.5
黑龙江	1680	81.9	162007	70860	58.8	30.4
上　海	2871	112.3	340948	184880	169.5	48.1
江　苏	8284	604.4	168468	126368	163.0	67.1
浙　江	4656	463.5	201730	132881	227.5	85.3
安　徽	2334	141.9	159925	87140	128.6	59.2
福　建	2034	133.3	162194	99464	157.6	50.1
江　西	1214	75.4	170354	104184	157.9	75.4
山　东	6004	307.1	149095	85152	127.4	52.2
河　南	3744	200.9	177214	95114	121.5	55.4
湖　北	2789	214.6	158872	71240	96.8	43.7
湖　南	1838	139.1	180145	111203	169.3	71.4
广　东	4198	172.3	212859	128012	173.2	58.9
广　西	953	49.4	187833	112739	181.5	67.5
海　南	103	10.4	136780	67685	109.7	36.5
重　庆	2338	114.9	164296	96885	142.9	61.4
四　川	3295	245.2	134132	69543	106.9	42.8
贵　州	559	31.9	159654	63515	151.6	40.1
云　南	1930	68.8	171458	91048	110.7	49.6
西　藏	153	5.2	170216	142214	54.0	4.3
陕　西	988	103.7	223008	83211	90.1	27.8
甘　肃	760	46.9	122810	65316	99.9	34.5
青　海	378	12.1	165665	58957	38.2	15.5
宁　夏	474	20.5	126608	97723	103.2	45.1
新　疆	774	42.5	178816	110956	120.9	56.1

交通运输业基本情况

指　　标	单 位	1990年	1995年	2000年	2008年	2009年
运输线路长度						
铁路营业里程	万公里	5.8	6.2	6.9	8.0	8.6
公路里程	万公里	102.8	115.7	140.3	373.0	386.1
内河航道里程	万公里	10.9	11.1	11.9	12.3	12.4
民航航线里程	万公里	50.7	112.9	150.3	246.2	234.5
客运量	**万人**	**772682**	**1172596**	**1478573**	**2867892**	**2976898**
#铁路	万人	95712	102745	105073	146193	152451
公路	万人	648085	1040810	1347392	2682114	2779081
旅客周转量	**亿人公里**	**5628**	**9002**	**12261**	**23197**	**24835**
#铁路	亿人公里	2613	3546	4533	7779	7879
公路	亿人公里	2620	4603	6657	12476	13511
货运量	**万吨**	**970602**	**1234938**	**1358682**	**2585937**	**2780628**
#铁路	万吨	150681	165982	178581	330354	333348
公路	万吨	724040	940387	1038813	1916759	2127834
水运	万吨	80094	113194	122391	294510	318996
货物周转量	**亿吨公里**	**26208**	**35909**	**44321**	**110300**	**122133**
#铁路	亿吨公里	10622	13049	13770	25106	25239
公路	亿吨公里	3358	4695	6129	32868	37189
水运	亿吨公里	11592	17552	23734	50263	57557
铁路机车数量	**台**	**13981**	**15554**	**15253**	**18437**	**18922**
国家铁路	台	13592	15146	14472	17336	17825
地方铁路	台	389	408	327	346	271
合资铁路	台			454	755	826
铁路客车数量	**辆**	**27538**	**32663**	**37249**	**45076**	**49355**
铁路货车数量	**辆**	**368561**	**436414**	**443902**	**591793**	**603082**
民用汽车拥有量	**万辆**	**551.4**	**1040.0**	**1608.9**	**5099.6**	**6280.6**
#载客汽车	万辆	162.2	417.9	853.7	3838.9	4845.1
载货汽车	万辆	368.5	585.4	716.3	1126.1	1368.6
#私人汽车	万辆	81.6	250.0	625.3	3501.4	4574.9
民用运输船舶拥有量	**艘**	**425934**	**364968**	**229676**	**184190**	**176932**
#机动船	艘	325888	299717	185018	152247	149367
驳船	艘	82482	57998	44658	31943	27565
#私人运输船舶	艘	231168	196736	142117	64552	52645
沿海规模以上港口货物吞吐量	**万吨**	**48321**	**80166**	**125603**	**429599**	**475481**

注：1.1993年及以后年份铁路货物运输指标口径有调整，增加了行包运量。

2.2005年起公路里程含村道。

3.2008年全国公路水路运输统计口径有调整。

4.2009年沿海规模以上港口统计范围有调整。

各种运输线路长度

(年底数) 单位：万公里

年 份	铁路营业里程	公路里程	#高速公路	内河航道里程	民用航空航线里程	输油(气)管道里程
1978	5.17	89.02		13.60	14.89	0.83
1980	5.33	88.83		10.85	19.53	0.87
1985	5.52	94.24		10.91	27.72	1.17
1990	5.79	102.83	0.05	10.92	50.68	1.59
1991	5.78	104.11	0.06	10.97	55.91	1.62
1992	5.81	105.67	0.07	10.97	83.66	1.59
1993	5.86	108.35	0.11	11.02	96.08	1.64
1994	5.90	111.78	0.16	11.02	104.56	1.68
1995	6.24	115.70	0.21	11.06	112.90	1.72
1996	6.49	118.58	0.34	11.08	116.65	1.93
1997	6.60	122.64	0.48	10.98	142.50	2.04
1998	6.64	127.85	0.87	11.03	150.58	2.31
1999	6.74	135.17	1.16	11.65	152.22	2.49
2000	6.87	140.27	1.63	11.93	150.29	2.47
2001	7.01	169.80	1.94	12.15	155.36	2.76
2002	7.19	176.52	2.51	12.16	163.77	2.98
2003	7.30	180.98	2.97	12.40	174.95	3.26
2004	7.44	187.07	3.43	12.33	204.94	3.82
2005	7.54	334.52	4.10	12.33	199.85	4.40
2006	7.71	345.70	4.53	12.34	211.35	4.82
2007	7.80	358.37	5.39	12.35	234.30	5.45
2008	7.97	373.02	6.03	12.28	246.18	5.83
2009	8.55	386.08	6.51	12.37	234.51	6.90

注：2005年起公路里程含村道。

民用汽车拥有量

单位：万辆

年 份	民用汽车			私人汽车		
	总 计	#载客汽车	#载货汽车	总 计	#载客汽车	#载货汽车
1978	135.8	25.9	100.2			
1980	178.3	35.1	129.9			
1985	321.1	79.5	223.2	28.5	1.9	26.5
1990	551.4	162.2	368.5	81.6	24.1	57.5
1991	606.1	185.2	398.6	96.0	30.4	65.6
1992	691.7	226.2	441.5	118.2	41.8	76.2
1993	817.6	286.0	501.0	155.8	59.9	94.0
1994	942.0	349.7	560.3	205.4	78.6	123.3
1995	1040.0	417.9	585.4	250.0	114.2	131.8
1996	1100.1	488.0	575.0	289.7	143.0	142.8
1997	1219.1	580.6	601.2	358.4	191.3	163.2
1998	1319.3	654.8	627.9	423.7	230.7	192.0
1999	1452.9	740.2	677.0	533.9	304.1	228.7
2000	1608.9	853.7	716.3	625.3	365.1	259.1
2001	1802.0	994.0	765.2	770.8	469.9	299.0
2002	2053.2	1202.4	812.2	969.0	623.8	341.3
2003	2382.9	1478.8	853.5	1219.2	845.9	367.4
2004	2693.7	1735.9	893.0	1481.7	1069.7	402.8
2005	3159.7	2132.5	955.6	1848.1	1383.9	452.1
2006	3697.4	2619.6	986.3	2333.3	1823.6	494.9
2007	4358.4	3196.0	1054.1	2876.2	2316.9	539.5
2008	5099.6	3838.9	1126.1	3501.4	2880.5	596.4
2009	6280.6	4845.1	1368.6	4574.9	3808.3	753.4

客　运　量

单位：万人

年份	客运量	铁路	公路	水运	民航
1978	253993	81491	149229	23042	231
1980	341785	92204	222799	26439	343
1985	620206	112110	476486	30863	747
1990	772682	95712	648085	27225	1660
1991	806048	95080	682681	26109	2178
1992	860855	99693	731774	26502	2886
1993	996634	105458	860719	27074	3383
1994	1092882	108738	953940	26165	4039
1995	1172596	102745	1040810	23924	5117
1996	1245357	94797	1122110	22895	5555
1997	1326094	93308	1204583	22573	5630
1998	1378717	95085	1257332	20545	5755
1999	1394413	100164	1269004	19151	6094
2000	1478573	105073	1347392	19386	6722
2001	1534122	105155	1402798	18645	7524
2002	1608150	105606	1475257	18693	8594
2003	1587497	97260	1464335	17142	8759
2004	1767453	111764	1624526	19040	12123
2005	1847018	115583	1697381	20227	13827
2006	2024158	125656	1860487	22047	15968
2007	2227761	135670	2050680	22835	18576
2008	2867892	146193	2682114	20334	19251
2009	2976898	152451	2779081	22314	23052

旅客周转量

单位：亿人公里

年份	旅客周转量	铁路	公路	水运	民航
1978	1743	1093	521	101	28
1980	2281	1383	730	129	40
1985	4436	2416	1725	179	117
1990	5628	2613	2620	165	230
1991	6178	2828	2872	177	301
1992	6949	3152	3193	198	406
1993	7858	3483	3701	196	478
1994	8591	3636	4220	184	552
1995	9002	3546	4603	172	681
1996	9165	3348	4909	161	748
1997	10055	3585	5541	156	774
1998	10637	3773	5943	120	800
1999	11300	4136	6199	107	857
2000	12261	4533	6657	101	971
2001	13155	4767	7207	90	1091
2002	14126	4969	7806	82	1269
2003	13811	4789	7696	63	1263
2004	16309	5712	8748	66	1782
2005	17467	6062	9292	68	2045
2006	19197	6622	10131	74	2371
2007	21593	7216	11507	78	2792
2008	23197	7779	12476	59	2883
2009	24835	7879	13511	69	3375

各地区客运量和旅客周转量

(2009年)

地　区	客运量(万人)	#铁路	#公路	#水运	旅客周转量(亿人公里)	#铁路	#公路	#水运
全国总计	**2976898**	**152451**	**2779081**	**22314**	**24835**	**7879**	**13511**	**69**
北　京	129534	8161	121373		361	94	268	
天　津	23337	2232	21090	15	250	123	127	
河　北	77773	7194	70579		1043	672	371	
山　西	36474	5320	31122	32	352	142	210	
内蒙古	22077	4079	17998		360	162	198	
辽　宁	95505	13377	81585	543	841	484	350	7
吉　林	58580	5687	52723	170	427	198	229	
黑龙江	43365	10133	32947	285	466	239	227	
上　海	9571	5161	2995	1415	157	51	100	6
江　苏	200713	9167	191001	545	1371	312	1058	1
浙　江	199068	7024	188364	3680	1103	291	804	7
安　徽	141229	5131	135984	114	1303	411	891	
福　建	75009	2083	71586	1340	466	104	360	2
江　西	70496	5470	64770	256	790	511	279	
山　东	234564	6136	226134	2294	1601	394	1197	10
河　南	144203	7718	136279	206	1615	700	915	1
湖　北	94334	5260	88703	371	939	374	562	2
湖　南	140572	6466	133359	747	1233	631	601	1
广　东	418938	10361	406704	1873	1887	410	1470	7
广　西	68593	2886	65405	302	787	167	618	2
海　南	40735	68	39461	1206	139	2	135	2
重　庆	113981	2605	110150	1226	410	98	301	10
四　川	220020	5903	211288	2829	1005	231	771	2
贵　州	64918	3204	59981	1733	407	162	240	4
云　南	35556	2123	32775	658	376	72	302	2
西　藏	7844	85	7759		30	8	22	
陕　西	84303	5008	79033	262	681	343	338	
甘　肃	49968	2121	47755	92	496	289	207	
青　海	10071	430	9603	38	85	40	46	
宁　夏	12629	513	12034	82	92	31	61	
新　疆	29886	1345	28541		387	134	253	
不分地区	23052				3375			

注：不分地区合计为民航完成数。

货运量

单位：万吨

年份	货运量	铁路	公路	水运	#远洋	民航	管道
1978	248946	110119	85182	43292	3659	6.4	10347
1980	546537	111279	382048	42676	4292	8.9	10525
1985	745763	130709	538062	63322	6627	19.5	13650
1990	970602	150681	724040	80094	9408	37.0	15750
1991	985793	152893	733907	83370	10567	45.2	15578
1992	1045899	157627	780941	92490	11191	57.5	14783
1993	1115902	162794	840256	97938	12508	69.4	14845
1994	1180396	163216	894914	107091	13421	82.9	15092
1995	1234938	165982	940387	113194	15251	101.1	15274
1996	1298421	171024	983860	127430	14213	115.0	15992
1997	1278218	172149	976536	113406	20287	124.7	16002
1998	1267427	164309	976004	109555	18892	140.1	17419
1999	1293008	167554	990444	114608	22621	170.4	20232
2000	1358682	178581	1038813	122391	22949	196.7	18700
2001	1401786	193189	1056312	132675	27573	171.0	19439
2002	1483447	204956	1116324	141832	29896	202.1	20133
2003	1564492	224248	1159957	158070	34002	219.0	21998
2004	1706412	249017	1244990	187394	39469	276.7	24734
2005	1862066	269296	1341778	219648	48549	306.7	31037
2006	2037060	288224	1466347	248703	54413	349.4	33436
2007	2275822	314237	1639432	281199	58903	401.8	40552
2008	2585937	330354	1916759	294510	42352	407.6	43906
2009	2780628	333348	2127834	318996	51733	445.5	44598

注：1993年及以后年份铁路货物运输指标口径有调整，增加了行包运量(以下二表同)。

货物周转量

单位：亿吨公里

年份	货物周转量	铁路	公路	水运	#远洋	民航	管道
1978	9829	5345	274	3779	2487	1.0	430
1980	12027	5718	764	5053	3532	1.4	491
1985	18365	8126	1903	7729	5329	4.2	603
1990	26208	10622	3358	11592	8141	8.2	627
1991	27987	10972	3428	12956	8990	10.1	621
1992	29218	11576	3755	13256	9034	13.4	617
1993	30647	12091	4071	13861	9134	16.6	608
1994	33435	12632	4486	15687	10268	18.6	612
1995	35909	13049	4695	17552	11938	22.3	590
1996	36590	13106	5011	17863	11254	24.9	585
1997	38385	13270	5272	19235	14875	29.1	579
1998	38089	12560	5483	19406	14920	33.5	606
1999	40568	12910	5724	21263	17014	42.3	628
2000	44321	13770	6129	23734	17073	50.3	636
2001	47710	14694	6330	25989	20873	43.7	653
2002	50686	15658	6783	27511	21733	51.6	683
2003	53859	17247	7099	28716	22305	57.9	739
2004	69445	19289	7841	41429	32255	71.8	815
2005	80258	20726	8693	49672	38552	78.9	1088
2006	88840	21954	9754	55486	42577	94.3	1551
2007	101419	23797	11355	64285	48686	116.4	1866
2008	110300	25106	32868	50263	32851	119.6	1944
2009	122133	25239	37189	57557	39524	126.2	2022

各地区货运量和货物周转量

(2009年)

地　区	货运量(万吨)	#铁路	#公路	#水运	货物周转量(亿吨公里)	#铁路	#公路	#水运
全国总计	**2780628**	**333348**	**2127834**	**318996**	**122133**	**25239**	**37189**	**57557**
北　京	20470	1717	18753		732	644	88	
天　津	42324	11263	19800	11261	9607	458	206	8943
河　北	123065	15483	106530	1052	6405	3183	2998	224
山　西	109534	54743	54786	5	2390	1484	906	
内蒙古	113916	43084	70832		4117	2232	1885	
辽　宁	135055	20316	105088	9651	7754	1307	1550	4897
吉　林	34771	7478	27032	261	1167	570	596	1
黑龙江	54208	16744	36486	978	1645	981	657	7
上　海	76669	941	37745	37983	14373	25	230	14118
江　苏	152581	6563	104002	42016	4675	332	971	3372
浙　江	151566	3762	95802	52002	5660	323	1189	4148
安　徽	196654	11308	157991	27355	6322	990	4237	1095
福　建	58163	3574	40317	14272	2471	178	507	1786
江　西	86057	5570	75200	5287	2334	659	1536	139
山　东	284086	19219	251587	13280	11022	1408	6045	3569
河　南	169942	14160	151343	4439	6154	1964	3927	263
湖　北	78984	6116	59563	13305	2566	791	930	845
湖　南	128921	5736	111351	11834	2513	999	1260	255
广　东	169653	7597	125433	36623	4770	313	1518	2938
广　西	94466	8962	75766	9738	2337	797	935	606
海　南	18393	621	10839	6933	793	7	79	706
重　庆	68566	2263	58532	7771	1650	179	503	968
四　川	118253	7659	106472	4122	1591	683	851	57
贵　州	34803	6956	27031	816	926	673	242	11
云　南	46039	4929	40765	345	868	366	496	5
西　藏	943	23	920		35	10	25	
陕　西	92557	24421	67963	173	2219	1185	1032	1
甘　肃	26605	5763	20812	30	1619	1130	490	
青　海	9874	2701	7173		364	165	199	
宁　夏	29242	5979	23263		750	253	497	
新　疆	45046	6389	38657		1256	655	601	
不分地区	9221	1307		7464	11048	296		8604

注：不分地区合计中包括铁路行包运输、管道运输企业、民航运输企业及中远集团海外公司完成数。

沿海规模以上港口货物吞吐量

单位：万吨

港口	1990年	1995年	2000年	2005年	2007年	2008年	2009年
总计	**48321**	**80166**	**125603**	**292777**	**388200**	**429599**	**475481**
大连	4952	6417	9084	17085	22286	24588	27203
营口	237	1156	2268	7537	12207	15085	17603
秦皇岛	6945	8382	9743	16900	24893	25231	24942
天津	2063	5787	9566	24069	30946	35593	38111
烟台	668	1361	1774	4506	10129	11189	12351
青岛	3034	5103	8636	18678	26502	30029	31546
日照	925	1452	2674	8421	13063	15102	18131
上海	13959	16567	20440	44317	49227	50808	49467
连云港	1137	1716	2708	6016	8507	10060	10843
宁波-舟山	2554	6853	11547	26881	47336	52048	57684
福州	561	1032	2426	7443	6433	6703	8094
厦门	529	1314	1965	4771	8117	9702	11096
深圳	1258	3080	5697	15351	19994	21125	19365
广州	4163	7299	11128	25036	34325	34700	36395
湛江	1557	1885	2038	4647	6075	6682	11838
海口	288	468	808	2118	2373	2614	4855
八所	431	275	378	486	546	554	652
其他港口	3060	10019	22723	58515	65241	77786	95305

注：1.从2006年起，宁波-舟山港统计范围包括原宁波港和舟山港，以往年度数据为原宁波港数据。
2.从2007年起，烟台港统计范围包括原烟台港和龙口港，以往年度数据为原烟台港数据。
3.2009年，湛江港和海口港港区范围有调整。

民用航空航线及飞机架数

指标	单位	1990年	1995年	2000年	2005年	2007年	2008年	2009年
民用航空航线条数	**条**	**437**	**797**	**1165**	**1257**	**1506**	**1532**	**1592**
国际航线	条	44	85	133	233	290	297	263
国内航线	条	385	694	1032	1024	1216	1235	1329
港澳地区航线	条	8	18	42	43	48	49	72
民用航空航线里程	**万公里**	**50.7**	**112.9**	**150.3**	**199.9**	**234.3**	**246.2**	**234.5**
国际航线	万公里	16.6	34.8	50.8	85.6	104.7	112.0	92.0
国内航线	万公里	32.9	75.1	99.5	114.3	129.6	134.2	142.5
港澳地区航线	万公里	1.1	3.0	5.6	6.1	7.1	6.9	10.7
民航国内通航机场	**个**	**94**	**139**	**139**	**135**	**148**	**152**	**165**
民用飞机架数	**架**	**503**	**852**	**982**	**1386**	**1813**	**1961**	**2179**
运输飞机	架	204	416	527	863	1134	1259	1417
大中型飞机	架		330	462	785	1050	1155	1297
小型飞机	架		86	65	78	84	104	120
通用航空飞机	架	217	306	301	383	457	484	555
教学校验飞机	架	82	130	154	140	222	218	207

注：1.1992年以前，民航机场和飞机架数为民航总局直属企业数，1992年起为民航全行业数据。
2.1997年以前，地区航线含民航至香港、澳门航线，与国内航线、国际航线并列。1997年起，民航至香港航线统计在国内航线中，航线里程及运输量统计口径也做同样调整。1999年起，地区航线为国内航线的其中项，包含民航至香港、澳门航线及运输量。
3.民航国内通航机场不包含香港、澳门特别行政区。

邮电业务基本情况

指　　标	单 位	1990年	1995年	2000年	2008年	2009年
邮电业务量						
邮电业务总量	亿元	155.5	988.9	4792.7	23649.5	27312.7
邮政业务总量	亿元	46.0	113.3	232.8	1401.8	1632.1
电信业务总量	亿元	109.6	875.5	4559.9	22247.7	25680.6
函件	亿件	54.9	79.6	77.7	73.6	75.3
快递	万件	343	5563	11031	151329	185785
报刊期发数	万份	20078	21689	20090	15658	13910
长途电话	亿分钟		309.9	671.5	970.7	825.6
移动电话年末用户	万户	1.8	362.9	8453.3	64124.5	74738.4
移动短信业务量	亿条				6996.9	7713.0
固定电话年末用户	万户	685.0	4070.6	14482.9	34035.9	31368.8
城市电话	万户	538.4	3263.6	9311.6	23155.9	21177.6
#住宅	万户	152.7	2358.4	7219.4	15588.3	12960.7
农村电话	万户	146.6	807.0	5171.3	10880.0	10191.2
#住宅	万户	30.7	551.4	4597.8	9612.2	8821.4
公用电话用户	万部	4.6	85.0	352.0	2771.5	2708.8
邮政局所及邮电通信电路						
营业网点	处	53629	61898	58437	69146	67349
邮路及农村投递路线总长度	万公里	498.3	523.2	643.8	735.0	770.4
长途光缆线路长度	公里	3334	106882	286642	797979	837159
邮电通信设备拥有量						
长途自动交换机容量	万路端	16.1	351.9	563.5	1690.7	1705.9
局用电话交换机容量	万门	1232	7204	17826	50863	49219
移动电话交换机容量	万户	5	797	13986	114531	142111
邮电通信服务水平						
电话普及率(含移动)	部/百人	1.11	4.66	19.10	74.29	79.90
移动电话普及率	部/百人	0.002	0.30	6.72	48.53	56.28

注：1.邮电业务总量2000年及以前按1990年不变价格计算，2001年起按2000年不变价格计算。

2.1997年及以前城市电话用户为市内电话用户数。

3.1998年及以前邮政局所为邮电局所。

4.2006年及以前邮政业务总量、特快专递和邮政局所统计口径为中国邮政集团；2007年起包括规模以上(年业务收入200万元以上)邮政业法人企业数据(下表同)。

邮电业务量（一）

年　份	邮电业务总量（亿元）	邮政业务总量	电信业务总量	邮电业务总量指数（上年=100）	函　件（亿件）	快递（万件）	报刊期发　数（万份）
1978	34.1	14.9	19.2	104.6	28.4		11250
1980	39.0	17.0	22.0	106.3	33.1		16431
1985	62.2	25.7	36.5	118.3	46.8		30172
1990	155.5	46.0	109.6	126.0	54.9	343	20078
1991	204.4	52.8	151.6	131.4	52.1	567	23277
1992	290.9	64.4	226.6	142.4	57.2	959	25104
1993	462.7	80.3	382.5	159.0	68.7	2156	25511
1994	688.2	95.9	592.3	148.7	76.5	4020	24096
1995	988.9	113.3	875.5	143.7	79.6	5563	21689
1996	1342.0	133.3	1208.8	135.7	78.7	7097	21157
1997	1773.3	144.3	1629.0	132.1	68.6	6879	21875
1998	2431.2	166.3	2264.9	137.1	65.5	7668	22989
1999	3330.8	198.4	3132.4	137.0	60.5	9091	25035
2000	4792.7	232.8	4559.9	143.9	77.7	11031	20090
2001	4556.3	457.4	4098.8	127.6	86.9	12653	21811
2002	5695.8	494.7	5201.1	125.0	106.0	14036	17620
2003	7019.8	541.0	6478.8	123.2	103.8	17238	16594
2004	9712.3	564.3	9148.0	138.4	82.8	19772	14789
2005	12028.5	625.5	11403.0	123.8	73.5	22880	14601
2006	15325.9	730.5	14595.4	127.4	71.3	26988	14373
2007	19805.0	1213.7	18591.3	129.2	69.5	120190	13031
2008	23649.5	1401.8	22247.7	119.4	73.6	151329	15658
2009	27312.7	1632.1	25680.6	115.5	75.3	185785	13910

注：邮电业务总量2000年及以前按1990年不变价格计算，2001年起按2000年不变价格计算；2001年数据按1990年不变价格计算为6115.1亿元。

邮电业务量（二）

年　份	集邮业务（万枚）	固定电话长途通话时长（亿分钟）	移动电话通话时长（亿分钟）	IP电话通话时长（亿分钟）	移动电话年末用户（万户）	移动短信业务量（亿条）	互联网上网人数（万人）
1978							
1980							
1985							
1990	71233				1.8		
1991	123523				4.8		
1992	167303				17.7		
1993	210885				63.9		
1994	236849				156.8		
1995	239250	309.9	113.4		362.9		
1996	303436	385.0	252.4		685.3		
1997	451729	459.5	420.2		1323.3		62
1998	502850	536.7	635.7		2386.3		210
1999	522475	546.6	1188.1	1.0	4329.6		890
2000	453500	671.5	1845.3	31.5	8453.3		2250
2001	344114	628.2	2904.5	201.9	14522.2		3370
2002	244159	539.9	4184.0	591.6	20600.5	583.3	5910
2003	183421	587.5	6308.9	834.2	26995.3	1386.3	7950
2004	149178	741.6	9454.7	1149.0	33482.4	2170.5	9400
2005	121214	894.2	12507.4	1340.2	39340.6	3046.3	11100
2006	104581	976.1	16870.7	1492.2	46105.8	4295.4	13700
2007	113657	1040.6	23061.3	1494.9	54730.6	5945.8	21000
2008	131873	970.7	29355.6	1399.3	64124.5	6996.9	29800
2009	110089	825.6	35341.0	1185.6	74738.4	7713.0	38400

邮电业务量（三）

年 份	固定电话年末用户（万户）	城市电话	#住 宅	农村电话	#住 宅	#公用电话（万部）
1978	192.5	119.2		73.4		1.2
1980	214.1	134.2		79.9		1.4
1985	312.0	219.0	4.1	93.1	2.0	2.7
1990	685.0	538.4	152.7	146.6	30.7	4.6
1991	845.1	670.8	239.0	174.2	49.5	5.4
1992	1146.9	920.6	415.4	226.3	79.0	8.4
1993	1733.2	1407.4	800.4	325.8	139.5	15.8
1994	2729.5	2246.8	1489.4	482.7	274.9	38.7
1995	4070.6	3263.6	2358.4	807.0	551.4	85.0
1996	5494.7	4277.8	3224.6	1216.9	907.3	138.0
1997	7031.0	5244.4	4057.2	1786.6	1406.6	193.9
1998	8742.1	6259.8	4911.1	2482.3	2070.7	259.5
1999	10871.6	7463.3	5894.4	3408.4	2949.2	297.4
2000	14482.9	9311.6	7219.4	5171.3	4597.8	352.0
2001	18036.8	11193.7	8535.3	6843.1	6197.7	346.2
2002	21422.2	13579.1	10196.7	7843.1	7183.8	985.5
2003	26274.7	17109.7	12533.9	9165.0	8389.7	1561.4
2004	31175.6	21025.1	15246.5	10150.5	9240.5	2215.0
2005	35044.5	23975.3	17201.2	11069.2	10023.9	2681.2
2006	36778.6	25132.9	17697.6	11645.6	10561.5	2960.7
2007	36563.7	24859.8	16988.2	11704.0	10533.1	2991.9
2008	34035.9	23155.9	15588.3	10880.0	9612.2	2771.5
2009	31368.8	21177.6	12960.7	10191.2	8821.4	2708.8

营业网点数及邮电通信电路

年 份	营业网点（万处）	邮路总长度（万公里）	#汽车邮路	农村投递线路（万公里）	长途光缆线路长度（万公里）	互联网宽带接入端口（万个）
1978	4.96	486.33	57.22	426.63		
1980	4.95	473.71	58.21	413.89		
1985	5.31	141.63	65.81	356.58		
1990	5.36	161.82	67.67	336.49	0.33	
1991	5.40	160.33	68.58	337.14	0.65	
1992	5.49	164.69	71.24	337.46	1.44	
1993	5.70	176.05	72.74	337.78	3.87	
1994	6.04	178.18	75.79	336.47	7.33	
1995	6.19	188.61	81.94	334.58	10.69	
1996	7.25	211.89	91.72	335.81	13.02	
1997	7.93	236.31	87.37	340.29	15.08	
1998	10.22	285.39	93.06	336.15	19.41	
1999	6.66	297.90	98.91	334.81	23.97	
2000	5.84	307.33	107.03	336.45	28.66	
2001	5.71	310.26	107.41	349.28	39.91	
2002	7.64	308.10	111.28	351.12	48.77	
2003	6.36	327.02	113.75	353.18	59.43	1802.3
2004	6.64	333.64	119.46	353.05	69.53	3578.1
2005	6.59	340.62	122.98	356.52	72.30	4874.7
2006	6.28	336.94	123.06	356.70	72.24	6486.4
2007	7.07	353.30	130.29	363.76	79.22	8539.3
2008	6.91	369.35	138.51	365.69	79.80	10890.4
2009	6.73	402.77	145.08	367.60	83.72	13592.4

邮电通信设备拥有量

年　份	长途自动交换机容量(万路端)	局用电话交换机容量(万门)	移动电话交换机容量(万户)
1978	0.2	405.9	
1980	0.2	443.2	
1985	1.2	613.4	
1990	16.1	1231.8	5.1
1991	28.6	1492.2	10.5
1992	52.2	1915.1	45.3
1993	120.6	3048.0	156.1
1994	241.6	4926.2	371.6
1995	351.9	7203.6	796.7
1996	416.2	9291.2	1536.2
1997	436.8	11269.2	2585.7
1998	449.2	13823.7	4706.7
1999	503.2	15346.1	8136.0
2000	563.5	17825.6	13985.6
2001	703.6	25566.3	21926.3
2002	773.0	28656.8	27400.3
2003	1061.1	35082.5	33698.4
2004	1263.0	42346.9	39684.3
2005	1371.6	47196.1	48241.7
2006	1442.3	50279.9	61032.0
2007	1709.2	51034.6	85496.1
2008	1690.7	50863.2	114531.4
2009	1705.9	49219.4	142111.2

邮电通信服务水平

指　　标	单　位	2004年	2005年	2006年	2007年	2008年	2009年
平均每一营业网点服务面积	平方公里	142.4	145.6	152.9	135.9	138.8	142.5
平均每一营业网点服务人口	万人	2.0	2.0	2.1	1.9	1.9	2.0
平均每人每年发函件数	件	6.4	5.7	5.5	5.3	5.6	5.8
平均每百人订有报刊数	份	11.4	11.2	11.2	9.9	11.9	10.0
每千人拥有公用电话数	部	17.14	20.63	22.64	22.76	20.98	20.40
电话普及率(含移动)	部/百人	50.03	57.22	63.40	69.45	74.29	79.90
移动电话普及率	部/百人	25.91	30.26	35.30	41.64	48.53	56.28
通邮的行政村比重	%	97.7	99.0	99.4	98.4	98.5	98.0
已通电话的行政村比重	%	90.9	97.1	98.9	99.5	99.7	99.86

社会消费品零售总额

年　份	社会消费品零售总额 (亿元)	比上年增长 (%)
1978	1558.6	8.8
1979	1800.0	15.5
1980	2140.0	18.9
"六五"时期	**15450.8**	**15.0**
1981	2350.0	9.8
1982	2570.0	9.4
1983	2849.4	10.9
1984	3376.4	18.5
1985	4305.0	27.5
"七五"时期	**34611.5**	**14.0**
1986	4950.0	15.0
1987	5820.0	17.6
1988	7440.0	27.8
1989	8101.4	8.9
1990	8300.1	2.5
"八五"时期	**76916.4**	**23.3**
1991	9415.6	13.4
1992	10993.7	16.8
1993	14270.4	29.8
1994	18622.9	30.5
1995	23613.8	26.8
"九五"时期	**167744.8**	**10.6**
1996	28360.2	20.1
1997	31252.9	10.2
1998	33378.1	6.8
1999	35647.9	6.8
2000	39105.7	9.7
"十五"时期	**271561.2**	**11.8**
2001	43055.4	10.1
2002	48135.9	11.8
2003	52516.3	9.1
2004	59501.0	13.3
2005	68352.6	14.9
"十一五"时期		
2006	79145.2	15.8
2007	93571.6	18.2
2008	114830.1	22.7
2009	132678.4	15.5
平均每年增长(%)		
1979-2009年	15.4	
1991-2009年	15.7	
2001-2009年	14.5	

注：1.本表按当年价格计算（下两表同）。

2.1992年及以前为社会商品零售总额；1997年起社会消费品零售总额不含居民购买住房。

3.2005-2009年数据已根据第二次经济普查资料进行修订。

各地区社会消费品零售总额

单位：亿元

地 区	2005年	2006年	2007年	2008年	2009年	2009年比上年增长(%)
全国总计	**68352.6**	**79145.2**	**93571.6**	**114830.1**	**132678.4**	**15.5**
北 京	2911.7	3295.3	3835.2	4645.5	5309.9	14.3
天 津	1201.6	1383.1	1650.6	2078.7	2430.8	16.9
河 北	2969.5	3435.7	4053.8	4991.1	5764.9	15.5
山 西	1410.7	1635.4	1953.3	2421.1	2809.0	16.0
内蒙古	1358.1	1628.6	1964.0	2463.0	2855.3	15.9
辽 宁	3014.4	3471.6	4097.8	5032.4	5812.6	15.5
吉 林	1470.3	1697.6	2038.3	2549.2	2957.3	16.0
黑龙江	1773.8	2029.0	2386.2	2928.3	3401.8	16.2
上 海	2979.5	3375.2	3873.3	4577.2	5173.2	13.0
江 苏	5735.5	6706.2	7985.9	9905.1	11484.1	15.9
浙 江	4645.9	5358.0	6271.3	7533.3	8622.3	14.5
安 徽	1776.7	2056.5	2451.9	3045.2	3527.8	15.8
福 建	2351.7	2717.6	3212.3	3866.7	4481.0	15.9
江 西	1244.9	1448.2	1718.9	2142.0	2484.4	16.0
山 东	6166.9	7217.1	8607.5	10658.8	12363.0	16.0
河 南	3380.9	3932.6	4690.3	5815.4	6746.4	16.0
湖 北	2985.9	3461.1	4115.8	5109.7	5928.4	16.0
湖 南	2474.3	2869.4	3419.2	4222.6	4913.7	16.4
广 东	7915.5	9194.3	10731.3	12986.6	14891.8	14.7
广 西	1405.5	1620.3	1932.7	2395.8	2790.7	16.5
海 南	270.8	313.4	370.9	463.2	537.5	16.0
重 庆	1227.8	1431.5	1711.1	2147.1	2479.0	15.5
四 川	3003.5	3472.5	4105.6	4944.8	5758.7	16.5
贵 州	615.7	710.0	858.2	1075.2	1247.3	16.0
云 南	1041.3	1204.8	1422.5	1764.7	2051.1	16.2
西 藏	73.2	90.0	112.6	130.0	156.6	20.5
陕 西	1331.3	1542.4	1837.3	2317.1	2699.7	16.5
甘 肃	638.1	729.5	854.4	1023.6	1183.0	15.6
青 海	161.6	182.6	212.6	259.7	300.5	15.7
宁 夏	175.8	202.5	239.5	295.4	339.3	14.9
新 疆	640.2	733.2	857.5	1041.5	1177.5	13.1

旅游人数和收入

指　　标	单 位	2004年	2005年	2006年	2007年	2008年	2009年
旅游人数							
入境旅游人数	**万人次**	**10903.8**	**12029.2**	**12494.2**	**13187.3**	**13002.7**	**12647.6**
外国人	万人次	1693.3	2025.5	2221.0	2611.0	2432.5	2193.8
#日本	万人次	333.4	339.0	374.6	397.8	344.6	331.8
韩国	万人次	284.5	354.5	392.4	477.7	396.0	319.8
菲律宾	万人次	54.9	65.4	70.4	83.3	79.5	74.9
新加坡	万人次	63.7	75.6	82.8	92.2	87.6	89.0
英国	万人次	41.8	50.0	55.2	60.5	55.2	52.9
德国	万人次	36.5	45.5	50.1	55.7	52.9	51.9
俄罗斯	万人次	179.2	222.4	240.5	300.4	312.3	174.3
加拿大	万人次	34.8	43.0	50.0	57.7	53.5	55.0
美国	万人次	130.9	155.5	171.0	190.1	178.6	171.0
澳大利亚	万人次	37.6	48.3	53.8	60.7	57.2	56.2
港澳同胞	万人次	8842.1	9592.8	9831.8	10113.6	10131.7	10005.4
台湾同胞	万人次	368.5	410.9	441.4	462.8	438.6	448.4
#过夜旅游者	万人次	4176.1	4680.9	4991.3	5472.0	5304.9	5087.5
国内居民出境人数	**万人次**	**2885.0**	**3102.6**	**3452.4**	**4095.4**	**4584.4**	**4765.6**
#因私出境	万人次	2298.0	2514.0	2879.9	3492.4	4013.1	4221.0
国内旅游人数	**亿人次**	**11.0**	**12.1**	**13.9**	**16.1**	**17.1**	**19.0**
旅游收入							
国际国内旅游总收入	亿元	6840.0	7686.0	8935.0	10956.5	11585.8	12893.9
国际旅游外汇收入	亿美元	257.4	293.0	339.5	419.2	408.4	396.8
国内旅游收入	亿元	4710.7	5285.9	6229.7	7770.6	8749.3	10183.7

注：本表数据由国家旅游局提供(下三表同)。

入境过夜旅游者人数和国际旅游外汇收入

年份	过夜旅游者人数(万人次)	过夜旅游者人数居世界位次	国际旅游外汇收入(亿美元)	国际旅游外汇收入居世界位次	年份	过夜旅游者人数(万人次)	过夜旅游者人数居世界位次	国际旅游外汇收入(亿美元)	国际旅游外汇收入居世界位次
1978	71.6		2.6		1994	2107.0	6	73.2	10
1979	152.9		4.5		1995	2003.4	8	87.3	10
1980	350.0	18	6.2	34	1996	2276.5	6	102.0	9
1981	376.7	17	7.9	34	1997	2377.0	6	120.7	8
1982	392.4	16	8.4	29	1998	2507.3	6	126.0	7
1983	379.1	16	9.4	26	1999	2704.7	5	141.0	7
1984	514.1	14	11.3	21	2000	3122.9	5	162.2	7
1985	713.3	13	12.5	21	2001	3316.7	5	177.9	5
1986	900.1	12	15.3	22	2002	3680.3	5	203.9	5
1987	1076.0	12	18.6	26	2003	3297.1	5	174.1	7
1988	1236.1	10	22.5	26	2004	4176.1	4	257.4	7
1989	936.1	12	18.6	27	2005	4680.9	4	293.0	6
1990	1048.4	11	22.2	25	2006	4991.3	4	339.5	5
1991	1246.4	12	28.5	21	2007	5472.0	4	419.2	5
1992	1651.2	9	39.5	17	2008	5304.9	4	408.4	5
1993	1898.2	7	46.8	15	2009	5087.5	*	396.8	*

注：1.*世界旅游组织尚未公布。

2.国际旅游(外汇)收入指入境旅游者在中国(大陆)境内旅游过程中用于交通、参观游览、住宿、餐饮、购物、娱乐等全部花费。

国内旅游情况

年份	旅游人数(亿人次)	城镇居民	农村居民	旅游总花费(亿元)	城镇居民	农村居民	人均花费(元)	城镇居民	农村居民
1994	5.24	2.05	3.19	1023.5	848.2	175.3	195.3	414.7	54.9
1995	6.29	2.46	3.83	1375.7	1140.1	235.6	218.7	464.0	61.5
1996	6.40	2.56	3.83	1638.4	1368.4	270.0	256.2	534.1	70.5
1997	6.44	2.59	3.85	2112.7	1551.8	560.9	328.1	599.8	145.7
1998	6.95	2.50	4.45	2391.2	1515.1	876.1	345.0	607.0	197.0
1999	7.19	2.84	4.35	2831.9	1748.2	1083.7	394.0	614.8	249.5
2000	7.44	3.29	4.15	3175.5	2235.3	940.3	426.6	678.6	226.6
2001	7.84	3.75	4.09	3522.4	2651.7	870.7	449.5	708.3	212.7
2002	8.78	3.85	4.93	3878.4	2848.1	1030.3	441.8	739.7	209.1
2003	8.70	3.51	5.19	3442.3	2404.1	1038.2	395.7	684.9	200.0
2004	11.02	4.59	6.43	4710.7	3359.0	1351.7	427.5	731.8	210.2
2005	12.12	4.96	7.16	5285.9	3656.1	1629.7	436.1	737.1	227.6
2006	13.94	5.76	8.18	6229.7	4414.7	1815.0	446.9	766.4	221.9
2007	16.10	6.12	9.98	7770.6	5550.4	2220.2	482.6	906.9	222.5
2008	17.12	7.03	10.09	8749.3	5971.8	2777.6	511.0	849.4	275.3
2009	19.02	9.03	9.99	10183.7	7233.8	2949.9	535.4	801.1	295.3

各地区国际旅游接待情况

地区	2008年			2009年		
	旅游人数（万人次）	#外国人	旅游外汇收入（亿美元）	旅游人数（万人次）	#外国人	旅游外汇收入（亿美元）
北京	379.0	335.7	44.59	412.5	342.9	43.57
天津	122.0	113.0	10.01	141.0	130.6	11.83
河北	75.0	67.0	2.74	84.2	74.7	3.08
山西	93.9	57.9	3.01	106.8	66.6	3.78
内蒙古	154.9	153.2	5.77	129.0	126.6	5.58
辽宁	241.9	207.3	15.26	293.2	250.7	18.56
吉林	61.7	52.5	2.11	68.1	58.3	2.43
黑龙江	200.6	193.3	8.70	142.5	135.0	6.39
上海	526.5	441.6	49.72	533.4	439.1	47.44
江苏	544.3	396.1	38.80	556.8	396.1	40.16
浙江	539.7	366.1	30.24	570.6	377.6	32.24
安徽	132.1	90.8	4.54	156.2	97.8	5.66
福建	293.2	98.6	23.94	312.0	97.8	25.99
江西	80.2	30.8	2.52	96.4	38.8	2.90
山东	253.7	206.4	13.91	310.0	241.2	17.65
河南	104.4	67.9	3.74	125.9	82.8	4.33
湖北	118.8	92.7	4.43	133.5	101.8	5.10
湖南	111.0	71.1	6.17	130.9	64.1	6.73
广东	2568.0	608.8	91.75	2747.8	617.9	100.28
广西	201.0	120.0	6.02	209.9	117.4	6.43
海南	70.6	53.1	3.14	55.2	37.2	2.77
重庆	87.2	74.3	4.50	104.8	84.8	5.37
四川	70.0	47.8	1.54	85.0	61.5	2.89
贵州	39.5	18.2	1.17	40.0	16.3	1.10
云南	250.2	169.2	10.08	284.5	191.8	11.72
西藏	6.8	6.3	0.31	17.5	16.3	0.79
陕西	125.7	93.7	6.60	145.1	114.4	7.71
甘肃	8.3	6.0	0.16	6.1	4.5	0.13
青海	3.0	2.1	0.10	3.6	2.5	0.15
宁夏	1.2	0.9	0.03	1.5	1.2	0.04
新疆	36.3	32.8	1.36	35.5	31.8	1.37

各级各类学校数

单位：所

年 份	普通高等学校	普通中学	职业中学	普通小学	特殊教育学校	学前教育
1978	598	162345		949323	292	163952
1980	675	118377	3314	917316	292	170419
1985	1016	93221	8070	832309	375	172262
1990	1075	87631	9164	766072	746	172322
1991	1075	85851	9572	729158	886	164465
1992	1053	84021	9860	712973	1077	172506
1993	1065	82795	9985	696681	1123	165197
1994	1080	82358	10217	682588	1241	174657
1995	1054	81020	10147	668685	1379	180438
1996	1032	79967	10049	645983	1428	187324
1997	1020	78642	10047	628840	1440	182485
1998	1022	77888	10074	609626	1535	181368
1999	1071	77213	9636	582291	1520	181136
2000	1041	77268	8849	553622	1539	175836
2001	1225	80432	7802	491273	1531	111706
2002	1396	80067	7402	456903	1540	111752
2003	1552	79490	6843	425846	1551	116390
2004	1731	79058	6478	394183	1560	117899
2005	1792	77977	6423	366213	1593	124402
2006	1867	76703	6100	341639	1605	130495
2007	1908	74790	6191	320061	1618	129086
2008	2263	72907	6128	300854	1640	133722
2009	2305	70774	5805	280184	1672	138209

注：普通高等学校指大学本专科。普通中学指普通高中、普通初中。职业中学指职业高中、职业初中。

各级各类学校专任教师数

单位：万人

年 份	普通高等学校	普通中学	职业中学	普通小学	特殊教育学校	学前教育
1978	20.6	318.2		522.6	0.4	27.7
1980	24.7	302.0	2.3	549.9	0.5	41.1
1985	34.4	265.2	14.1	537.7	0.7	55.0
1990	39.5	303.3	22.4	558.2	1.4	75.0
1991	39.1	309.0	23.5	553.2	1.6	76.9
1992	38.8	314.1	24.8	552.7	1.9	81.5
1993	38.8	316.7	26.2	555.2	2.0	83.6
1994	39.6	323.4	27.7	561.1	2.3	86.2
1995	40.1	333.4	29.2	566.4	2.5	87.5
1996	40.3	346.5	30.8	573.6	2.7	88.9
1997	40.5	358.7	32.2	579.4	2.9	88.4
1998	40.7	369.7	33.6	581.9	3.0	87.5
1999	42.6	384.1	33.6	586.1	3.1	87.2
2000	46.3	400.5	32.0	586.0	3.2	85.6
2001	53.2	418.8	30.6	579.8	2.9	63.0
2002	61.8	437.6	31.0	577.9	3.0	57.1
2003	72.5	453.7	28.9	570.3	3.0	61.3
2004	85.8	466.8	29.5	562.9	3.1	65.6
2005	96.6	477.1	30.3	559.2	3.2	72.2
2006	107.6	485.1	30.7	558.8	3.3	77.6
2007	116.8	490.7	31.7	561.3	3.5	82.7
2008	123.7	494.4	32.6	562.2	3.6	89.9
2009	129.5	500.7	32.6	563.3	3.8	98.6

各级各类学校招生数

单位：万人

年 份	普通高等学校	普通中学	职业中学	普通小学	特殊教育学校	学前教育
1978	40.2	2698.9		3315.4	0.6	
1980	28.1	1934.3	30.7	2942.3	0.6	
1985	61.9	1606.9	116.1	2298.2	0.9	
1990	60.9	1619.6	123.2	2064.0	1.6	
1991	62.0	1655.2	137.8	2072.7	2.0	
1992	75.4	1699.7	152.1	2183.2	3.0	1627.6
1993	92.4	1707.3	161.5	2353.5	3.4	1748.8
1994	90.0	1859.8	175.3	2537.0	4.0	
1995	92.6	2025.9	190.1	2531.8	5.6	1972.4
1996	96.6	2042.9	188.9	2524.7	4.8	1951.7
1997	100.0	2128.2	211.2	2462.0	4.6	1824.4
1998	108.4	2321.0	217.6	2201.4	4.9	1720.0
1999	159.7	2546.0	194.1	2029.5	5.0	1617.5
2000	220.6	2736.0	182.7	1946.5	5.3	1531.1
2001	268.3	2815.9	185.0	1944.2	5.6	1398.2
2002	320.5	2929.0	216.9	1952.8	5.3	1373.6
2003	382.2	2947.4	222.1	1829.4	4.9	1316.8
2004	447.3	2899.7	229.1	1747.0	5.1	1350.3
2005	504.5	2854.3	259.3	1671.7	4.9	1356.2
2006	546.1	2794.8	294.0	1729.4	5.0	1391.2
2007	565.9	2703.9	306.9	1736.1	6.3	1433.6
2008	607.7	2693.2	294.1	1695.7	6.2	1482.7
2009	639.5	2616.7	315.2	1637.8	6.4	1546.9

各级各类学校在校学生数

单位：万人

年 份	普通高等学校	普通中学	职业中学	普通小学	特殊教育学校	学前教育
1978	85.6	6548.3		14624.0	3.1	787.7
1980	114.4	5508.1	45.4	14627.0	3.3	1150.8
1985	170.3	4706.0	229.5	13370.2	4.2	1479.7
1990	206.3	4586.0	295.0	12241.4	7.2	1972.2
1991	204.4	4683.5	315.6	12164.2	8.5	2209.3
1992	218.4	4770.8	342.8	12201.3	13.0	2428.2
1993	253.6	4739.1	362.6	12421.2	16.9	2552.5
1994	279.9	4981.7	405.6	12822.6	21.1	2630.3
1995	290.6	5371.0	448.3	13195.2	29.6	2711.2
1996	302.1	5739.7	473.3	13615.0	32.1	2666.3
1997	317.4	6017.9	511.9	13995.4	34.1	2519.0
1998	340.9	6301.0	541.6	13953.8	35.8	2403.0
1999	413.4	6771.3	533.9	13548.0	37.2	2326.3
2000	556.1	7368.9	503.2	13013.3	37.8	2244.2
2001	719.1	7836.0	466.4	12543.5	38.6	2021.8
2002	903.4	8287.9	511.5	12156.7	37.5	2036.0
2003	1108.6	8583.2	528.2	11689.7	36.5	2003.9
2004	1333.5	8695.4	569.4	11246.2	37.2	2089.4
2005	1561.8	8580.9	625.6	10864.1	36.4	2179.0
2006	1738.8	8451.9	676.2	10711.5	36.3	2263.9
2007	1884.9	8243.3	740.5	10564.0	41.9	2348.8
2008	2021.0	8050.4	761.1	10331.5	41.7	2475.0
2009	2144.7	7867.9	785.7	10071.5	42.8	2657.8

各级各类学校毕业生数

单位：万人

年 份	普通高等学 校	普通中学	职业中学	普通小学	特殊教育学 校	学前教育
1978	16.5	2375.3		2287.9	0.3	
1980	14.7	1581.0	7.9	2053.3	0.4	
1985	31.6	1194.9	41.3	1999.9	0.4	
1990	61.4	1342.1	89.3	1863.1	0.5	
1991	61.4	1308.5	94.5	1896.7	0.6	
1992	60.4	1328.4	96.7	1872.4	0.9	1348.4
1993	57.1	1365.9	102.5	1841.5	1.2	1534.0
1994	63.7	1361.9	107.6	1899.6	1.4	
1995	80.5	1429.0	124.0	1961.5	1.9	
1996	83.9	1484.0	139.6	1934.1	2.4	
1997	82.9	1664.0	150.1	1960.1	2.8	
1998	83.0	1832.0	162.8	2117.4	3.5	
1999	84.8	1852.7	167.8	2313.7	3.8	
2000	95.0	1908.6	176.3	2419.2	4.3	
2001	103.6	2047.4	166.5	2396.9	4.6	1160.2
2002	133.7	2263.6	145.4	2351.9	4.4	1152.7
2003	187.7	2453.7	135.5	2267.9	4.5	1072.0
2004	239.1	2617.3	142.5	2135.2	4.7	1059.7
2005	306.8	2768.1	170.0	2019.5	4.3	1025.4
2006	377.5	2789.5	179.5	1928.5	4.5	1045.1
2007	447.8	2745.2	197.7	1870.2	5.0	1049.1
2008	511.9	2699.0	216.7	1865.0	5.2	1040.5
2009	531.1	2618.4	232.1	1805.2	5.7	1040.6

研究生和留学生数

单位：人

年 份	研究生数			出 国留学人员	学成回国留学人员
	招生数	在校学生数	毕业生数		
1978	10708	10934	9	860	248
1980	3616	21604	476	2124	162
1985	46871	87331	17004	4888	1424
1990	29649	93018	35440	2950	1593
1991	29679	88128	32537	2900	2069
1992	33439	94164	25692	6540	3611
1993	42145	106771	28214	10742	5128
1994	50864	127935	28047	19071	4230
1995	51053	145443	31877	20381	5750
1996	59398	163322	39652	20905	6570
1997	63749	176353	46539	22410	7130
1998	72508	198885	47077	17622	7379
1999	92225	233513	54670	23749	7748
2000	128484	301239	58767	38989	9121
2001	165197	393256	67809	83973	12243
2002	202611	500980	80841	125179	17945
2003	268925	651260	111091	117307	20152
2004	326286	819896	150777	114682	24726
2005	364831	978610	189728	118515	34987
2006	397925	1104653	255902	134000	42000
2007	418612	1195047	311839	144000	44000
2008	446422	1283046	344825	179800	69300
2009	510953	1404942	371273	229300	108300

各级各类学校校数、教职工、专任教师情况

项　　目	学校数(所)	教职工数(万人)	专任教师(万人)
高等教育			
研究生培养机构	(796)		
普通高校	(481)		
科研机构	(315)		
普通高等学校	2305	211.1	129.5
本科院校	1090	151.2	89.6
#独立学院	322	16.3	11.6
高职(专科)院校	1215	59.3	39.5
其他机构(点)	(74)	0.6	0.4
成人高等学校	384	8.4	5.0
民办的其他高等教育机构	(812)	3.8	1.8
中等教育	**87665**	**708.3**	**592.3**
高中阶段教育	29787	707.0	240.1
高中	15360	585.2	149.8
普通高中	14607	584.5	149.3
成人高中	753	0.6	0.4
中等职业教育	14427	121.8	90.3
普通中专	3789	41.1	27.2
成人中专	1883	9.4	6.3
职业高中	5652	42.6	32.2
技工学校	3103	24.9	22.1
其他机构(教学点)	(2390)	3.8	2.6
初中阶段教育	57878	1.3	352.2
普通初中	56167		351.3
职业初中	153	0.5	0.5
成人初中	1558	0.8	0.4
初等教育	**322094**	**621.8**	**566.7**
普通小学	280184	613.6	563.3
成人小学	41910	8.3	3.4
#扫盲班	27850	6.2	2.2
工读学校	**72**	**0.3**	**0.2**
特殊教育	**1672**	**4.7**	**3.8**
学前教育	**138209**	**157.1**	**98.6**

注：1.普通高中的教职工数中包含普通初中的教职工数。

2.“()”内数据为不记校数。

3.技工学校数据为2008年数据。

各级各类学历教育学生情况

项　目	毕业生数(万人)	招生数(万人)	在校学生数(万人)
高等教育			
研究生	37.1	51.1	140.5
博士	4.9	6.2	24.6
硕士	32.3	44.9	115.9
普通本专科	531.1	639.5	2144.7
本科	245.5	326.1	1179.9
专科	285.6	313.4	964.8
成人本专科	194.4	201.5	541.4
本科	86.5	81.6	225.7
专科	107.8	119.9	315.7
其他各类高等学历教育			
在职人员攻读博士、硕士学位		11.6	39.4
网络本专科	98.4	162.6	417.3
本科	40.6	55.1	157.3
专科	57.8	107.4	260.0
其他	0.1		
中等教育	**3305.6**	**3492.4**	**10114.2**
高中阶段教育	1452.7	1704.0	4624.4
高中	833.5	830.3	2445.7
普通高中	823.7	830.3	2434.3
成人高中	9.8		11.5
中等职业教育	619.2	873.6	2178.7
普通中专	241.5	311.7	840.4
成人中专	39.0	86.9	161.0
职业高中	229.2	313.2	778.4
技工学校	109.6	161.8	398.8
初中阶段教育	1852.8	1788.5	5489.7
普通初中	1794.7	1786.4	5433.6
职业初中	3.0	2.1	7.3
成人初中	55.1		48.8
初等教育	**2008.5**	**1637.8**	**10282.3**
普通小学	1805.2	1637.8	10071.5
成人小学	203.3		210.8
#扫盲班	95.7		114.9
工读学校	**0.5**	**0.4**	**0.9**
特殊教育	**5.7**	**6.4**	**42.8**
学前教育	**1040.6**	**1546.9**	**2657.8**

注：1.特殊教育学生数中包括普通中小学随班就读的学生和附设特种班的学生。
　　2.技工学校数据为2008年数据。

各级民办教育基本情况

项目	学校数（所）	毕业生数（人）	招生数（人）	在校生数（人）	教职工数（人）	专任教师（人）	另有其他学生数（人）
民办高等教育							
民办高校	658	932878	1401477	4461395	330377	222008	193942
本科学生		428704	728428	2524755			
专科学生		504174	673049	1936640			
其中:独立学院	322	449462	691231	2413707	162571	116218	15962
本科学生		380560	617548	2190096			
专科学生		68902	73683	223611			
民办其他高等教育机构	(812)				38075	17881	852219
民办中等教育							
高中阶段教育	5868	1602361	2094075	5482256	630193	447067	
民办普通高中	2670	784872	813687	2301299	458837	339712	
民办中等职业教育	3198	817489	1280388	3180957	171356	107355	400763
初中阶段教育	4335	1285198	1484946	4339810	158	113	
民办普通初中	4331	1284559	1484681	4338852			
民办职业初中	4	639	265	958	158	113	
民办普通小学	**5496**	**820993**	**840220**	**5028766**	**300532**	**219684**	
民办幼儿园	**89304**	**3500720**	**5746897**	**11341694**	**932783**	**552348**	
民办培训机构	**(19395)**				**220596**	**114934**	**8449263**

注：1.“另有其他学生数”包括：自考助学班学生、预科生、进修及培训学生数。
2.民办普通高中的教职工数和专业教师数包含民办普通初中的教职工数和专业教师数。
3.“()”内数据为不记校数。

小学学龄儿童入学率

年　份	全国学龄儿童数（万人）	已入学学龄儿童数（万人）	入学率（%）
1978	12131.3	11585.4	95.5
1980	12219.6	11478.2	93.0
1985	10362.3	9942.8	95.9
1990	9740.7	9529.7	97.8
1991	9806.6	9594.8	97.8
1992	11156.2	10845.5	97.2
1993	11432.0	11170.9	97.7
1994	11949.6	11758.2	98.4
1995	12375.4	12192.5	98.5
1996	12876.5	12723.3	98.8
1997	13346.7	13202.5	98.9
1998	13369.3	13226.8	98.9
1999	12991.4	12872.8	99.1
2000	12445.3	12333.9	99.1
2001	11766.4	11561.2	99.1
2002	11310.4	11150.0	98.6
2003	10908.3	10761.6	98.7
2004	10548.1	10437.1	98.9
2005	10207.0	10120.3	99.2
2006	10075.5	10001.5	99.3
2007	9947.9	9896.8	99.5
2008	9772.0	9727.1	99.5
2009	9606.6	9548.6	99.4

注：入学率1991年以前按7-11周岁统一计算，1991年起按各地不同入学年龄和学制分别计算。

各级教育毛入学率

单位：%

年　份	小　学（按各地相应学龄计算）	初中阶段（12-14周岁）	高中阶段（15-17周岁）		高等教育（18-22周岁）
			职　前	全口径	
1990	111.0	66.7	21.9		3.4
1991	109.5	69.7	23.9		3.5
1992	109.4	71.8	22.6	26.0	3.9
1993	107.3	73.1	24.1	28.4	5.0
1994	108.7	73.8	26.2	30.7	6.0
1995	106.6	78.4	28.8	33.6	7.2
1996	105.7	82.4	31.4	38.0	8.3
1997	104.9	87.1	33.8	40.6	9.1
1998	104.3	87.3	34.4	40.7	9.8
1999	104.3	88.6	35.8	41.0	10.5
2000	104.6	88.6	38.2	42.8	12.5
2001	104.5	88.7	38.6	42.8	13.3
2002	107.5	90.0	38.4	42.8	15.0
2003	107.2	92.7	42.1	43.8	17.0
2004	106.6	94.1	46.5	48.1	19.0
2005	106.4	95.0	50.9	52.7	21.0
2006	106.3	97.0	57.7	59.8	22.0
2007	106.2	98.0		66.0	23.0
2008	105.7	98.5		74.0	23.3
2009	104.8	99.0		79.2	24.2

注：1.毛入学率指该级教育在校学生总数与政府规定的该级学龄人口总数之比。

2.高中阶段职前统计范围包括：普通高中、职业高中、普通中专和技工学校。

3.高中阶段全口径统计范围包括：普通高中、职业高中、成人高中、普通中专、成人中专和技工学校。

各级学校毕业生升学率

年　份	小学升初中(%)	初中升高级中学(%)	高中升高等教育(%)
1978	87.7	40.9	
1980	75.9	45.9	
1985	68.4	41.7	
1990	74.6	40.6	27.3
1991	77.7	42.6	28.7
1992	79.7	43.6	34.9
1993	81.8	44.1	43.3
1994	86.6	47.8	46.7
1995	90.8	50.3	49.9
1996	92.6	49.8	51.0
1997	93.7	51.5	48.6
1998	94.3	50.7	46.1
1999	94.4	50.0	63.8
2000	94.9	51.2	73.2
2001	95.5	52.9	78.8
2002	97.0	58.3	83.5
2003	97.9	59.6	83.4
2004	98.1	63.8	82.5
2005	98.4	69.7	76.3
2006	100.0	75.7	75.1
2007	99.9	80.5	70.3
2008	99.7	83.4	72.7
2009	99.1	85.6	77.6

注：1.高中升学率为普通高校招生数(含电大普通班)与普通高中毕业生数之比。
　　2.初中升高级中学包括升入技工学校。

全国教育经费来源情况

单位：亿元

年 份	合　计	国家财政性教育经费	#预算内教育经费	民办学校办学经费	社会捐赠经费	事业收入	#学杂费	其他教育经费
1992	867.0	728.8	538.7		69.6		43.9	
1993	1059.9	867.8	644.4	3.3	70.2		87.1	
1994	1488.8	1174.7	884.0	10.8	97.4		146.9	
1995	1878.0	1411.5	1028.4	20.4	162.8		201.2	
1996	2262.3	1671.7	1211.9	26.2	188.4		261.0	
1997	2531.7	1862.5	1357.7	30.2	170.7		326.1	
1998	2949.1	2032.5	1565.6	48.0	141.9	609.2	369.7	117.6
1999	3349.0	2287.2	1815.8	62.9	125.9	749.7	463.6	123.4
2000	3849.1	2562.6	2085.7	85.9	114.0	938.3	594.8	148.4
2001	4637.7	3057.0	2582.4	128.1	112.9	1157.5	745.6	182.2
2002	5480.0	3491.4	3114.2	172.6	127.3	1460.9	922.8	227.9
2003	6208.3	3850.6	3453.9	259.0	104.6	1721.8	1121.5	272.2
2004	7242.6	4465.9	4027.8	347.9	93.4	2011.4	1346.6	324.0
2005	8418.8	5161.1	4665.7	452.2	93.2	2340.0	1553.1	372.4
2006	9815.3	6348.4	5795.6	549.1	89.9	2407.3	1552.3	420.7
2007	12148.1	8280.2	7654.9	80.9	93.1	3177.2	2130.9	516.6
2008	14500.7	10449.6	9685.6	69.8	102.7	3367.1	2349.3	511.5

注：2007年对部分教育经费统计指标进行了修订，表中1992-2006年“民办学校办学经费”指社会团体和公民个人办学总经费，2007年起指民办学校中举办者投入。

各级普通学校生师比

单位：%

年 份	小 学	初 中	普通高中	职业高中	普通中专	普通高校		
						全 国	本科院校	专科院校
1992	20.07	15.85	12.24	13.82	14.6	6.83	6.63	7.30
1993	22.37	15.65	14.96	13.86	14.55	8.00	7.82	8.61
1994	22.85	16.07	12.16	14.66	15.07	9.25	9.00	10.10
1995	23.30	16.73	12.95	15.35	15.95	9.83	9.71	10.16
1996	23.73	17.18	13.45	15.38	16.43	10.36	10.32	10.20
1997	24.16	17.33	14.05	15.88	16.71	10.87	10.80	10.85
1998	23.98	17.56	14.60	16.13	17.82	11.62	11.63	11.09
1999	23.12	18.17	15.16	15.91	17.88	13.37	13.67	12.23
2000	22.21	19.03	15.87	14.71	19.09	16.30	16.04	17.65
2001	21.64	19.24	16.73	14.26	19.91	18.22	18.47	17.15
2002	21.04	19.25	17.80	16.50	21.96	19.00	20.60	14.20
2003	20.50	19.13	18.35	17.67	25.30	17.00	21.07	14.75
2004	19.98	18.65	18.65	19.10	28.13	16.22	17.44	13.15
2005	19.43	17.80	18.54	20.62	31.02	16.85	17.75	14.78
2006	19.17	17.15	18.13	22.16	31.67	17.93	17.77	18.26
2007	18.82	16.52	17.48	23.50	31.39	17.28	17.31	17.20
2008	18.38	16.07	16.78	23.47	31.27	17.23	17.21	17.27
2009	17.88	15.47	16.30	23.65	27.82	17.27	17.23	17.35

注：普通高校生师比中专任教师数包括聘请校外教师。

每十万人口各级学校平均在校学生数

单位：人

年 份	高等学校	高中阶段	初中阶段	小 学	幼儿园
1990	326	1337	3426	10707	1725
1991	304	1355	3465	10502	1907
1992	313	1365	3518	10413	2072
1993	376	1448	3599	10656	2190
1994	433	1293	3681	10819	2219
1995	457	1610	3945	11010	2262
1996	470	1780	4180	11273	2208
1997	482	1905	4289	11435	2058
1998	519	1978	4408	11287	1944
1999	594	2032	4656	10855	1864
2000	723	2000	4969	10335	1782
2001	931	2021	5161	9937	1602
2002	1146	2283	5240	9525	1595
2003	1298	2523	5209	9100	1560
2004	1420	2824	5058	8725	1617
2005	1613	3070	4781	8358	1676
2006	1816	3321	4557	8192	1731
2007	1924	3409	4364	8037	1787
2008	2042	3463	4227	7819	1873
2009	2128	3482	4097	7584	2001

注：1.高等学校包括普通高等学校和成人高等学校。

2.高中阶段统计范围包括普通高中、成人高中、普通中专、职业高中、技工学校和成人中专。

3.初中阶段统计范围包括普通初中和职业初中。

科技事业发展情况

指　　标	单位	1991年	1995年	2000年	2008年	2009年
研究与试验发展(R&D)活动						
研究与试验发展折合全时人员	万人年	67.1	75.2	92.2	196.5	224.6
#科学家和工程师	万人年	47.1	52.2	69.5	159.2	182.3
研究与试验发展经费支出	亿元		349	896	4616	5433
研究与试验发展经费支出占						
国内生产总值比重	%		0.57	0.90	1.47	1.62
技术成果和国家奖励						
科技成果登记数	项	32653	31099	32858	35971	38688
#应用技术成果	项	28258	27431	28843	30847	33905
国家奖励						
#国家自然科学奖	项	53	57	15	34	28
国家技术发明奖	项	209	131	23	55	55
国家科技进步奖	项	502	607	250	254	282
国际科学技术合作奖	项		6	2	3	7
技术市场成交额	亿元	95	268	651	2665	3039
成功发射卫星	次		2	6	11	6
科技服务						
出版地图	种		970	1150	1885	2060
气象观测站点	个	3903	4128	5117	32988	37358
气象科学数据共享服务数据量	GB				51985	245740
地震台站	个	1125	1183	1234	1446	1457
海洋观测站	个				67	66
质量监督						
产品检测实验室	个		5000	5500	24203	25000
#国家检测中心	个		235	230	377	414
抽查产品	类	138	185	235	237	136
抽查产品	种	3902	6713	9705	23423	20000
专利						
专利申请受理量	万件	5.00	8.30	17.07	82.83	97.67
国内	万件	4.57	6.89	14.03	71.71	87.76
国外	万件	0.44	1.41	3.03	11.12	9.91
专利申请授权量	万件	2.46	4.51	10.53	41.20	58.20
国内	万件	2.14	4.12	9.52	35.24	50.18
国外	万件	0.32	0.39	1.01	5.96	8.02

注：1.2000年起研究与试验发展(R&D)活动的有关数据为全社会口径。

2.从2006年开始气象科学数据共享服务数据量是全国气象部门利用网络向社会提供气象资料的数据量,2005年以前是国家气象信息中心气象科学数据共享服务网的数据量。

国有企事业单位专业技术人员

(年底数)

项　　目	单位	1990年	1995年	2000年	2005年	2007年	2008年
国有企事业单位职工人数	**万人**	**9459**	**9975**	**6820**	**5161**	**5044**	**5006**
专业技术人员总计	**万人**	**2285**	**2705**	**2887**	**2757**	**2801**	**2864**
#工程技术人员	万人	480	563	555	479	502	518
农业技术人员	万人	45	54	67	71	70	72
卫生技术人员	万人	266	304	337	358	364	389
科学研究人员	万人	34	30	27	31	35	37
教学人员	万人	824	963	1178	1259	1284	1295
平均每万名职工有专业技术人员	**人**	**2416**	**2712**	**4234**	**5341**	**5554**	**5720**
#工程技术人员	人	507	564	814	928	995	1035
农业技术人员	人	48	54	98	137	139	144
卫生技术人员	人	281	304	494	694	722	777
科学研究人员	人	35	30	40	60	69	74
教学人员	人	871	966	1728	2439	2546	2587

注：1990年数据包括行政机关专业技术人员，但不包括社会科技领域专业技术人员及小学教师人数。

按行业分国有企事业单位专业技术人员

(2008年底)　　　　单位：万人

行业分类	合　计	企　业	事　业
全国总计	**2863.6**	**797.0**	**2066.6**
农、林、牧、渔业	120.5	26.1	94.3
工业	327.5	325.6	1.9
建筑业	91.5	83.5	8.0
交通运输、仓储和邮政业	84.0	58.3	25.7
信息传输、计算机服务和软件业	49.2	45.8	3.3
批发和零售业	31.8	31.3	0.5
住宿和餐饮业	3.1	2.3	0.8
金融业	171.5	166.2	5.3
房地产业	11.4	7.8	3.6
租赁和商务服务业	6.5	3.9	2.6
科学研究、技术服务和地质勘查业	90.5	22.3	68.3
水利、环境和公共设施管理业	47.9	4.3	43.7
居民服务和其他服务业	13.7	6.9	6.8
教育	1320.2	2.1	1318.1
卫生、社会保障和社会福利业	380.1	4.3	375.8
文化、体育和娱乐业	67.9	5.8	62.1
公共管理和社会组织	46.2	0.6	45.6

文化、卫生和体育基本情况

项　　目	单　位	1990年	1995年	2000年	2008年	2009年
文化事业						
艺术表演团体	个	2805	2684	2630	2465	2482
艺术表演场馆	个	2055	1972	1912	1355	1246
公共图书馆	个	2527	2608	2677	2820	2849
省级、地市级文化馆	个	366	373	390	389	361
县市级文化馆	个	2955	2886	2907	2829	2862
博物馆	个	1013	1194	1392	1893	2230
广播节目综合人口覆盖率	%	74.7	78.8	92.5	96.0	96.3
电视节目综合人口覆盖率	%	79.4	84.5	93.7	97.0	97.2
有线广播电视用户	万户			7950	16398	17512
国有电影制片及加工单位	个				38	38
电影院线	条				34	37
图书总印数	亿册(张)	56.4	63.2	62.7	70.6	70.3
期刊总印数	亿册	17.9	23.4	29.4	31.0	31.1
报纸总印数	亿份	211.3	263.3	329.3	442.9	437.0
卫生事业						
卫生机构数	万个	20.9	19.0	32.5	27.8	28.4
#医院、卫生院	万个	6.21	6.75	6.61	5.96	5.99
卫生机构床位数	万张	292.5	314.1	317.7	403.9	441.6
每千人口医院卫生院床位	张	2.32	2.39	2.38	2.84	3.06
卫生人员数	万人	490.6	537.3	559.1	616.9	659.2
#卫生技术人员数	万人	389.8	425.7	449.1	503.0	539.7
#执业(助理)医师	万人	176.3	191.8	207.6	208.2	220.5
注册护士	万人	97.5	112.6	126.7	165.3	184.1
每万人口执业(助理)医师	人	15.6	16.2	16.8	15.8	16.5
开展新农和县(市、区)	个				2729	2716
参加新农和人数	亿人				8.15	8.33
参合率	%				91.5	94.0
卫生总费用	亿元	747.4	2155.1	4586.6	14535.4	
体育事业						
新发展等级运动员	万人	6.60	7.94	9.70	4.62	4.63
创造世界纪录	次	16	24	30	16	22
获得世界冠军	个	54	102	110	120	142

文化事业单位数

单位：个

年份	艺术表演团体	博物馆	公共图书馆	省级、地市级文化馆	县市级文化馆
1978	3150	349	1218	92	2748
1980	3533	365	1732	218	2912
1985	3317	711	2344	335	2965
1990	2805	1013	2527	366	2955
1995	2684	1194	2608	373	2886
1996	2664	1219	2620	392	2892
1997	2663	1282	2628	385	2901
1998	2652	1339	2652	386	2901
1999	2632	1363	2669	389	2905
2000	2630	1392	2677	390	2907
2001	2605	1461	2696	400	2852
2002	2587	1511	2697	389	2854
2003	2618	1515	2709	382	2846
2004	2580	1548	2720	480	2760
2005	2805	1581	2762	447	2779
2006	2866	1617	2778	395	2819
2007	2492	1722	2799	411	2806
2008	2465	1893	2820	389	2829
2009	2482	2230	2849	361	2862

图书、期刊和报纸出版数

年份	图书		期刊		报纸	
	种数（万种）	总印数（亿册、亿张）	种数（种）	总印数（亿册）	种数（种）	总印数（亿份）
1978	1.5	37.7	930	7.6	186	127.8
1980	2.2	45.9	2191	11.3	188	140.4
1985	4.6	66.7	4705	25.6	1445	246.8
1990	8.0	56.4	5751	17.9	1444	211.3
1995	10.1	63.2	7583	23.4	2089	263.3
1996	11.3	71.6	7916	23.1	2163	274.3
1997	12.0	73.1	7918	24.4	2149	287.6
1998	13.1	72.4	7999	25.4	2053	300.4
1999	14.2	73.2	8187	28.5	2038	318.4
2000	14.3	62.7	8725	29.4	2007	329.3
2001	15.5	63.1	8889	28.9	2111	351.1
2002	17.1	68.7	9029	29.5	2137	367.8
2003	19.0	66.7	9074	29.5	2119	383.1
2004	20.8	64.1	9490	28.3	1922	402.4
2005	22.2	64.7	9468	27.6	1931	412.6
2006	23.4	64.1	9468	28.5	1938	424.5
2007	24.8	62.9	9468	30.4	1938	438.0
2008	27.4	70.6	9549	31.0	1943	442.9
2009	34.6	70.3	9548	31.1	2080	437.0

卫生机构数和床位数

年 份	卫 生 机 构 (个)	#医院、卫生院	卫生机构床位数 (万张)	#医院、卫生院	每千人口医院、卫生院床位数(张)
1978	169732	64311	204.2	184.7	1.94
1979	176793	65009	212.8	185.6	1.99
1980	180553	65315	218.4	197.1	2.02
1981	190126	65752	223.4	200.4	2.02
1982	193438	65967	228.0	203.8	2.03
1983	196017	66460	234.2	209.2	2.07
1984	198256	66930	241.2	214.4	2.10
1985	200866	59342	248.7	222.9	2.14
1986	203139	59409	256.3	227.1	2.18
1987	204960	60139	268.5	237.6	2.25
1988	205988	61073	279.5	247.3	2.30
1989	206724	61613	286.7	253.8	2.33
1990	208734	62126	292.5	259.2	2.32
1991	209036	62768	299.2	265.5	2.35
1992	204787	61006	304.9	270.9	2.38
1993	193586	60460	309.9	276.7	2.40
1994	191742	67524	313.4	280.3	2.41
1995	190057	67460	314.1	279.6	2.39
1996	322566	67556	310.0	283.4	2.40
1997	315033	67479	313.5	286.9	2.41
1998	314097	66614	314.3	287.8	2.40
1999	300996	66935	315.9	289.1	2.39
2000	324771	66095	317.7	290.8	2.38
2001	330348	64840	320.1	290.2	2.39
2002	306038	63858	313.6	290.7	2.32
2003	291323	62968	316.4	295.5	2.34
2004	297540	60864	326.8	304.6	2.40
2005	298997	60397	336.8	313.5	2.45
2006	308969	60037	351.2	327.1	2.53
2007	298408	60525	370.1	343.8	2.63
2008	278337	59572	403.9	374.8	2.84
2009	283801	59918	441.6	408.1	3.06

注：1.1995年及以前年份卫生机构数不含私人诊所。

2.2002年起卫生机构数不包括高中等医学院校、药检机构和非卫生部门举办的计划生育指导站。

卫生机构人员数

年份	卫生人员数(万人)	#卫生技术人员	#执业(助理)医师	#医师	#注册护士	每千人口执业(助理)医师(人)
1978	310.6	246.4	97.8	61.0	40.6	1.08
1979	334.4	264.2	108.8		42.1	1.12
1980	353.5	279.8	115.3	70.9	46.6	1.17
1981	379.6	301.1	124.4	62.0	52.5	1.25
1982	395.8	314.3	130.7	66.8	56.4	1.29
1983	409.0	325.3	135.3	70.4	59.6	1.33
1984	421.4	334.4	138.1	71.6	61.6	1.33
1985	431.3	341.1	141.3	72.4	63.7	1.36
1986	444.6	350.7	144.4	74.6	68.1	1.37
1987	456.4	360.9	148.2	77.7	71.8	1.39
1988	467.8	372.4	161.8	109.6	82.9	1.49
1989	478.7	380.9	171.8	125.8	92.2	1.56
1990	490.6	389.8	176.3	130.3	97.5	1.56
1991	502.5	398.5	178.0	131.1	101.2	1.56
1992	514.0	407.4	180.8	132.8	104.0	1.57
1993	521.5	411.7	183.2	137.2	105.6	1.58
1994	530.7	419.9	188.2	142.5	109.4	1.60
1995	537.3	425.7	191.8	145.5	112.6	1.62
1996	541.9	431.2	194.1	147.5	116.3	1.62
1997	551.6	439.8	198.5	150.5	119.8	1.65
1998	553.6	442.4	200.0	151.4	121.9	1.65
1999	557.0	445.9	204.5	156.2	124.5	1.67
2000	559.1	449.1	207.6	160.3	126.7	1.68
2001	558.4	450.8	210.0	163.7	128.7	1.69
2002	523.8	427.0	184.4	146.4	124.7	1.47
2003	527.5	430.6	186.8	148.6	126.6	1.48
2004	535.7	439.3	190.6	152.2	130.8	1.50
2005	542.7	446.0	193.8	155.6	135.0	1.52
2006	561.9	462.4	199.5	161.1	142.6	1.54
2007	590.7	478.8	201.3	164.4	154.3	1.56
2008	616.9	503.0	208.2	171.5	165.3	1.58
2009	659.2	539.7	220.5	182.5	184.1	1.65

注：1.2002年起卫生人员不包括高中等医学院校本部、药检机构和非卫生部门举办的计划生育指导站(中心)人员数。

2.2002年起医生系执业医师和执业助理医师数，医师系执业医师数，护师(士)系注册护士数。

新发展等级运动员和等级裁判员人数

年 份	新发展等级运动员（人）	#国际级运动健将	#运动健将	新发展等级裁判员（人）
1978	823		160	5726
1980	47214		1147	43417
1985	67392	113	852	59538
1990	65540	97	827	48378
1991	68305	37	1297	47136
1992	61119	181	687	45591
1993	58141	72	896	41571
1994	62353	111	753	36883
1995	79436	165	982	37617
1996	61281	111	713	44765
1997	68752	84	589	43954
1998	69247	97	885	50697
1999	80617	201	761	59233
2000	97011	51	1221	60053
2001	89104	100	884	62181
2002	31469	100	484	33195
2003	26230	148	1343	26233
2004	33651	158	1762	30166
2005	39102	117	144	30166
2006	42634	229	1613	33868
2007	43513	202	1812	38332
2008	46245	180	1654	37047
2009	46279	210	1516	44263

创造世界纪录和获得世界冠军情况

年 份	创造世界纪录			获得世界冠军		
	项数（项）	次数（次）	人数（人）	项数（项）	个数（个）	人数（人）
1978	3	3	6	4	4	4
1980	7	15	17	3	3	3
1985	5	9	6	42	46	70
1990	14	16	17	54	54	61
1991	31	50	29	88	93	86
1992	42	106	31人4队	86	89	68
1993	57	124	38人7队	101	103	106
1994	41	72	26人4队	79	79	86
1995	13	24	14人2队	98	102	187
1996	22	30	17人1队	72	75	58
1997	29	43	29人2队	87	92	96
1998	31	68	30人3队	75	83	89
1999	24	50	16人	91	92	129
2000	22	30	14人2队	92	110	109
2001	10	12	8人2队	79	90	138
2002	29	33	17人5队	99	110	123
2003	13	16	8人1队	17	84	94
2004	16	16	7人2队	27	101	175
2005	15	21	14人2队	22	106	159
2006	21	25	11人3队	24	141	169
2007	10	10	8人2队	22	123	217
2008	16	16	11人2队	24	120	151
2009	22	22	11人3队	30	142	223

注：1991年及以前各年的集体项目的队数折合在人数中。

社会服务基本情况(一)

指　　标	单位	2005年	2006年	2007年	2008年	2009年
收养机构						
收养性单位数	万个	4.1	4.2	4.4	4.0	4.0
床位数	万张	163.9	187.1	251.3	279.4	299.3
收养人数	万人	123.6	147.0	200.0	221.9	236.2
社区服务						
城镇社区服务设施数	万个	19.5	16.0	17.2	16.3	17.5
社区服务中心	个	8479	8565	9319	9873	10003
城市便民、利民网点	万个	66.5	45.8	89.3	74.9	69.3
城市最低生活保障						
城市居民最低生活保障人数	万人	2234	2240	2272	2335	2346
城市居民最低生活保障户数	万户	995	1030	1064	1111	1141
城市最低生活保障平均标准	元/人.月	156	170	182	205	228
农村最低生活保障						
农村居民最低生活保障人数	万人	825	1593	3566	4306	4760
农村居民最低生活保障户数	万户	357	777	1609	1982	2292
农村最低生活保障平均标准	元/人.月	76.0	70.9	70.0	82.3	100.8
农村五保供养						
农村五保供养总人数	万人		503.3	531.3	548.6	553.4
农村五保集中供养人数	万人			138.0	155.6	171.8
五保集中供养保障平均标准	元/人.年		1608.2	1953.0	2176.1	2587.5
农村五保分散供养人数	万人			393.3	393.0	381.6
五保分散供养保障平均标准	元/人.年		1224.5	1432.0	1624.4	1842.7
医疗救助						
城市医疗救助	万人次	115	187	442	444	410
农村医疗救助	万人次	200	201	377	760	730
民政部门资助参加医疗保险人数						
城市	万人次				643	1096
农村	万人次	655	1317	2517	3432	4059
优抚安置						
国家抚恤、补助各类优抚对象	万人	460.3	462.6	622.4	633.2	630.7
接收军休干部军队退伍士官	万人	1.7	2.2	1.9	2.1	1.9
福利企业						
社会福利企业数	万个	3.1	3.0	2.5	2.4	2.3
残疾职工人数	万人	63.7	55.9	56.3	61.9	62.7
社会捐赠						
接收社会捐赠款	亿元	31.3	43.0	50.9	479.3	66.5
接收社会捐赠衣被	万件	1.0	0.7	0.9	11.6	1.2
受益人次数	万人次	3611	3259	3070	5203	1522
社会捐赠接收站、点数	万个	3.1	3.3	3.6	3.8	3.3

社会服务基本情况(二)

指　　标	单位	2005年	2006年	2007年	2008年	2009年
灾情与救灾						
受灾人口	万人次	40654	43453	39778	47795	47934
因灾死亡人口	人	2475	3186	2325	88928	1299
因灾发救济费累计人数	万人次	5097.1	4981.7	4382.7	5996.8	4793.7
直接经济损失	亿元	2042.1	2528.1	2363.0	11752.4	2523.7
受灾面积	万公顷	3881.8	4109.1	4899.3	3999.0	4721.4
社会组织						
社会团体	万个	17.1	19.2	21.2	23.0	23.9
民办非企业单位	万个	14.8	16.1	17.4	18.2	19.0
基金会	个	975	1144	1340	1597	1843
自治组织						
村民委员会	万个	62.9	62.4	61.3	60.4	60.0
居民委员会	万个	8.0	8.1	8.2	8.3	8.5
当年农村参与选民人数	亿人	3.5	0.9	1.8	3.0	0.8
婚姻、收养、殡葬情况						
结婚登记(万对)	万对	823.1	945.0	991.4	1098.3	1212.2
#涉外及港台	万对	6.4	6.8	5.1	5.1	4.7
粗结婚率	‰	6.3	7.2	7.5	8.3	9.1
离婚办理	万对	178.5	191.3	209.8	226.9	246.8
民政部门登记	万对	118.4	129.1	145.7	161.0	180.2
法院部门办理离婚	万对	60.1	62.2	64.1	65.9	66.6
粗离婚率	‰	1.37	1.46	1.59	1.71	1.85
儿童收养	万人	5.1	4.9	4.6	4.4	4.4
火化遗体数	万具	450.2	430.2	442.1	453.4	454.2
火化率	%	53.0	48.2	48.4	48.5	48.2
民政事业费						
民政事业费总支出	亿元	718.5	915.4	1215.5	2146.5	2181.9
#抚恤费	亿元	143.6	178.8	210.8	253.6	310.3
军队离退休、退职费	亿元	88.9	115.7	165.0	180.6	225.7
城市最低生活保障	亿元	191.9	224.2	277.4	393.4	482.1
农村及其他社会救济	亿元	79.9	147.8	189.8	326.8	487.9
社会福利	亿元	55.6	65.3	87.6	103.1	124.1
自然灾害救济	亿元	62.6	79.0	79.8	609.8	199.2
地方离退休人员	亿元	13.7	14.0	24.8	26.5	30.0
其　他	亿元	82.3	90.6	180.3	252.7	322.7
筹集社会福利基金	亿元	143.7	171.6	217.0	211.4	248.0

注：粗结(离)婚率计算方法：结(离)婚对数除以当期人口平均数。

环境保护基本概况

项目	单位	2005年	2006年	2007年	2008年	2009年
水环境						
水资源总量	亿立方米	28053	25330	25255	27434	23763
人均水资源量	立方米/人	2152	1932	1916	2071	1785
用水总量	亿立方米	5633	5795	5819	5910	5933
#农业	亿立方米	3580	3664	3600	3664	3687
工业	亿立方米	1285	1344	1403	1397	1388
生活	亿立方米	675	694	710	729	750
生态	亿立方米	93	93	106	120	108
化学需氧量排放量	万吨	1414.2	1428.2	1381.8	1320.7	
大气环境						
二氧化硫排放量	万吨	2549.4	2588.8	2468.1	2321.2	
固体废物						
工业固体废物排放量	万吨	1655	1302	1197	782	
工业固体废物综合利用量	万吨	76993	92601	110311	123482	
工业固体废物综合利用率	%	56.1	60.2	62.1	64.3	
生态环境						
森林面积	万公顷	19545	19545	19545	19545	19545
森林覆盖率	%	20.36	20.36	20.36	20.36	20.36
当年营造林面积	万公顷	540	384	391	477	588
全国自然保护区数	个	2349	2395	2531	2538	2529
#国家级	个	243	265	303	303	319
全国自然保护区面积	万公顷	14995	15154	15188	14894	
全国保护区面积占辖区面积	%	15.0	15.2	15.2	15.1	
全国湿地面积	万公顷	3848.6	3848.6	3848.6	3848.6	3848.6
全国湿地面积占国土面积	%	4.0	4.0	4.0	4.0	4.0
自然灾害						
发生地质灾害起数	万起	1.8	10.3	2.5	2.7	1.0
发生地震灾害次数	次	13	10	3	17	24
海洋灾害发生次数	次	176	180	163	128	132
#赤潮	次	82	93	82	68	68

注：1.2009年数据为初步统计数。

2.森林面积和森林覆盖率为第七次全国森林资源清查（2004–2008）资料。

香港特别行政区主要社会经济指标（一）

指　　　　标	1990年	1995年	2000年	2008年	2009年
本地生产总值					
按2007年环比物量计算 ①					
本地生产总值年增长率（%）	3.9	2.3	8.0	2.1	-2.7
本地生产总值（亿港元）	7891	10176	11588	16501	16062
人均本地生产总值(港元)	138328	165292	173865	236485	229329
按当年价格计算					
本地生产总值年增长率（%）	11.7	6.5	4.0	3.7	-2.5
本地生产总值（亿港元）	5990	11157	13177	16752	16335
人均本地生产总值(港元)	104996	181241	197697	240075	233239
本地居民生产总值					
按当年价格计算					
本地居民生产总值(亿港元)		11252	13264	17585	16829
人均本地居民生产总值(港元)		182783	199010	252014	240291
对外要素收益流动净值(亿港元)		95	88	833	494
国际收支平衡表					
经常账 ②(亿港元)			545	2281	1426
资本及金融账 ②(亿港元)			-579	-2312	-1649
净误差及遗漏 ③(亿港元)			34	30	223
整体的国际收支(亿港元)			783	2639	5493
国际投资头寸 ④					
国际投资头寸净值 ⑤(亿港元)			17295	48267	
对外金融资产（亿港元）			88993	175213	
对外金融负债（亿港元）			71697	126946	
人口及生命统计					
年中人口（万人）	570.4	615.6	666.5	697.8	700.4
粗出生率（‰）	12.0	11.2	8.1	11.3	11.7
粗死亡率（‰）	5.2	5.1	5.1	6.0	5.7
劳动、就业					
劳动人口（万人）	274.8	300.1	337.4	364.9	367.7
劳动人口参与率（%）	63.2	62.0	61.4	60.9	60.7
失业率（%）	1.3	3.2	4.9	3.6	5.4
就业不足率（%）	0.9	2.1	2.8	1.9	2.3
实际工资指数⑥(1992年9月=100)	100.2	101.6	112.8	123.4	120.2

香港特别行政区主要社会经济指标（二）

指　　　标	1990年	1995年	2000年	2008年	2009年
物业及建筑					
已登记物业买卖合约涉及的价值(亿港元)					
住宅		2003	1684	3438	4258
非住宅		655	541	693	899
总计		2658	2225	4131	5157
楼宇售价指数(1999年=100)					
私人住宅单位	44.8	107.3	89.6	120.5	121.3
私人写字楼(甲级、乙级及丙级)	99.1	194.6	89.9	199.0	179.6
楼宇租金指数(1999年=100)					
私人住宅单位	76.7	120.7	98.1	115.7	100.4
私人写字楼(甲级、乙级及丙级)	137.4	178.6	98.5	155.5	135.5
建筑工程完成名义总值（亿港元）	613	998	1221	996	1011
新落成房屋委员会租住单位 ⑦⑧(个)	32619	14559	55492	19050	
新落成房屋委员会资助出售单位 ⑦⑨(个)	15612	19328	33510	1624	
获批准可动工兴建私人居住单位(个)					
初次呈交图则	26722	17712	30039	7304	6498
重大修改 ⑩				3019	3847
政府收支、货币、金融（亿港元）					
政府储备结余 ⑪	765	1479	4303	4944	5082*
政府收入总额 ⑦	895	1800	2251	3166	3085*
政府支出总额 ⑦	856	1832	2329	3124	2912*
货币供应量M3					
港元 ⑫	5712	12783	20024	32613	36048
外币 ⑬	7168	10857	16904	30410	30220
总计	12880	23640	36928	63023	66268
在香港使用的贷款及垫款 ⑭	6894	13982	18615	25241	24994
港汇指数（贸易总值加权，2000年1月=100)	81.2	91.6	101.7	87.1	88.2
经销贸易业、运输业、服务业增加值(亿港元)					
批发贸易业	89	130	116	143	
零售贸易业	189	290	286	461	
进口及出口贸易业	833	1823	2317	3294	
运输业	393	722	916	934	
仓库、通讯、财务(银行除外)及商用服务业	347	796	1128	1787	

香港特别行政区主要社会经济指标（三）

指　　标	1990年	1995年	2000年	2008年	2009年
居民消费物价指数					
(2004年10月至2005年9月=100)					
综合消费物价指数	63.8	100.4	107.4	108.9	109.5
甲类消费物价指数	63.5	98.7	106.6	107.1	107.4
乙类消费物价指数	64.6	101.6	107.7	109.5	110.0
丙类消费物价指数	62.8	100.6	108.0	110.2	110.9
工业生产					
工业生产指数 ⑮(2008年=100)				100.0	91.7
工业电力消费量（万亿焦耳）	24934	20222	17769	12182	11143
工业煤气消费量（万亿焦耳）	583	978	982	905	902
运输、通讯、旅游					
进出香港货运车辆（万辆）	473.35	799.96	937.98	875.70	772.74
进出香港货物					
总卸下（万吨）	6076	11965	13035	16571	15580
总装上（万吨）	2997	7332	8692	12916	11854
集装箱吞吐量 ⑯(万标准集装箱单位)	510	1255	1810	2449	2104
领牌车辆（万辆）	37	47	52	58	58
电话服务（万条操作线路）	245	325	395	411	419
访港旅客 ⑰(万人次)	658	1020	1306	2951	2959
酒店入住率（%）	79	85	83	85	78
对外商品贸易					
港产品出口（亿港元）	2259	2317	1810	908	577
转口（亿港元）	4140	11125	13917	27334	24113
进口（亿港元）	6425	14911	16580	30253	26924
贸易价格比率指数(2000年=100)	100.1	98.8	100.0	96.3	97.5
对外服务贸易					
服务出口(亿港元)	1425	2536	3150	7172	6700
服务进口(亿港元)	1008	1806	1924	3665	3441
教育					
小学学生人数 ⑱(人)	526720	467718	493979	365056	344748
中学学生人数 ⑱(人)	453423	470997	466710	483725	474316
大学教育资助委员会资助院校学生人数 ⑲(人)	57824	75450	78295	182499	162199
卫生					
登记死亡人数(人)	29201	30894	33993	41530	41034
死于心脏病人数 ⑳(人)	4976	4886	5537	6777	6405
死于恶性肿瘤人数 ⑳(人)	8669	9680	11222	12456	12833
婴儿死亡率(按每千名登记活产婴儿计算)	5.9	4.4	2.9	1.8	1.7

香港特别行政区主要社会经济指标（四）

指　　标	1990年	1995年	2000年	2008年	2009年
社会保障					
综合社会保障援助					
个案数目⑪（个）	66675	136201	228263	289469	287822
发放款项(21)（亿港元）	9.6	48.3	135.6	186.1	
公共福利金					
个案数目⑪	444517	498166	550585	612128	627816
发放款项(21)（亿港元）	21.6	36.8	51.3	88.0	
交通意外伤亡援助					
获批个案数目(21)	5310	5102	5998	7224	
发放款项(21)（万港元）	4990	11068	13000	17254	
治安					
举报罪案合计　（件）	88300	91886	77245	78469	77630
暴力罪案总计　（件）	18820	17087	14812	14429	14193
犯罪被捕人数总计　（人）	44013	53098	40930	41220	40725

注：本表数据由香港特别行政区政府统计处提供，国家统计局整理编辑。1996年及以前年份数据均指原香港地区。*2009年数字为修订预算。

①以环比物量计算的本地生产总值及其组成部分的参照年，已由2006年重订为2007年。

②经常账差额的正数显示盈余而负数显示赤字。

③原则上，贷方和借方各项账目的净总和应等于零，但由于贷借方资料来源差异，账目的总和不相等，因此，须加一个余额项目，以反映平衡表的“净误差及遗漏”。

④期末头寸。

⑤国际投资头寸净值是对外金融资产总值与对外金融负债总值之差。

⑥2004年以后工资统计数字采用《香港标准行业分类2.0版》编制。

⑦财政年度数字。指当年4月1日至第二年3月31日。

⑧新落成房屋委员会租住单位包括公营租住房屋、中转房屋和那些由剩余居者有其屋计划转作公营租住房屋的项目单位。由公营租住房屋转作出售用途的可租可买计划/重建置业计划的单位不包括在内。

⑨新落成房屋委员会资助出售单位包括居者有其屋计划、私人参建居屋计划和可租可买计划//重建置业计划(这类单位多数是由公营租住房屋转作出售用途)。

⑩2002年及以前没有“重大修改”的分类数字。

⑪财政年度终结数字。指第二年3月31日。

⑫包括外币掉期存款。

⑬已扣除外币掉期存款。

⑭不包括贸易融资的贷款。

⑮自2005年统计年度开始，所有工业生产指数均按《香港标准行业分类2.0版》编制。

⑯由1998年起，采用一系列新的集装箱吞吐量数字。与1998年以前的数字不可比。

⑰1998年及以后的数字包括经澳门访港的非澳门居民旅客人数。

⑱数字涵盖日、夜校，但不包括特殊学校。

⑲数字包括大学教育资助委员会(教资会)资助的全日制及兼读制课程的学生人数。1995年至2000年数字只包括就读为期一年或以上课程学生人数。自2001年起，数字也包括就读由教资会资助院校本部、其持续进修机构及社区书院所开办的自资全日制经评审副学位及学位课程的学生人数。由2007年开始，数字也包括修读由教资会资助院校提供的其他兼读制自资课程的学生人数。

⑳从2001年起，疾病及死因分类按照根据《疾病和有关健康问题的国际统计分类》(ICD)第十次修订本重新编制。与2001年以前数字不可比。

(21) 财政年度数字。指当年4月1日至第二年3月31日。2007年数字包括于该年度分别向综援个案及公共福利金个案额外发放的一个月标准金额及一个月津贴。

澳门特别行政区主要社会经济指标（一）

指　　标	1990年	1995年	2000年	2008年	2009年
本地生产总值①					
按2002年不变价格计算					
本地生产总值实际增长率(支出法)(%)	8.0	3.3	5.7	12.9	1.3
本地生产总值（亿澳门元）			483.9	1412.2	1430.9
人均本地生产总值（万澳门元）			11.2	25.7	26.3
按当年价格计算					
本地生产总值名义增长率(支出法)(%)	20.4	11.9	3.6	15.5	-2.4
本地生产总值（亿澳门元）	239.8	522.7	489.7	1735.5	1693.4
人均本地生产总值（万澳门元）	7.2	12.8	11.4	31.6	31.1
人口及生命统计					
年中人口估计（万人）	33.5	40.9	43.1	55.2	54.4
出生率（‰）	20.5	14.4	8.9	8.5	8.8
死亡率（‰）	4.4	3.3	3.1	3.2	3.1
劳动、就业②					
劳动人口（万人）	16.9	18.7	20.9	33.3	32.9
劳动力参与率（%）	66.6	65.3	64.3	70.6	72.0
失业率（%）	3.2	3.6	6.8	3.0	3.6
就业不足率（%）	2.3	2.6	3.0	1.6	1.9
就业人口③（万人）	16.3	18.0	19.5	32.3	31.8
（Ⅰ）制造业	5.3	3.9	3.8	2.5	1.7
（Ⅱ）零售及批发业	3.5	2.5	3.0	4.0	4.1
（Ⅲ）餐厅及酒店业		2.1	2.1	4.1	4.4
（Ⅳ）团体、社会及个人服务业	4.5	5.4	2.2	7.9	7.5
对外贸易					
出口（亿澳门元）	136.4	159.1	203.8	160.3	76.7
本地产品出口（亿澳门元）			170.8	95.8	29.7
转口（亿澳门元）			33.0	64.4	47.0
进口（亿澳门元）	123.4	162.7	181.0	430.3	369.0
贸易条件指数（2006年=100）	108.9	112.8	108.9	93.5	93.7
工业生产					
工业电力消耗量（亿千瓦小时）		1.7	1.6	2.1	1.6
建筑					
建成的私人楼宇单位数目（个）	11574	9432	3146	1177	3251
建成的私人楼宇总面积（万平方米）	105.7	122.1	37.0	58.4	140.6
新动工的私人楼宇单位数目（个）		12584	1167	2046	1547
新动工的私人楼宇总面积（万平方米）		158.2	20.3	53.3	22.9
楼宇单位买卖数目（个）	8463	14284	10211	21516	17310
不动产买卖契约数目（宗）	8559	13582	12484	9712	9111
不动产按揭贷款数目（宗）	6610	8522	7367	11847	8965
运输、通讯、旅游					
进出澳门货运车辆数目④(万辆)	26.4	48.7	45.4	56.4	40.3
领牌车辆 ⑤（万辆）	5.1	7.1	11.4	18.3	18.9
电话线⑥（万条）	9.6	19.0	31.8	110.9	120.9
访澳旅客⑦（万人次）	594.2	775.2	916.2	2293.3	2175.3
酒店入住率（%）	69	57	58	74	71

澳门特别行政区主要社会经济指标（二）

指标	1990年	1995年	2000年	2008年	2009年
政府收支、货币、金融（亿澳门元）					
政府总收入①	60.2	161.9	153.4	622.6	576.4
政府总开支①	55.1	154.7	150.2	304.4	338.2
货币供应（广义货币供应量M2）					
澳门元⑧	70.2	201.7	232.2	541.0	597.5
港元	150.8	391.0	445.1	992.4	1137.8
其他货币	86.5	101.8	171.9	364.5	386.2
总计	307.4	694.4	849.2	1897.9	2121.5
本地机构及私人贷款及垫款	156.0	387.9	382.0	889.2	972.4
消费价格指数（包括屋租）					
（2008年4月至2009年3月=100）					
综合消费价格指数			83.95	100.23	101.40
甲类消费价格指数			81.99	100.65	101.45
乙类消费价格指数			84.68	100.12	101.37
房屋（期末值）					
公共房屋 ⑨（个）	4871	6528	9084	6253	7165
教育⑩					
幼儿教育学生（人）	20814	19770	14978	9270	
小学生（人）	34972	46703	45474	27481	
中学生（人）	17601	23440	38156	39463	
高等教育学生（人）	7425	6933	8358	20917	
医疗卫生					
死亡登记人数（人）	1482	1351	1338	1756	1664
死于心脏病人数（人）	356	300	252	385	365
死于癌症人数（人）	283	325	352	540	545
婴儿死亡率（按每千名出生登记活产婴儿计算）	8.4	5.6	2.9	3.2	2.1
社会保障					
供款单位数目		6541	8451	17175	15516
总发放援助次数（万次）		8.1	16.3	40.8	45.4
总发放金额（亿澳门元）			2.0	4.4	6.7
治安					
罪案数目（宗）	5514	7181	8925	13864	12406
囚犯数目（期末值,人）	719	482	847	912	930

注：本表数据由澳门特别行政区政府统计暨普查局提供，国家统计局整理编辑。1998年及以前数据均指原澳门地区。

①2009年数字在日后得到更多资料时会作出修订。

②自2009年起,劳动人口的年龄下限由14岁调升至16岁。

③1990年“零售及批发业”数字包含了“餐厅及酒店业”数字。就业人数行业分类，1997年及以前是根据“澳门行业分类第一版”作分类，1998 年起，采用“澳门行业分类第一修订版”。

④自2000年开始包括进出关闸及路氹城边检站的数字；另外，自2007年开始亦包括进出跨境工业区边检站的数字。

⑤自2007年开始不包括单车。

⑥1990年的数字不包括移动电话数字。

⑦自2008年开始访澳旅客不包括外地雇员及学生等。

⑧“中华人民共和国澳门特别行政区基本法”说明，澳门元是澳门特别行政区的法定货币。

⑨不包括已出售者。

⑩不包括特殊教育学生。第n年的学生人数是指n/n+1学年年底学生人数。

2007/2008学年起不包括回归教育学生人数

台湾省主要社会经济指标（一）

指　　标	1995年	2000年	2005年	2008年	2009年
人口					
户籍登记人口数①(万人)	2136	2228	2277	2304	2312
人口自然增加率（‰）	9.90	8.08	2.92	2.40	2.07
人口社会增加率（‰）	-1.45	0.22	0.65	1.02	1.52
人口密度(人/平方公里)	590	616	629	637	639
性别比①(女性为100)	106.0	104.7	103.2	101.9	101.3
离婚率（对/千人）	1.57	2.37	2.75	2.43	2.48
劳动、就业					
劳动力人口（万人）	921	978	1037	1085	1092
劳动参与率（%）	58.7	57.7	57.8	58.3	57.9
男	72.0	69.4	67.6	67.1	66.4
女	45.3	46.0	48.1	49.7	49.6
工业占就业人口比重（%）	38.7	37.2	35.8	36.8	35.9
服务业占就业人口比重（%）	50.7	55.0	58.3	58.0	58.9
失业率（%）	1.8	3.0	4.1	4.1	5.9
工业及服务业每月人均薪资(新台币元)	35449	41938	43163	44424	42176
工业	33508	39679	41908	43233	40032
服务业	37558	44180	44290	45450	43914
就业服务					
求供倍数（倍）	2.1	1.6	1.7	0.9	0.8
求职人数（万人）		28.9	58.0	114.8	141.5
求才人数（万人）		47.0	100.8	99.8	115.5
生活环境					
平均每人每月用电量（千瓦小时）	105.2	130.9	145.8	144.6	145.7
平均每人每月用水量（立方米）	10.1	10.5	10.7	11.0	10.7
公共安全					
刑案发生率（件/十万人）	2023	1977	2442	1972	1685
犯罪人口率（人/十万人）	734	819	913	1179	1146
刑案破获率（%）	53.7	59.2	62.5	77.3	80.8
少年犯罪人数(13-17岁)（人）	29287	18144	9620	11283	10898
火灾发生次数（次）	10916	15560	5139	2886	2621
火灾死伤人数（人）	908	994	671	405	413
机动车肇事率（件/万辆）	2.76	31.76	79.81	81.39	85.19
道路交通事故伤亡人数					
死亡（人）	3065	3388	2894	2224	2092
受伤（人）	2933	66895	203087	227423	239260
参保人数					
全民健保被保险人数（万人）		2140	2231	2292	2303
公保、劳保、农保被保险人数（万人）					
公教人员保险	63	63	59	59	60
劳工保险	764	792	854	880	903
农民保险	180	178	165	157	154

台湾省主要社会经济指标（二）

指　　标	1995年	2000年	2005年	2008年	2009年
工业					
受雇者劳动生产力指数(2006年＝100)			96.3	105.7	106.3
工业生产指数（2006年＝100）			95.5	105.9	97.3
制造业			95.7	106.7	98.2
房屋建筑工程业			91.7	90.3	73.1
工业生产总值（新台币亿元）	71609	91425	116861	139777	114496
核准对外投资（亿美元）	13.6	50.8	24.5	44.7	30.1
核准侨外投资（亿美元）	29.3	76.1	42.3	82.4	48.0
核发建筑物使用执照总楼地板面积（万平方米）	5526	3502	3103	3272	2654
商业及对外贸易					
营利事业家数①(万家)	99.4	105.7	116.9	117.9	118.6
营利事业销售额（新台币亿元）	190210	258436	342975	354099	301443
贸易额（亿美元）					
出口	1117	1520	1984	2556	2037
进口	1036	1407	1826	2404	1744
出(入)超	81	112	158	152	293
对日出(入)超（亿美元）	-171	-217	-309	-290	-217
对美出(入)超（亿美元）	56	103	79	45	54
对港出(入)超（亿美元）	243	304	319	312	283
外销订单（亿美元）	1136	1534	2564	3517	3224
运输通信					
交通运输客运人数					
铁路（亿人）	1.6	4.6	5.3	6.9	7.2
公路（亿人）	12.0	11.0	10.1	10.5	10.4
航空（万人）					
省内	2874	2665	1929	985	923
国际	1499	1978	2249	2320	2310
高速公路通行车辆数（万辆次）	36815	45381	57381	54355	53957
每百人机动车辆数①(辆)	61.8	76.4	87.2	91.6	92.4
港埠货物装卸量（万收费吨）	42017	56695	68793	66828	60575
观光（万人次）					
出岛旅客	519	733	821	847	814
来台湾旅客	233	262	338	385	440
财政、金融及景气					
赋税实征净额②(新台币亿元)	12323	19298	15674	17604	15303
直接税（%）	52.4	56.6	59.3	65.1	62.4
间接税（%）	47.6	43.4	40.7	34.9	37.6
外汇存底①(亿美元)	903.1	1067.4	2532.9	2917.1	3482.0
汇率					
1美元兑新台币③	27.32	33.06	32.88	32.91	32.08
1日元兑新台币④	0.2661	0.2908	0.2815	0.3656	0.3491
货币供应量M2①(新台币亿元)	128054	188978	245080	278632	294629
年增长率（%）	9.4	6.5	6.6	7.0	5.7
存款①⑤(新台币亿元)	131309	193087	247095	279779	295559
放款与投资①⑤(新台币亿元)	121003	166220	193602	213315	214906

台湾省主要社会经济指标（三）

指　　标	1995年	2000年	2005年	2008年	2009年
财政、金融及景气					
重贴现率①(年息百分比率)	5.500	4.625	2.250	2.000	1.250
本地银行逾放比率①(%)	2.85	5.34	2.24	1.54	1.15
股价指数（1966年＝100）	5544	7847	6092	7024	6460
国际收支平衡（亿美元）	-39.3	24.8	200.6	262.7	541.3
经常账户	54.7	89.0	175.8	251.2	425.7
资本账户	-6.5	-2.9	-1.2	-3.3	-1.0
金融账户	-81.9	-80.2	23.0	-17.5	139.8
景气动向指标⑥					
先行		106.3	97.5	99.0	95.6
同步		109.0	97.5	104.0	92.6
对策信号判断⑦(分)		26	22	19	19
物价年增率(%)（2006年=100）					
批发		1.82	0.62	5.15	-8.74
消费者		1.26	2.31	3.53	-0.87
进口		4.63	2.43	8.84	-9.61
出口		-0.88	-2.46	-2.14	-6.60
国民经济核算					
本地居民生产总值（新台币亿元）	71291	101716	120311	130131	129513
本地生产总值（新台币亿元）	70179	100320	117403	126985	125274
居民最终消费支出	41247	60872	70907	76263	76193
固定资本形成总额	17506	23940	26355	26857	23213
商品及服务出口	33670	53924	73417	92265	78309
减：商品及服务进口	32504	51728	68233	85978	66909
经济增长率（%）	6.4	5.8	4.7	0.7	-1.9
农业	2.9	1.2	-4.2	0.6	-3.1
工业	5.1	5.8	6.9	-0.2	-4.6
服务业	7.4	5.9	3.9	0.9	-0.2
产业结构（%）					
农业	3.5	2.0	1.7	1.6	1.6
工业	36.4	29.1	31.3	29.3	29.9
服务业	60.1	68.9	67.1	69.2	68.6
人均本地居民生产总值					
新台币元	336042	459729	529313	565846	561290
美元	12686	14721	16449	17941	16997
国民储蓄总额（新台币亿元）	19278	26114	33400	37285	36440
储蓄率（%）	27.0	25.7	27.8	28.7	28.1

注：①年底数。②为年度资料,如2000年度指1999年下半年及2000年度。③银行与顾客间卖出汇率，且为年底数。④卖出汇率,且为年底数。⑤涵盖范围为全部货币机构及邮局储蓄。⑥年度资料为各月资料平均。⑦蓝灯（衰退）：16分以下；黄蓝灯（转稳或衰退）：17－22分；绿灯（稳定）：23－31分；黄红灯（转热或趋稳）：32－37分；红灯（过热）：38分以上。

资料来源：台湾省月度资料。

世界主要国家和地区国内生产总值和人均国民总收入

国家和地区	国内生产总值（亿美元）		人均国民总收入（美元）	
	2007年	2008年	2007年	2008年
世界总计	**543470**	**605870**	**7958**	**8579**
低收入国家	**8103**	**5685**	**578**	**524**
中等收入国家	**133422**	**168269**	**2872**	**3211**
高收入国家	**401973**	**431899**	**37566**	**39345**
中　　国①	32801	43262	2360	2770
印　　度	11710	12175	950	1070
日　　本	43767	49093	37670	38210
韩　　国	9698	9291	19690	21530
马来西亚	1807	1949	6540	6970
巴基斯坦	1436	1683	870	980
新 加 坡	1613	1819	32470	34760
菲 律 宾	1441	1669	1620	1890
泰　　国	2458	2607	3400	2840
埃　　及	1281	1628	1580	1800
尼日利亚	1657	2121	930	1160
南　　非	2776	2768	5760	5820
加 拿 大	13264	14001	39420	41730
墨 西 哥	8934	10860	8340	9980
美　　国	138112	142043	46040	47580
阿 根 廷	2623	3284	6050	7200
巴　　西	13142	16125	5910	7350
法　　国②	25623	28531	38500	42250
德　　国	32972	36528	38860	42440
意 大 利	21075	22930	33540	35240
荷　　兰	7542	8603	45820	50150
俄 罗 斯	12910	16078	7560	9620
西 班 牙	14292	16042	29450	31960
英　　国	27278	26456	42740	45390
澳大利亚	8217	10152	35960	40350

注：①世界银行统计数据。②包括法属圭亚那、瓜德罗普、马提尼克和留尼汪。

资料来源：世界银行数据库。

世界经济增长率及消费者价格指数

年份	经济增长率(%)				消费者价格指数(2005年=100)			
	世界	美国	欧元区	日本	世界	美国	欧元区	日本
1978	4.4	5.6	3.1	5.3	12.9	33.4	33.2	68.7
1979	4.2	3.2	3.9	5.5	14.1	37.2	36.6	71.3
1980	1.8	-0.2	2.2	2.8	18.4	42.2	40.8	76.8
1981	1.9	2.5	0.5	2.9	21.6	46.5	45.7	80.6
1982	0.3	-2.0	0.7	2.8	24.9	49.4	50.1	82.8
1983	2.5	4.5	1.4	1.6	30.3	51.0	54.3	84.4
1984	4.6	7.2	2.4	3.1	35.5	53.2	58.1	86.3
1985	3.7	4.1	2.3	5.1	37.0	55.1	61.5	88.1
1986	3.4	3.4	2.5	3.0	34.6	56.1	63.3	88.6
1987	3.6	3.3	2.5	3.8	34.9	58.2	63.6	88.7
1988	4.7	4.1	4.3	6.8	40.8	60.6	64.2	89.3
1989	3.8	3.5	4.0	5.3	44.3	63.5	64.7	91.3
1990	2.9	1.9	3.5	5.2	46.0	66.9	66.7	94.1
1991	1.6	-0.2	2.6	3.4	46.4	69.7	70.0	97.2
1992	2.1	3.3	1.4	1.0	49.9	71.8	69.7	98.9
1993	1.7	2.7	-0.7	0.2	51.8	74.0	72.1	100.1
1994	3.3	4.1	2.5	1.1	61.4	75.9	75.1	100.8
1995	2.9	2.5	2.5	2.0	65.2	78.0	78.7	100.7
1996	3.4	3.7	1.6	2.7	71.3	80.3	80.7	100.8
1997	3.7	4.5	2.6	1.6	75.1	82.2	83.2	102.6
1998	2.3	4.2	2.8	-2.0	80.1	83.5	84.7	103.3
1999	3.2	4.5	2.9	-0.1	81.5	85.3	86.5	102.9
2000	4.1	3.7	3.9	2.9	84.5	88.2	88.5	102.2
2001	1.5	0.8	1.9	0.2	87.6	90.7	91.2	101.4
2002	1.9	1.6	0.9	0.3	90.1	92.1	93.3	100.5
2003	2.7	2.5	0.8	1.4	93.4	94.2	95.5	100.3
2004	4.1	3.6	2.1	2.7	96.1	96.7	97.6	100.3
2005	3.5	3.1	1.6	1.9	100.0	100.0	100.0	100.0
2006	4.0	2.9	2.8	2.4	104.3	103.2	102.5	100.2
2007	3.8	2.0	2.7	2.1	109.7	106.2	104.5	100.3
2008	2.0	1.1	0.7	-0.7	118.0	110.2	108.4	101.7

资料来源：世界银行数据库。

世界主要国家就业结构与失业率

单位：%

国　家	年　份	就业结构			年　份	失业率
		第一产业	第二产业	第三产业		
中　国①	2008	39.6	27.2	33.2	2008⑦	4.2
印度尼西亚	2006	44.5	18.0	37.6	2008	8.4
日　本	2007	4.2	27.9	66.7	2008	4.0
韩　国	2007	7.4	25.9	66.6	2008	3.2
马来西亚	2007	14.8	28.5	56.7	2008②	3.3
巴基斯坦	2007	43.6	21.0	35.4	2008③	5.2
新加坡	2007	1.1	22.6	76.2	2008	4.0
菲律宾	2007	36.1	15.1	48.8	2008	7.4
泰　国	2007	41.7	20.7	37.4	2008	1.2
埃　及	2006	31.2	22.0	46.6	2007②	8.9
南　非	2007	8.8	26.0	64.9	2008②	22.9
加拿大	2007	2.5	21.6	75.9	2008	6.1
墨西哥	2007	13.5	25.9	59.9	2008④	3.5
美　国	2007	1.4	20.6	78.0	2008⑤	5.8
阿根廷	2006	0.8	23.7	75.2	2006③⑧	9.5
巴　西	2006	19.3	21.4	59.1	2007③	8.2
法　国	2007	3.4	23.2	73.1	2008	7.4
德　国	2007	2.3	29.8	67.9	2008	7.5
意大利	2007	4.0	30.2	65.8	2008	6.7
荷　兰	2005	3.0	19.8	72.0	2008②	3.0
俄罗斯	2007	9.0	29.2	61.8	2008⑥	6.3
西班牙	2007	4.5	29.3	66.2	2008⑨	11.3
英　国	2007	1.4	22.3	76.0	2008⑤	5.3
澳大利亚	2007	3.4	21.2	75.1	2008	4.2

注：①《2009年中国统计年鉴》数据。②15至64岁。③10岁及以上。④14岁及以上。⑤16岁及以上。⑥15岁至72岁。⑦城镇登记失业率。⑧31个城镇地区。⑨16岁至74岁。

资料来源：世界银行数据库、国际劳工组织数据库。

世界主要国家货物进出口贸易额

单位：亿美元

国家	2000年		2007年		2008年	
	出口	进口	出口	进口	出口	进口
世界总计	**64560**	**67240**	**139930**	**142870**	**160970**	**164930**
中国	2492	2251	12201	9561	14307	11326
印度	424	515	1502	2294	1948	3210
日本	4792	3795	7143	6222	7820	7625
韩国	1723	1605	3715	3568	4220	4353
马来西亚	982	820	1762	1470	1995	1569
巴基斯坦	90	109	178	326	203	423
菲律宾	398	370	505	580	491	604
新加坡	1378	1345	2993	2632	3382	3198
泰国	691	619	1539	1400	1778	1787
埃及	53	146	192	371	262	484
尼日利亚	210	87	645	348	818	500
南非	300	297	698	884	808	995
加拿大	2766	2448	4207	3902	4565	4190
墨西哥	1664	1795	2718	2902	2913	3183
美国	7819	12593	11482	20204	12874	21695
阿根廷	263	252	558	447	700	574
巴西	551	591	1606	1266	1979	1824
法国	3276	3389	5519	6195	6012	7035
德国	5518	4972	13212	10550	14462	11851
意大利	2405	2388	4999	5117	5380	5549
荷兰	2331	2183	5508	4926	6379	5809
西班牙	1153	1561	2533	3893	2815	4208
英国	2854	3481	4391	6229	4597	6330
俄罗斯	1056	447	3544	2235	4716	2919
澳大利亚	639	715	1414	1653	1873	2003

资料来源：世界贸易组织数据库。

中国主要经济指标和主要工农业产品产量居世界位次

指　　标	1978年	1990年	2000年	2005年	2007年	2008年
国内生产总值	**10**	**11**	**6**	**4**	**4**	**3**
人均国民总收入①	**175(188)**	**178(200)**	**141(207)**	**128(208)**	**132(209)**	**127(210)**
货物进出口额	**29**	**15**	**8**	**3**	**3**	**3**
外汇储备	**38**	**7**	**2**	**2**	**1**	**1**
主要工业产品产量						
粗　钢	5	4	1	1	1	1
煤	3	1	1	1	1	1
原　油	8	5	5	5	5	5
发电量	7	4	2	2	2	2
水　泥	4	1	1	1	1	1
化　肥	3	3	1	1	1	
棉　布	1	1	2	1	1	1
主要农业产品产量						
谷　物	2	1	1	1	1	1
肉　类②	3	1	1	1	1	1
籽　棉	3	1	1	1	1	1
大　豆	3	3	4	4	4	4
花　生	2	2	1	1	1	1
油菜籽	2	1	1	1	1	2
甘　蔗	7	4	3	3	3	3
茶　叶	2	2	2	1	1	1
水　果③	9	4	1	1	1	1

注：①括号中为参加排序的国家和地区数。②1990年以前为猪、牛、羊肉产量的位次。③不包括瓜类。

资料来源：联合国粮农组织数据库、联合国《工业产品统计年鉴》和《统计月报》及世界银行数据库。

附录一

主要统计指标解释

法人单位 指依法成立，有自己的名称、组织机构和场所，能够独立承担民事责任；独立拥有和使用(或授权使用)资产，承担负债，有权与其他单位签订合同；会计上独立核算，能够编制资产负债表的单位。包括企业法人、事业单位法人、机关法人、社会团体法人和其他法人。

国内生产总值(GDP) 指按市场价格计算的一个国家所有常住单位在一定时期内生产活动的最终成果。国内生产总值有三种表现形态，即价值形态、收入形态和产品形态。从价值形态看，它是所有常住单位在一定时期内生产的全部货物和服务价值与同期中间投入的全部非固定资产货物和服务价值的差额，即所有常住单位的增加值之和；从收入形态看，它是所有常住单位在一定时期内创造并分配给常住单位和非常住单位的初次收入之和；从产品形态看，它是所有常住单位在一定时期内最终使用的货物和服务价值与货物和服务净出口价值之和。在实际核算中，国内生产总值有三种计算方法，即生产法(总产出减中间投入)、收入法(由劳动者报酬、生产税净额、固定资产折旧、营业盈余组成)和支出法(由最终消费、资本形成总额、货物和服务净出口组成)。三种方法分别从不同的方面反映国内生产总值及其构成。对一个地区来说称为地区生产总值。

三次产业 指根据社会生产活动历史发展的顺序对产业结构的划分。我国第一产业是指农、林、牧、渔业；第二产业是指采矿业，制造业，电力、燃气及水的生产和供应业，建筑业；第三产业是指除第一、二产业以外的其他行业。第三产业具体包括：交通运输、仓储和邮政业，信息传输、计算机服务和软件业，批发和零售业，住宿和餐饮业，金融业，房地产业，租赁和商务服务业，科学研究、技术服务和地质勘查业，水利、环境和公共设施管理业，居民服务和其他服务业，教育，卫生、社会保障和社会福利业，文化、体育和娱乐业，公共管理和社会组织，国际组织。

当年价格 也称现行价格，指报告期内的实际市场价格。按现行价格计算的各种综合指标可以反映当年国民经济发展水平及比例关系，但因其变化受实物数量增减和价格升降因素的影响，在不同时期之间缺乏可比性。

可比价格 指计算各种总量指标所采用的扣除了价格变动因素的价格，可进行不同时期总量指标的对比。按可比价格计算总量指标有两种方法：一种是直接用产品产量乘某一年的不变价格计算；另一种是用价格指数对按现价计算的总量指标进行缩减。

人口数 指一定时点、一定地区范围内有生命的个人总和。年度统计的年末人口数指每年 12 月 31 日 24 时的人口数。年度统计的全国人口总数未包括香港、澳门特别行政区和台湾省以及海外华侨的人数。

人口自然增长率 指在一定时期内(通常为一年)人口自然增加数(出生人数减死亡人数)与该时期内平均人数(或期中人数)之比，一般用千分率表示。计算公式为:

$$人口自然增长率=\frac{本年出生人数-本年死亡人数}{年平均人数}\times 1000‰$$

$$=人口出生率-人口死亡率$$

平均预期寿命 简称平均寿命。指0岁(即出生时)的平均预期寿命，表示一批人出生后平均一生可活的年数。

就业人员 指在一定年龄内,有劳动能力,从事一定社会劳动并取得劳动报酬或经营收入的人员。

城镇登记失业人员 指有非农业户口,在劳动年龄内(16周岁至退休年龄),有劳动能力,无业而要求就业，并在当地就业服务机构进行求职登记的人员。

城镇登记失业率 城镇登记失业人员与城镇单位就业人员(扣除使用的农村劳动力、聘用的离退休人员、港澳台及外方人员)、城镇单位中的不在岗职工、城镇私营业主、个体户主、城镇私营企业和个体就业人员、城镇登记失业人员之和的比。计算公式为:

$$城镇登记失业率=\frac{城镇登记失业人数}{\begin{gathered}(城镇单位就业人员-使用的农村劳动力-聘用的离退休人员-\\聘用的港澳台及外方人员)+不在岗职工+城镇私营业主+城镇\\个体户主+城镇私营企业及个体就业人员+城镇登记失业人数\end{gathered}}\times 100\%$$

全社会固定资产投资额 是以货币形式表现的在一定时期内全社会建造和购置固定资产的工作量以及与此有关的费用的总称。全社会固定资产投资按登记注册类型可分为国有、集体、个体、联营、股份制、港澳台商、外商、其他等。

房地产开发投资 指各种登记注册类型的房地产开发公司、商品房建设公司及其他房地产开发法人单位和附属于其他法人单位实际从事房地产开发或经营活动的单位统一开发的包括统代建、拆迁还建的住宅、厂房、仓库、饭店、宾馆、度假村、写字楼、办公楼等房屋建筑物和配套的服务设施，土地开发工程（如道路、给水、排水、供电、供热、通讯、平整场地等基础设施工程）的投资；不包括单纯的土地交易活动。

货物进出口总额 指实际进出我国国境的货物总金额。包括对外贸易实际进出口货物，来料加工装配进出口货物，国家间、联合国及国际组织无偿援助物资和赠送品，华侨、港澳台同胞和外籍华人捐赠品，租赁期满归承租人所有的租赁货物，进料加工进出口货物，边境地方贸易及边境地区小额贸易进出口货物(边民互市贸易除外)，中外合资企业、中外合作经营企业、外商独资经营企业进出口货物和公用物品，到、离岸价格在规定限额以上的进出口货样和广告品(无商业价值、无使用价值和免费提供出口的除外)，从保税仓库提取在中国境内销售的进口货物，以及其他进出口货物。我国规定出口货物按离岸价格统计，进口货物按到岸价格统计。

外商直接投资 指外国企业和经济组织或个人(包括华侨、港澳台胞以及我国在境外注册的企业)按我国有关政策、法规，用现汇、实物、技术等在我国境内开办外商独资企业、与我国境内的企业或经济组织共同举办中外合资经营企业、合作经营企业或合作开发资源的投资(包括外商投资收益的再投资)，以及经政府有关部门批准的项目投资总额内企业从境外借入的资金。

财政收入 指国家财政参与社会产品分配所取得的收入，是实现国家职能的财力保证。主要包括:（1）各项税收: 包括国内增值税、国内消费税、进口货物增值税和消费税、出口货物退增值税和消费税、营业税、企业所得税、个人所得税、资源税、城市维护建设税、房产税、印花税、城镇土地使用税、土地增值税、车船税、船舶吨税、车辆购置税、关税、耕地占用税、契税、烟叶税等。（2）非税收入: 包括专项收入、行政事业性收费、罚没收入和其他收入。财政收入按现行分税制财政体制划分为中央本级收入和地方本级收入。

财政支出 指国家财政将筹集起来的资金进行分配使用，以满足经济建设和各项事业的需要。主要包括: 一般公共服务、外交、国防、公共安全、教育、科学技术、文化教育与传媒、社会保障和就业、医疗卫生、环境保护、城乡社区事务、农林水事务、交通运输、工业商业金融等事务等方面的支出。财政支出根据政府在经济和社会活动中的不同职权，划分为中央财政支出和地方财政支出。

货币供应量 指某一时点一国流通中的货币量。货币供应量可分为三个层次:

M_0: 流通中的现金

M_1: 即狭义货币，M_0＋单位活期存款

M_2: 即广义货币，M_1＋准货币（单位定期存款＋居民储蓄存款＋单位其他存款＋证券公司客户保证金）

存款 指企业、机关、团体或居民根据资金必须收回的原则，把货币资金存入银行或其他信贷机构保管并取得一定利息的一种信用活动形式。根据存款对象或性质的不同可划分为企业存款、财政存款、机关团体存款、城乡储蓄存款、农业存款、信托及委托类存款、其他存款等科目。它是银行信贷资金的主要来源。

贷款 指银行或其他信贷机构根据资金必须归还的原则，按一定利率，为企业、个人等提供资金的一种信用活动形式。我国银行贷款分为短期贷款、委托及信托类贷款、其他类贷款等。

上市公司 指向社会公开发行股票且股票在交易所上市的公司。

股票市价总值 指上市股票在某一时点按市价与发行数量计算的总金额。

价格指数 指从生产者、购买者和市场的角度，分别反映不同时期货物和服务商品价格总水平变动趋势幅度的相对数。目前编制的价格指数主要有居民消费价格指数、商品零售价格指数、工业品出厂价格指数、固定资产投资价格指数、房地产价格指数、农产品生产价格指数等。

城镇居民家庭可支配收入 指被调查的城镇居民家庭成员得到的可用于最终消费支出

和其他非义务性支出以及储蓄的总和，即居民家庭可以用来自由支配的收入。它是家庭总收入扣除交纳的个人所得税、个人交纳的社会保障支出以及记账补贴后的收入。计算公式为:

$$\begin{matrix}\text{城镇居民}\\\text{家庭可支配收入}\end{matrix}=\text{家庭总收入}-\text{交纳个人所得税}-\text{个人交纳的社会保障支出}-\text{记账补贴}$$

农村居民家庭纯收入　指农村住户当年从各个来源得到的总收入相应地扣除所发生的费用后的收入总和。计算公式为:

$$\begin{matrix}\text{农村居民}\\\text{家庭纯收入}\end{matrix}=\text{总收入}-\begin{matrix}\text{家庭经营}\\\text{费用支出}\end{matrix}-\text{税费支出}-\begin{matrix}\text{生产性固定}\\\text{资产折旧}\end{matrix}-\begin{matrix}\text{赠送农村内}\\\text{部亲友支出}\end{matrix}$$

恩格尔系数　指食品支出金额在生活消费总支出金额中所占的比例。计算公式为:

$$\text{恩格尔系数}=\frac{\text{食品支出金额}}{\text{生活消费总支出金额}}\times 100\%$$

贫困标准　是指可以满足一个家庭在食品、住房、衣着等方面最低需求的生活水平标准值。贫困标准由食物贫困标准和非食物贫困标准两部分组成。食物贫困标准是根据农村住户调查低收入组的食品消费清单，按每人每天必需的 2100 大卡营养摄入标准的食品消费量，乘以对应的价格并进行求和计算得出的；非食物贫困标准是根据食品消费支出函数回归模型计算而得出的。

贫困发生率　也称贫困人口比重指数，是指生活水平低于贫困标准的人口数占总人口数的比重。

农作物播种面积　指实际播种或移植有农作物的面积。凡是实际种植农作物的面积，不论种植在耕地上还是种植在非耕地上，均包括在农作物播种面积中。在播种季节基本结束后，因遭灾而重新改种和补种的农作物面积，也包括在内。

建筑业总产值　是以货币形式表现的建筑业企业在一定时期内生产的建筑业产品和提供服务的总和。建筑业总产值包括:

1. 建筑工程产值：指列入建筑工程预算内的各种工程价值。

2. 安装工程产值：指设备安装工程价值，不包括被安装设备本身价值。

3. 其他产值：建筑业总产值中除建筑工程、安装工程以外的产值。包括房屋构筑物修理产值、非标准设备制造产值、总包企业向分包企业收取的管理费以及不能明确划分的施工活动所完成的产值。

劳务分包企业建筑业总产值指劳务分包企业与总承包企业或专业承包企业签定劳务分包合同后，从事建筑安装工程取得的所有劳务收入。

货(客)运量　指在一定时期内，各种运输工具实际运送的货物(旅客)数量。货运按吨计算，客运按人计算。货物不论运输距离长短、货物类别，均按实际重量统计。旅客不论行程远近或票价多少，均按一人一次客运量统计；半价票、小孩票也按一人统计。

邮电业务总量　是以价值量形式表现的邮电通信企业为社会提供各类邮电通信服务的总数量。邮电业务量按专业分类包括函件、包件、汇票、报刊发行、邮政快件、特快专递、邮政储蓄、集邮、传真、长途电话、出租电路、移动电话、分组交换数据通信、出租代维等。计算方法为各类产品乘以相应的平均单价（不变价）之和，再加上出租电路和设备、代用户维护电话交换机和线路等的服务收入。计算公式为:

邮电业务总量=Σ（各类邮电业务量 × 不变单价）+ 出租代维及其他业务收入

=邮政业务总量+电信业务总量

社会消费品零售总额 指批发和零售业、住宿和餐饮业以及其他行业直接售给城乡居民和社会集团的消费品零售额。其中，对居民的消费品零售额，是指售予城乡居民用于生活消费的商品金额；对社会集团的消费品零售额，是指售给机关、社会团体、部队、学校、企事业单位、居委会或村委会等，公款购买的用作非生产、非经营使用与公共消费的商品金额。社会消费品零售总额包括：售给城乡居民作为生活消费用的商品和修建房屋用的建筑材料的金额，以及售给来华的外国人、华侨、港澳台同胞的消费品金额；售给社会集团用作非生产、非经营使用与公共消费的商品金额。

不包括:

- 城市居民间或居民委托信托商店卖出的商品;
- 售给农业、工业、建筑业等行业用于生产的商品。

小学学龄儿童入学率 指调查范围内已入小学学习的学龄儿童占校内外学龄儿童总数(包括弱智儿童，不包括盲聋哑儿童)的比重。计算公式为:

$$\text{小学学龄儿童入学率}=\frac{\text{已入学的小学学龄儿童数}}{\text{校内外小学学龄儿童总数}}\times 100\%$$

研究与试验发展(R&D) 指在科学技术领域，为增加知识总量以及运用这些知识去创造新的应用而进行的系统的创造性的活动，包括基础研究、应用研究、试验发展三类活动。

城镇居民最低生活保障人数 指报告期末家庭平均收入在当地规定的最低生活保障线以下的城镇居民数。包括“三无”对象、失业人员和在职、下岗、退休人员等。

农村居民最低生活保障人数 指报告期末在建立农村最低生活保障制度的地区，得到当地政府或集体给予最低生活保障的农业人口数。

城镇社区服务设施数 指报告期末（街道办事处、居委会）设立的以非盈利为目的，为本社区居民服务，特别是为老年人、残疾人、儿童服务的社区服务中心、活动站、服务站、养老院、老年公寓（托老所），残疾人工疗站、残疾儿童日托所、家务服务站、婚姻介绍所等福利性设施以及职工社会保险管理服务的机构数。几种不同类型的社区服务单位，共用一个场所的，只能统计为一个社区服务设施。成为社区服务设施的条件：（1）是独立核算单位；（2）有固定的从业人员；（3）有一定的服务项目；（4）有一定的场所。

粗离婚率 指当年离婚对数占年平均人口的比重，计算公式为:

$$\text{粗离婚率}=\frac{\text{当年离婚对数}}{\text{年平均人口数}}\times 1000‰$$

二氧化硫排放量 指工业二氧化硫排放量与生活及其他二氧化硫排放量之和。

工业固体废物排放量　指报告期内企业将所产生的固体废物排到固体废物污染防治设施、场所以外的数量，不包括矿山开采的剥离废石和掘进废石(煤矸石和呈酸性或碱性的废石除外)。

工业固体废物综合利用量　指报告期内企业通过回收、加工、循环、交换等方式，从固体废物中提取或者使其转化为可以利用的资源、能源和其他原材料的固体废物量(包括当年利用的往年工业固体废物贮存量)。如用做农业肥料、生产建筑材料、筑路等。

工业固体废物综合利用率　指工业固体废物综合利用量占固体废物产生量与综合利用往年贮存量之和的百分率。计算公式为:

$$\text{工业固体废物利用率}=\frac{\text{工业固体废物综合利用量}}{\text{工业固体废物产生量}+\text{综合利用往年贮存量}}\times 100\%$$

附录二

香港特别行政区主要统计指标解释

本地生产总值 是指香港特别行政区的所有常住生产单位，在一个指定的期间内，未扣除固定资本消耗的生产总值。

本地居民生产总值 是指香港特别行政区的居民，在其经济领域内或领域外从事各项经济活动而赚取的收益，但不包括非本地居民在香港特别行政区经济领域内从事经济活动的收益。

对外要素收益流动净值 是将对外要素收益流入，减去对外要素收益流出所得出的净值。要素收益组成部分主要分为投资收益及雇员报酬。香港特别行政区与中国内地之间的经济交易，包括对外要素收益流动，亦视作国际交易。

国际收支平衡表 是有系统地载录，在指定期间内，某经济体系与世界各地的各类经济交易的统计表。完整的国际收支平衡表包括以下两个主要核算帐：（甲）经常帐；及（乙）资本及金融帐。

国际投资头寸 是在一特定时点上一个经济体系的对外金融资产及负债存量的资产负债表。对外金融资产涵盖对非居民的申索。另一方面，某经济体系的对外金融负债是指非居民向这经济体系的居民的金融申索。

年中人口 在1996年前是以“广义时点”方法编制，数字包括在统计时点身在香港特别行政区的永久性居民、非永久性居民和旅客，亦包括暂时离港前往中国内地及澳门特别行政区的香港特别行政区永久性居民。自2000年8月起，“居住人口”方法已取代“广义时点”方法用以编制香港特别行政区的人口数字。追溯至1996年的修订人口数字已经编制。利用“居住人口”方法所编制的人口估计，称“居港人口”。“居港人口”包括“常住居民”和“流动居民”。

“常住居民”指两类人士：（一）在统计时点之前的6个月内，在港逗留最少3个月，又或在统计时点之后的6个月内，在港逗留最少3个月的香港特别行政区永久性居民，不论在统计时点他们是否身在香港特别行政区；及（二）在统计时点身在香港特别行政区的香港非永久性居民。至于“流动居民”，是指在统计时点之前的6个月内，在港逗留最少1个月但少于3个月，又或在统计时点之后的6个月内，在港逗留最少1个月但少于3个月的香港特别行政区永久性居民，不论在统计时点他们是否身在香港特别行政区。根据新的编制方法，旅客并不包括在香港特别行政区的人口内。

粗出生率 是指某一年内的活产婴儿数目相对年中每千名人口的比率。

粗死亡率 是指某一年内的死亡人数相对年中每千名人口的比率。

劳动人口 是指15岁及以上陆上非住院人口，并符合就业人口或失业人口的定义。

劳动人口参与率　是指劳动人口占所有15岁及以上陆上非住院人口的比例。

失业率　是指失业人口在劳动人口中所占的比例。失业人口包括所有在统计前7天内并无职位，且并无为赚取薪酬或利润而工作，而随时可工作，并在统计前30天内有找寻工作的15岁及以上人士。失业人口亦包括那些并无职位，有找寻工作，但由于暂时生病而不能工作的人士；及并无职位，可随时工作，但由于下列理由而没有找寻工作的人士：（I）已为于稍后时间担当的新工作或开展的业务作出安排；或（II）正期待返回原来的工作岗位；或（III）相信没有工作可做（第III类为“因灰心而不求职的人士”）。

就业不足率　是指就业不足人口在劳动人口中所占的比例。就业不足人口包括在统计前7天内在非自愿情况下工作少于35小时，而在统计前30天内有找寻更多工作，或即使没有找寻更多工作，但在统计前7天内可担任更多工作的就业人士。因工作量不足、原料短缺、机械故障或不能找到全职工作，以致只能工作短时数的人士，可视作非自愿情况下将工作时数缩短。根据此定义，因工作量不足而在统计前7天内放取无薪假期的就业人士，若在该7天期间内工作少于35小时甚或全段期间都在休假，亦会被界定为就业不足人士。

居民消费物价指数　有四个数列，以反映消费价格变动对不同开支范围的住户的影响。甲类、乙类及丙类消费物价指数分别根据较低、中等及较高开支范围的住户开支模式编制而成。而综合消费物价指数是根据上述住户的整体开支模式而编制，反映消费价格转变对全体住户的影响。

指　数	约占住户的百分比	以2008年价格计算的每月平均住户开支	以2009年价格计算的每月平均住户开支
综合消费物价指数	90%	\$4,300-\$66,100	\$4,300-\$66,500
甲类消费物价指数	50%	\$4,300-\$16,800	\$4,300-\$16,900
乙类消费物价指数	30%	\$16,800-\$30,200	\$16,900-\$30,400
丙类消费物价指数	10%	\$30,200-\$66,100	\$30,400-\$66,500

实质工资指数　是从名义工资指数中，按甲类消费物价指数的变幅，扣除通胀的影响而得出，显示雇员所赚取工资金额购买力的转变。而名义工资指数则是将接连两次统计调查中有关行业、职业及性别方面的劳动人口结构维持不变，从而量度工资率的纯变动。

综合社会保障援助计划　其目的是向有需要的个人或家庭提供现金援助，使他们的收入达到一定水平，以应付生活上基本及特别需要。申请人无须供款，但必须接受经济状况调查。

公共福利金计划　包括高龄津贴及伤残津贴。本计划的目的是给予年龄在65岁及以上的高龄人士和严重残疾人士每月发放现金津贴，以应付因年老或严重残疾而引致的特别需要。申请人无须供款。公共福利金计划的一宗个案指一位受助人士。

附录三

澳门特别行政区主要统计指标解释

本地生产总值 反映每年在澳门特区生产的货物和提供各种服务的总量。本年鉴中的国内生产总值用支出法及生产法估算，支出法等于私人消费支出、政府最终消费支出、固定资本形成总额、库存变化和货物及服务出口淨值（出口减进口）的总和。而生产法等于各经济行业的增加值总额的总和，这种方法可以评估澳门特区的产业结构。

出生率 参考期内新生婴儿数目与年中人口之千分比。

死亡率 参考期内死亡人数与年中人口之千分比。

劳动人口 在参考期间，可参与生产商品或提供服务之 16 岁或以上人士的总数。包括就业人口及失业人口。

就业人口 在参考期间，为了报酬、利润或家庭收入而工作最少 1 小时的 16 岁或以上人士的总数。其中包括没有上班但与雇主保持正式工作联系的雇员，或因某些原因而暂时没有上班的公司东主/股东。

劳动力参与率 劳动人口占 16 岁或以上的澳门人口的百分比。

失业率 失业人口占劳动人口百分比的。

就业不足率 就业不足人口占劳动人口的百分比。

贸易条件指数 澳门称为贸易价格比率指数。即货物出口单位价格指数与货物进口单位价格指数之比率。

访澳旅客 指任何非以澳门特区为常居地的人士，其连续在澳门的逗留时间少于十二个月，旅客之旅游目的并非在澳门特区参与任何有偿活动。

酒店入住率 入住客房数量与可供应客房数量之百分比。

进口 将任何来自外地的货物运入澳门特区，但属以再进口及转运方式运入者除外。

出口 将任何货物运离澳门特区，但属以暂时出口及转运方式运离者除外。

本地产品出口 将原产地为澳门特区的任何货物运离澳门特区。

转口 澳门称为再出口。将任何先前进口入澳门特区的货物，不经加工运离澳门特区，或虽经加工，但尚不足以取得以澳门特区作为原产地的资格的货物运离澳门特区。

楼宇单位 指永久性楼宇之一个或多个间隔及其附属建筑物。每一个单位具有独立入口与楼宇内之公用地方相通，具有合法条件进行分层物业登记和作独立转让。

楼宇总面积 相等于所有楼层之面积总和。楼面面积的计算方法是从外墙起量度，同时亦包括大堂面积、楼梯、升降机所占面积以及所有公用地方面积。

广义货币供应量 M_2 指狭义货币供应量 M_1 加上准货币负债。准货币负债指储蓄存款、通知存款、定期存款和存款证明书。

消费价格指数 反映澳门特区家庭于购买一篮子之指定商品或服务时，在不同时间该等商品或服务之价格变动。

小学教育　为期 6 年，完成幼儿教育或在报名当年的 12 月 31 日年满 6 岁的儿童可报读小学教育第一年。就读小学的最高年龄为 15 岁。

中学教育　由两个阶段组成：初中教育及高中教育。大学预科亦被视为中学教育。

1)初中教育　为期 3 年，合格完成小学教育者可以入读。就读初中最大年龄为 18 岁，但在特别情况下，经教育机构决定，可以逾越此年限。

2)高中教育　为期 3 年，合格完成初中教育者可以入读。就读高中最大年龄为 21 岁，但在特别情况下，经教育机构决定，可以逾越此年限。

高等教育　由大学、理工学院及相等之学院开办之学位或非学位课程。